Transmettre la vie

AES
5, rue Las Cases – 75007 PARIS
www.aes-france.org
contact@aes-france.org

La liberté et les libertés, Éditions du Bien Commun, 2024
La vérité se décide-t-elle ?, Éditions du Bien Commun, 2023
L'Homme au travail, pourquoi ?, Éditions du Bien Commun, 2022
Enracinement et bien commun, Éditions du Bien Commun, 2022
Dépasser l'humain ?, Éditions du Bien Commun, 2020
La place de Dieu dans la cité, Lethielleux, 2019
L'engagement dans la cité, François-Xavier de Guibert, 2018
Transmettre l'essentiel, François-Xavier de Guibert, 2017
Le visage des pauvres, François-Xavier de Guibert, 2016
La mort, un temps à vivre, François-Xavier de Guibert, 2015
Pour une société plus humaine, François-Xavier de Guibert, 2014
La famille, un atout pour la société, François-Xavier de Guibert, 2013
À la recherche d'une éthique universelle,
François-Xavier de Guibert, 2012
Qu'est-ce que la vérité ?, François-Xavier de Guibert, 2011
Qu'est-ce que l'homme ?, François-Xavier de Guibert, 2010
L'homme et la nature, François-Xavier de Guibert, 2009
Homme et femme Il les créa, François-Xavier de Guibert, 2007
Immigration et bien commun, François-Xavier de Guibert, 2007
Le travail, accomplissement ou servitude,
François-Xavier de Guibert, 2006
La transgression, François-Xavier de Guibert, 2005
Un monde sans Dieu ?, François-Xavier de Guibert, 2004
L'unité du genre humain : Donner une impulsion nouvelle, AES, 2003
Repenser l'Éducation nationale, Bayard, 2001
Au risque de la science, Fayard, Le Sarment, 2000
Questions pour le XXIe siècle ; Des chrétiens s'interrogent, Fayard, 1999
La transmission entre les générations : Un enjeu de société, Fayard, 1999
La vie intérieure : une nouvelle demande, Fayard, 1998

Académie d'éducation et d'études sociales

Ont collaboré à cet ouvrage
Olivier Rey – Gérard-François Dumont – Jean-Didier Lecaillon
Marguerite A. Peeters – Pierre Vermeren – Gabrielle Vialla
Georges Habsbourg-Lorraine – Pascale Morinière
Marie-Joëlle Guillaume

Transmettre la vie
Enjeux démographiques, anthropologiques et sociaux

Les Éditions du Bien Commun

Couverture
©AdobeStock

ISBN : 978-2-85554-198-3

122, rue du Mans, 61000 Alençon

Présentation générale

« Transmettre la vie » ! Peut-on imaginer sujet de réflexion plus essentiel pour notre Académie, qui s'attache à scruter le destin de l'homme à la lumière de la pensée sociale chrétienne, à l'heure où les enjeux démographiques, anthropologiques et sociaux de cette transmission se présentent comme un formidable défi à la loyauté, à l'imagination et à la volonté de nos contemporains ? Il n'était sans doute pas inutile que l'année académique 2021-2022 ait été consacrée au thème *La vérité se décide-t-elle ?* ni que celle de 2022-2023 ait traité de la question de *La liberté et les libertés*. Car indépendamment de leur intérêt intrinsèque, ces deux années d'approfondissement auront préparé l'AES à prendre à bras-le-corps, avec audace et sans faux-fuyants, la question cruciale aujourd'hui de la transmission de la vie.

Transmettre la vie, en effet, ne va plus de soi. A-t-on d'abord une claire conscience de ce qu'est une vie humaine ? Ensuite, pourquoi la transmettre ? Les nouvelles grandes peurs (dérèglement climatique, crainte de la surpopulation, inquiétudes sur la stabilité de notre société…) se croisent avec les effets de la révolution sexuelle des soixante dernières années, la domination de l'individualisme consumériste, les difficultés économiques des familles et l'alibi de l'immigration pour faire de la natalité une course d'obstacles.

La France a longtemps fait figure de modèle en Europe. Ce n'est plus le cas. Depuis 1974, notre pays est entré dans un *hiver démographique*. Son taux de fécondité n'a cessé de baisser. Il était de 1,68 en 2023 (et il sera encore plus faible en 2024), alors que le seuil de remplacement des générations se situe à 2,1. Cet affaissement qui touche à des degrés divers tous les pays occidentaux appelle de chacun d'eux un sursaut vital, en fonction de leur culture, de leur histoire, de leurs moyens propres. Ce sursaut suppose une analyse lucide des faits et des mentalités, la mise en évidence des causes et des conséquences, la capacité de voir loin.

Dans son programme de 2023-2024, l'AES a donc tenté d'aller au fond des choses : d'abord faire un état des lieux circonstancié, documenté, des obstacles de tous ordres à la natalité, en ne craignant pas d'affronter nombre d'idées reçues ni de remettre en cause de prétendues fatalités ; examiner sans tabou la pertinence de l'immigration vue comme substitut à la natalité endogène ; tracer ensuite des perspectives réalistes d'action, fondées sur un renouveau anthropologique et social. Les pistes concrètes d'espérance ne passent-elles pas par la famille ?

Les neuf séances de travail dont on trouvera le compte rendu dans ces Annales se sont appuyées sur la contribution de personnalités spécialistes de haut niveau. Plusieurs d'entre elles ont partagé avec les membres de l'AES le résumé de travaux en cours de réalisation, c'est-à-dire le fruit d'une pensée créatrice en pleine action. Nos lecteurs apprécieront la rigueur et le piquant de leurs analyses, ainsi que les réactions de nos membres lors des échanges de vues, toujours fondés sur l'expérience de leur propre discipline.

L'année académique s'est ouverte par la communication d'**Olivier Rey**, mathématicien, philosophe et écrivain, sur la question fondamentale qui commande toutes les autres : ***Qu'est-ce que la vie en général ? Qu'est-ce qu'une vie humaine ?*** Du XVIIe siècle à nos jours, la définition de la vie a bien changé dans les dictionnaires, la biologie a fait place aux sciences de la vie, la question de savoir si le vivant a une fin propre a elle-même évolué. Faut-il accepter ou refuser la téléologie dans le vivant ? N'y voir qu'une résistance à la mort ? Quand on en vient à la vie humaine, quelles différences fondamentales ? Et quelles conséquences pour l'engendrement ? Ces questions traitées à partir de références scientifiques, philosophiques et spirituelles ont trouvé un prolongement dans l'échange de vues avec des réflexions sur l'IA *versus* le corps ; l'écologie, intégrale ou non ; la notion de science de la vie ; la conception de la vie au temps du Covid.

Avec le **Recteur Gérard-François Dumont**, professeur à la Sorbonne, président des revues *Population & Avenir*, c'est la démographie proprement dite dont il s'est agi d'analyser les évolutions récentes sous le titre : ***Malthusianisme mondial et hiver démographique européen. Le cas particulier de la France***. Analyse critique d'un contexte sémantique malvenu ; présentation du malthusianisme dans ses formes successives

– antiquité, Malthus lui-même, malthusianisme économique, malthusianisme des ressources, malthusianisme écologique puis climatique – en le mettant à l'épreuve des faits (lesquels n'ont pas confirmé ses craintes). Puis panorama détaillé des données chiffrées de « l'hiver démographique européen »; examen du cas particulier de la France et de son atrophie, parfois masquée par la prise en compte des taux de fécondité des territoires d'outre-mer; rappel de l'incidence des politiques familiales sur la natalité... Très riche en données chiffrées et en analyses critiques, la communication a débouché sur des échanges variés, où le refus d'une vision fataliste, un regard critique sur le malthusianisme climatique, quelques digressions sur la question démographique en Ukraine et en Chine, et la question du désir d'enfants mal pris en compte en France ont constitué un beau prolongement à la réflexion présentée.

Il revenait au **Pr Jean-Didier Lecaillon**, professeur émérite des Universités en Sciences économiques et ancien président de l'AES, d'illustrer l'idée que ***La transmission de la vie a une dimension économique!*** Afin de ne faire double emploi ni avec la communication précédente ni avec les propositions de politique familiale à venir en fin d'année, J.D. Lecaillon a concentré son propos sur une partie d'un de ses livres alors à paraître : « la réalité ignorée ». Il s'agit de la relation entre l'économie (croissance) et les populations (évolutions démographiques), selon deux modalités qu'on ignore trop : l'importance de la population pour assurer le développement économique (pression créatrice, croissance endogène, notamment *via* l'économie des idées, notion de « capital humain »); l'importance de l'économie pour permettre au désir d'enfants d'être satisfait. L'échange de vues a été l'occasion de donner toute son ampleur à l'idée que la famille est productrice et non pas seulement consommatrice et qu'il y a des conclusions politiques à en tirer.

Avec **Marguerite A. Peeters**, Docteur en sciences politiques, spécialiste de la gouvernance mondiale, nous avons eu une analyse de ***La révolution sociale-libertaire occidentale : défi pour la transmission de la vie.*** Celle-ci nous a été présentée en deux temps. D'abord par l'exposé des grandes étapes de la révolution culturelle, depuis le déisme des Lumières et son anthropologie laïciste jusqu'à la révolution du « gender », en passant par la révolution sexuelle et la sexualisation de la société, puis la déconstruction de la maternité. Ensuite, par l'analyse des liens entre cette révolution et la gouvernance mondiale, à travers la généalogie des politiques onusiennes en ce domaine : concepts des années 1960 et 1970 sur les droits sexuels et reproductifs; grandes conférences onusiennes de la décennie 90; éducation à la sexualité selon les Principes directeurs de l'UNESCO en 2018. L'échange de vues a permis de nombreuses précisions sur les stratégies culturelles des tenants de cette révolution, la genèse des partenariats ONG/États/Entreprises, etc., et les enjeux métaphysiques de tout cela.

Face à la dénatalité, l'immigration est-elle le remède? N'est-ce pas plutôt une solution en trompe-l'œil? Nous avions demandé à **Pierre Vermeren**, professeur d'histoire contemporaine à Paris I-Panthéon-Sorbonne et spécialiste du Maghreb et des sociétés arabo-berbères, d'éclairer cette question, ce qu'il a fait sous le titre : ***L'immigration, du travail au peuplement, l'économie contre la société?*** Analyse circonstanciée des politiques d'immigration en France de la fin du XIXe siècle à 1975, avec en parallèle les politiques de natalité, les deux étant souvent successives; mise en évidence, dans les chiffres globaux de l'immigration, d'une immigration de travail postcoloniale très modeste avant les années de l'après-Seconde Guerre mondiale et restée peu nombreuse jusqu'en 1975 ; analyse du changement majeur acté en 1976 avec le regroupement familial, et la croissance ininterrompue de l'immigration vue désormais comme moteur de consommation; rappel des problèmes sociaux posés par cette orientation économique et par la non-prise en compte des différences culturelles, etc. L'échange de vues a notamment porté sur la question du traitement des « mineurs isolés », emblématique de l'ambiguïté des choix politiques.

Abordant alors le second volet de son travail d'année, l'Académie a reçu **Gabrielle Vialla**, mère de famille nombreuse, essayiste, ancienne présidente du Centre Billings France, pour traiter le thème de ***L'anthropologie chrétienne au service de la vie et de l'espérance sociale.*** L'exposé, centré sur l'altérité de l'homme et de la femme, a donné lieu à une analyse originale et détaillée des récits de la Création dans la Genèse, avec ses conséquences pour une démarche de fécondité. Mise en évidence de la nécessité d'une anthropologie biblique de l'altérité; interrogation approfondie sur le défi que cela représente pour nous aujourd'hui; développements sur l'exigence de fécondité dans ses rapports avec le temps – temps cyclique, temps linéaire; évocation du drame de l'IVG : ni les blessures ni le mystère d'une altérité féconde et salvatrice n'ont été oubliés. L'échange de vues a permis notamment d'évoquer les relations avec les milieux écologistes, la question de l'Église et la contraception, celle de Jean Paul II et *Humanae Vitae*.

La séance suivante fut un peu particulière, puisque l'Académie avait décidé de la tenir avec un public d'invités élargi (dans un vaste amphithéâtre) afin de recevoir **S.E. Georges Habsbourg-Lorraine, ambassadeur de Hongrie en France**, pour traiter le thème de ***La politique hongroise de la natalité et de la famille***. Définition de la famille actée dans la Constitution, mesures financières de soutien aux couples pour avoir des enfants, mesures sociales pour répondre à leurs besoins de logement, d'équipement, etc. La Hongrie consacre 4,3 % de son PIB à la politique de natalité. Le souci de la responsabilité des jeunes parents a aussi poussé le gouvernement hongrois, en dépit des embûches venues de l'UE, à les laisser maîtres de leur décision quant à l'éducation sexuelle de leurs enfants à l'école. La Hongrie avait enfin l'intention, en prenant la présidence de l'UE en juillet 2024, de pousser les questions démographiques dans l'agenda européen commun. L'échange de vues a porté sur un ensemble varié de questions, où l'on retiendra la fermeté de la Hongrie sur ses choix éducatifs, en dépit de mesures de rétorsion (fermeture d'Erasmus aux étudiants hongrois).

Et en France ? C'est à **Pascale Morinière**, présidente de la Confédération nationale des Associations familiales catholiques (AFC) qu'il revenait d'inventorier les grandes lignes d'une politique familiale. Permettre le renouvellement des générations, maintenir le niveau de vie des familles qui choisissent d'accueillir des enfants, concilier la vie familiale et la vie professionnelle, soutenir la paternité et la maternité : objectifs traditionnels auxquels les AFC ajoutent aujourd'hui le soutien à la durabilité conjugale. La notion de « désir d'enfants » (déjà rencontrée lors de séances précédentes), exprimée dans les sondages mais non concrétisée est un point d'appui majeur pour agir. L'échange de vues a moins porté sur les mesures concrètes, exposées avec précision lors de la communication, que sur la définition de la famille à promouvoir (à contre-courant des pouvoirs publics), les conditions au soutien aux couples, la volonté de trouver le bon langage pour persuader le plus grand nombre.

La **séance de clôture**, sur le thème ***Que faut-il transmettre à nos enfants pour que la France renaisse ?*** s'est déroulée sur un mode inhabituel. Huit membres de l'Académie ont présenté un texte court, déclinant le thème général sous l'angle de leur choix, avant que l'on ne passe au débat général. Successivement, **Pierre de Lauzun** (*Comment peut-on transmettre à contre-courant de la société sans s'en isoler ?*), **Pierre Deschamps** (*Transmettre à nos enfants le réflexe et la pratique du discernement*), **Emmanuelle Hénin** (*Transmission, la nécessité de regarder l'avenir en face*), **Rémi Sentis** (*La grandeur de la paternité*), le **Père Jean-Christophe Chauvin** (*C'est en cherchant Dieu que la France pourra renaître*), **Jean-Didier Lecaillon** (*Aimer la vie et éduquer pour que la France renaisse*), **Jean-Luc Bour** (*L'homme ne vit que de relations*) et **Joseph Thouvenel** (*L'amour de notre pays et la force de l'exemple*) ont ainsi tracé les contours du débat final.

Marie-Joëlle Guillaume
Présidente de l'AES

Qu'est-ce que la vie en général ? Qu'est-ce qu'une vie humaine ?

Olivier Rey

Présentation par Rémi Sentis[1]

Pour la séance d'aujourd'hui qui ouvre notre cycle, nous avons décidé de faire un petit pas de côté, car il nous a semblé important de nous demander pour commencer ce qu'est la vie humaine. C'est pourquoi nous vous avons demandé de bien vouloir nous faire part de vos réflexions sur ce sujet.

Il se trouve que vous et moi nous connaissons depuis longtemps : nous nous sommes rencontrés il y a au moins quinze ans dans des cercles qui réfléchissaient aux rapports entre science et foi. Olivier, vous êtes entré à Polytechnique et, après votre sortie de cette école, vous avez d'abord été chercheur en mathématiques, vous avez passé une habilitation à diriger les recherches sur les équations aux dérivées partielles, puis, plus tard, vous avez bifurqué vers la philosophie et en particulier la philosophie des sciences. Vous êtes actuellement chercheur au CNRS au sein de l'Institut d'histoire et de philosophie des sciences et des techniques, et vous enseignez également à l'université Paris-I-Panthéon-Sorbonne. Vous avez écrit beaucoup d'articles publiés dans des revues scientifiques spécialisées et de nombreux essais, parmi lesquels je citerai : *Une folle solitude, Le fantasme de l'homme autoconstruit*, paru en 2006, *Le testament de Melville. Penser le bien et le mal avec « Billy Budd » paru* en 2011, *Une question de taille* (2014) et *Quand le monde s'est fait nombre* (2016). Ce dernier ouvrage, consacré à la statistique, a eu un retentissement assez important. Ensuite, *Leurre et malheur du transhumanisme*, paru en 2018, a reçu le Prix Jacques Ellul. Je citerai encore *Gloire et misère de l'image*

1. Secrétaire général de l'AES

après Jésus-Christ (2020) et *Réparer l'eau* (2022), afin d'illustrer l'éclectisme de vos préoccupations. Je passe quelques essais pour ne pas tarder à vous laisser la parole, mais j'aimerais indiquer tout de même que vous avez aussi publié au moins deux romans, dont un en 2014 intitulé *Après la chute,* qui a été remarqué par la critique et même désigné par Michel Houellebecq comme étant un roman digne d'être lu ! En outre, vous participez régulièrement à de nombreuses conférences et débats.

Communication

Ce qui nous intéresse ici au premier chef est la vie humaine. Mais il m'a semblé qu'une réflexion sur la vie en général n'était pas inutile. En effet, au moins dans une certaine mesure, c'est parce que la vie en général est mal conçue que la vie humaine se trouve elle-même mal conçue.

Quand on pose la question « Qu'est-ce que la vie ? », la première idée est d'aller ouvrir un dictionnaire pour y trouver une définition. Cela étant, j'ai appris très jeune à ne pas tout attendre des dictionnaires. Enfant, je me suis mis assez vite à lire des livres au-dessus de mon âge – rien de pervers, je le précise : je lisais notamment du Balzac. Mais dans *Eugénie Grandet* par exemple, il est question de volupté ; or à dix ans j'ignorais le sens de ce mot. Je suis donc allé regarder dans mon *Petit Larousse*, édition de 1972, où j'ai trouvé ceci : « Plaisir des sens : *boire avec volupté.* Grand plaisir en général : *les voluptés du travail, de l'étude.* » Pourtant je sentais bien, quand il était question des « émotions de fine volupté » que faisait sourdre dans le cœur d'Eugénie la vue de son cousin, qu'il ne s'agissait pas d'une incitation au travail ou à l'étude. Quelque chose n'allait pas. En même temps, j'avais l'impression qu'il s'agissait d'un mot dont il aurait été gênant de demander le sens à mes parents. Mais revenons au mot *vie.* La recherche dans les dictionnaires montre qu'au cours de l'histoire, la définition a énormément varié – pour autant qu'on puisse remonter dans le temps, puisque les dictionnaires n'apparaissent pas avant la seconde moitié du XVIIe siècle.

Quelques définitions de la vie

Dans les plus anciens dictionnaires de langue française dont on dispose (Richelet, Furetière), la vie est définie comme l'union de l'âme et du corps. Dans ses quatre premières éditions – 1694, 1718, 1740, 1762 – le *Dictionnaire de l'Académie française* donnait également pour premier sens du mot vie : « l'union de l'âme avec le corps », ou « l'état où est l'homme quand son âme est unie à son corps ». Il ne s'agit pas d'une spécificité française. Le grand *Dictionnaire de la langue anglaise* élaboré au XVIIIe siècle par Samuel Johnson donne pour définition du mot *life* : « *Union and cooperation of soul with body.* »

D'où vient une telle conception de la vie ? Si l'on remonte très en amont, jusqu'aux textes les plus anciens de la tradition occidentale, comme l'*Iliade*, on trouve le mot *psykhé,* traditionnellement traduit dans notre vocabulaire par « âme ». Cela étant, la *psykhé* dans *l'Iliade* désigne essentiellement la propriété de respirer ou de saigner, et correspond finalement à quelque chose comme la vitalité, – celle qui évidemment quitte le corps, le *soma,* avec la mort. C'est plus tard que cette *psykhé,* cette vitalité du corps jusqu'à la mort, va être hypostasiée et devenir une unité substantielle, correspondant à l'âme telle qu'on la concevra ensuite, c'est-à-dire l'âme en tant qu'elle habite le corps pendant la vie et s'en détache à la mort – ayant donc une existence propre, indépendamment du corps qu'elle habitait. Dans une perspective qu'on peut qualifier de gnostique, l'union de l'âme et du corps sera même une malédiction pour l'âme – le *soma* apparaît comme une prison pour la *psykhé* qui, grâce à une connaissance particulière, la *gnosis,* doit apprendre à s'en libérer. Dans la perspective chrétienne orthodoxe, formalisée dans les conciles, l'union de l'âme et du corps est au contraire comprise comme un bien. Chez Aristote, l'âme est le principe d'animation d'un corps ; par conséquent, de ce point de vue, l'existence d'une âme sans corps n'est pas concevable. Si maintenant on considère que l'âme survit à la mort du corps, après cette mort l'âme séparée du corps n'est pas libérée, comme dans la perspective gnostique, mais dans un état imparfait : elle soupire après le corps qui lui sera rendu à la fin des temps – le corps glorieux.

Par rapport à ces anciennes définitions de la vie centrées sur l'union de l'âme et du corps, on assiste à la fin du XVIIIe siècle à un changement radical dans les dictionnaires : dans sa cinquième édition en 1798, le *Dictionnaire de l'Académie* définit le mot « vie » comme « l'état des êtres animés tant qu'ils ont en eux le principe des sensations et du mouvement ». Et dans la huitième et dernière édition en date, celle de 1935, la vie est définie comme « l'activité spontanée propre aux êtres organisés qui se manifeste chez tous par les fonctions de nutrition et de reproduction, auxquelles s'ajoutent chez certains êtres les fonctions de relation, et chez l'homme la raison et le libre arbitre ». De la vie comme union de l'âme et du corps on passe donc à la vie comme « activité spontanée propre aux êtres organisés » ou, chez Littré, à un « état d'activité de la substance organisée ». On trouve encore, dans le dernier grand dictionnaire français en date, le *Trésor de la langue française*, la définition suivante de la vie : « Ensemble des phénomènes et des fonctions essentielles se manifestant de la naissance à la mort et caractérisant les êtres vivants. »

Les choses ne s'arrêtent pas là. La science moderne s'est emparée des phénomènes vitaux avec une discipline spécialement dédiée à leur étude – la biologie. Comment définir scientifiquement la vie ? Les tentatives sont multiples, et les résultats aussi divers que peu convaincants. La revue *Origins of Life and Evolution of Biospheres* a consacré à la question, en 2010, un numéro spécial intitulé *Defining Life*. Parmi les nombreuses définitions proposées, on trouve celle-ci : « La vie est un réseau complexe d'agents autonomes se reproduisant par eux-mêmes, dont l'organisation fondamentale est déterminée par des données matérielles engendrées par un processus historique ouvert, au sein duquel ce réseau collectif évolue. » Ou bien celle-là : « Les entités vivantes sont des systèmes autonomes capables d'évolution adaptative individuellement, collectivement, ou par descendance. [...] La vie est un concept qui indique que la capacité à exprimer ses propriétés est présente virtuellement ou en acte. » Ou encore : « Un système vivant est un système capable d'autoproduction et d'autoconservation à travers un réseau régénératif de processus qui s'étend à l'intérieur d'une frontière qu'il a lui-même constituée et qui se régénère lui-même à travers des interactions cognitives ou adaptatives avec le milieu. »

Les difficultés que l'on a à définir scientifiquement la vie, dont témoignent ces essais qui flirtent avec le grotesque, sont compréhensibles si l'on considère que la vie fait partie de ces notions premières que les essais de définition obscurcissent plutôt qu'elles ne les éclairent. Pensons, pour faire un parallèle, au libre arbitre dont parle Descartes dans ses *Méditations métaphysiques*. Hobbes et Gassendi lui ont reproché d'invoquer le libre arbitre sans avoir défini ce qu'il entendait véritablement par là ni prouvé son existence. Descartes a répondu à Hobbes : « Je n'ai rien avancé ou supposé touchant la liberté que ce que nous ressentons tous les jours en nous-mêmes et qui est très connu par la lumière naturelle. » Et à Gassendi : « Car cela est tel que chacun le doit plutôt ressentir et expérimenter en soi-même que se le persuader par raison. » Et comme Gassendi persistait dans ses objections, Descartes conclut : « Ne soyez donc pas libre si bon vous semble, pour moi je jouirai de ma liberté puisque je la ressens en moi-même. » Pour en revenir à la vie, je trouve éclairante la remarque de James Lovelock (surtout connu dans l'espace public pour sa théorie sur l'*Hypothèse Gaia*[1]) :

> Notre survie et celle de notre espèce dépendent de notre faculté à répondre de façon rapide et correcte à la question : est-ce vivant ? [...] La puissance de notre faculté à détecter la vie apparaît clairement quand nous regardons une rivière couler depuis un pont : le mouvement incessant de l'eau ne cesse d'envoyer à nos yeux des flashes de lumière, au gré des remous et des vaguelettes qui reflètent la lumière du soleil, et pourtant, si l'eau est claire, nous pouvons distinguer un poisson, en particulier s'il nage à contre-courant, et nous savons qu'il est vivant. Si vous estimez que cette remarque évidente est sans intérêt, essayez de fabriquer un détecteur de vie qui repérerait la présence du poisson. C'est loin d'être facile, alors que la détection de la vie nous est donnée gratuitement par notre équipement mental[2].

Effectivement, un petit enfant sur la margelle du pont en voyant le poisson repérera immédiatement un être vivant, qu'il distinguera par exemple d'un morceau de bois qui flotte à la surface du courant, ou du clapot.

La poursuite d'une fin propre

Soulignons un point : la remarque selon laquelle nous pouvons distinguer un poisson « en particulier s'il nage à contre-courant ». En effet, qu'est-ce qui nous signale immédiatement la présence d'un être vivant ? C'est le fait qu'un être vivant poursuit une fin qui lui est propre. Alors que la branche de bois qui flotte sur l'eau est emportée par le courant, le poisson, lui, suit une trajectoire qui est la sienne. Ce constat fait apparaître la notion de *téléologie*, c'est-à-dire le fait d'être orienté vers un but. Les êtres vivants sont des êtres qui ont des finalités propres. À ce sujet une querelle théologique a existé, aux XIIIe et XIVe siècles, dont l'enjeu est fondamental. Pour le dominicain saint Thomas, il n'y avait nulle opposition entre souveraineté de Dieu et autonomie au sein du vivant ; en effet la manifestation la plus éclatante de la puissance de Dieu est d'avoir

1. *La Terre est un être vivant. L'hypothèse Gaïa* [*Gaia : A New Look at Life on Earth*], trad. Christel Rollinat et Paul Couturiau, Paris, Flammarion, coll. « Champs », 1993.
2. *The Vanishing Face of Gaia. A Final Warning*, Victoria (Australie), Allen Lane-Penguin Books, 2009, chap. 7, p. 125.

appelé à l'existence des créatures animées de leurs propres fins. Quand un humain fabrique une horloge, il l'organise intérieurement pour qu'elle réponde à sa fin qui est de montrer l'heure ; elle demeure un complet automate ; la puissance divine dépasse infiniment cette puissance fabricatrice, dans la mesure où elle est capable de donner le jour à des créatures animées de leurs propres fins. Certes, c'est parce que Dieu l'a voulu ainsi qu'elles poursuivent ces fins, il n'en demeure pas moins que ces fins sont bien celles des créatures en elles-mêmes. Le nominalisme, en particulier celui du franciscain Guillaume d'Occam, était quant à lui solidaire d'une théologie qui insistait non sur la sagesse et la bonté de Dieu, mais sur sa toute-puissance, détachée de sa paternité – toute-puissance en vertu de laquelle chacune des créatures singulières était créée de façon directe, sans référence à une quelconque nature commune, à un ensemble d'individus. De ce point de vue, toute forme d'autonomie reconnue à la nature paraît restreindre l'exercice de la volonté divine, et être, en tant que telle, blasphématoire. Au demeurant, les deux partis vont s'accuser mutuellement de blasphème : du côté dominicain, on reproche aux franciscains de restreindre la puissance de Dieu, en l'empêchant de créer des créatures autonomes ; du côté franciscain, on considère à l'inverse qu'il est blasphématoire de prétendre que quelque chose dans la nature échappe à la volonté immédiate de Dieu. Quoi qu'il en soit, dans la perspective occamienne, l'ensemble des finalités naturelles se trouve en quelque sorte concentré, rapatrié, en Dieu, et seuls les êtres humains, en tant que dotés d'une conscience réflexive, sont à même d'ordonner leurs actions en vue de fins qui sont les leurs ; reconnaître que les êtres naturels puissent être animés de fins propres, reviendrait à ne pas faire justice à l'omnipotence divine et cela s'apparenterait à de l'idolâtrie.

Notons que, lorsque dans un sillage cartésien on parlera d'animaux-machines, il n'y aura rien de nouveau : Descartes s'inscrit dans cette tradition franciscaine qui, lorsqu'on la pousse jusqu'à ses dernières conséquences, ne peut voir dans les animaux que des automates.

Accepter ou refuser la téléologie dans le vivant

Quant à la science moderne, elle a résolument tranché la querelle du côté franciscain, en rejetant toute référence à une téléologie qui puisse trouver place dans une appréhension scientifique de la nature. Voici ce qu'écrivait à ce sujet, en 1970, le biochimiste Jacques Monod, dans son livre *Le Hasard et la Nécessité* :

> La pierre angulaire de la méthode scientifique est le postulat de l'objectivité de la Nature. C'est-à-dire le refus *systématique* de considérer comme pouvant conduire à une connaissance « vraie » toute interprétation des phénomènes donnée en termes de cause finale, c'est-à-dire de « projet ». [...] Il est impossible de s'en défaire, fût-ce provisoirement ou dans un domaine limité, sans sortir de celui de la science elle-même[1].

Cela étant, au paragraphe suivant, Monod remarquait : « L'objectivité cependant oblige à reconnaître le caractère téléonomique des êtres vivants, à admettre que dans leurs structures et performances ils réalisent et poursuivent un projet. ». D'où la situation délicate de la biologie moderne, qui en tant que science (au sens moderne du terme) doit refuser la téléologie, et qui en même temps doit reconnaître que ses objets sont des êtres téléologiques. Situation paradoxale, parfaitement résumée par une phrase attribuée au généticien anglais Haldane : « La téléologie est pour le biologiste comme une maîtresse sans laquelle il ne peut pas vivre, mais avec laquelle il ne veut pas être vu en public. »

Selon Monod, le problème central de la biologie réside dans la contradiction entre le refus scientifique des causes finales et le caractère téléologique du vivant, contradiction, dit-il, « qu'il s'agit de résoudre si elle n'est qu'apparente, ou de prouver radicalement insoluble si en vérité il en est bien ainsi ». Fondamentalement, on se trouve donc placé devant l'alternative suivante : ou bien le vivant en tant que tel peut être appréhendé par la science moderne, mais alors le vivant en tant qu'être téléonomique se dissout, et ce n'est plus le vivant ; ou bien le vivant en tant que tel ne peut pas être appréhendé par la science au sens moderne du terme, mais alors la science au sens moderne du terme n'est plus la science dans sa prétention à l'universalité.

En pratique, on navigue entre les deux termes de l'alternative – ce qui fait du vivant une plaie suppurante au flanc de la science moderne. Si l'on en croit Kant et sa *Critique de la faculté de juger*, le vivant ne saurait être appréhendé sans prise en compte de la finalité – constitutive, au moins pour nous, du vivant en tant que tel. À l'endroit du vivant, et contrairement à ce qui peut se produire pour l'inanimé, ce que Kant appelle le « jugement téléologique réfléchissant » ne peut jamais devenir

1. *Le Hasard et la Nécessité. Essai sur la philosophie naturelle de la biologie moderne*, Paris, Le Seuil, 1970, chap. I, p. 32-33.

« jugement déterminant ». C'est-à-dire qu'on ne peut jamais éliminer la téléologie qu'on avait d'abord identifiée dans l'objet. Kant en conclut :

> Il est bien certain que nous ne pouvons pas connaître suffisamment les êtres organisés et leurs possibilités internes d'après de simples principes mécaniques de la nature, encore bien moins nous les expliquer. Et cela est si certain que l'on peut dire hardiment qu'il est absurde pour les hommes de seulement former un tel dessein ou d'espérer qu'il surgira un jour quelque Newton qui pourrait faire comprendre ne serait-ce que la production d'un brin d'herbe d'après des lois naturelles qu'aucune intention n'a ordonnées[1].

Autrement dit, on ne pourra jamais résorber le vivant dans une science mathématique de la nature. Cela ne signifie pas que les sciences mathématiques de la nature n'ont rien à dire sur le vivant. Elles peuvent à l'intérieur du vivant étudier d'innombrables processus mécaniques ou chimiques ; mais le vivant en tant que tel, c'est-à-dire en tant qu'il est, par définition, téléologique, doit précisément pour cette raison lui échapper.

La vie comme résistance à la mort

Comment la biologie s'accommode-t-elle de cette contradiction qui, d'une part, l'oblige, par fidélité aux préceptes de la science moderne, à refuser la téléologie et, d'autre part, a pour objet des êtres téléologiques ? Le compromis qui a été trouvé consiste à admettre que le vivant comporte bien une finalité, mais une finalité réduite à sa plus simple expression : celle de résister à la mort. Faute de réussir à mécaniser ou à chimiser le vivant, la biologie moderne s'est ingéniée à circonscrire au maximum la finalité qu'elle ne parvenait pas à éliminer, en la réduisant à un motif unique, le même partout : l'*autoconservation*. Une certaine forme de téléologie a donc bien été reconnue au sein de la nature, mais uniquement dans une perspective survivaliste. Pour la pensée ancienne et médiévale, chaque vivant avait un *être* à accomplir qui transcendait sa pure et simple existence factuelle, et l'autoconservation ne valait qu'en tant qu'elle était au service de cette fin. Pour Aristote, l'autoconservation était la forme la plus basse du désir qu'éprouve l'être fini d'avoir part à l'éternel[2]. Ce qui importait n'était pas tant la vie en soi que la conformité de la vie à ce qu'elle devait être ; et si l'être voulait persister dans la vie,

1. *Critique de la faculté de juger* [1791], trad. Alexis Philonenko, Paris, Vrin, coll. « Bibl. des textes philosophiques », 1993, § 75, p. 335.
2. *De l'âme*, II, 4, 415a.

c'était pour exprimer ce qu'il était, non pas seulement pour perpétuer un processus vital. Pour saint Thomas, « le bien pour tout être est d'atteindre sa fin ; le mal est qu'il en soit détourné[1] ». Il disait aussi que « l'âne ne désire pas devenir cheval, car il cesserait d'être lui-même[2] ». L'âne qui est poursuivi par un fauve se fera peut-être manger, faute de courir aussi vite que le cheval, mais sa mission première sur terre est d'être un bon âne, d'accomplir son asinité, non pas de se transformer en quelque chose d'autre. À ce titre, l'autoconservation est une fin seconde, subordonnée à la fin première qui est l'accomplissement d'un être propre. Néanmoins, l'autoconservation va désormais être considérée comme la fin première et ultime, et l'ensemble des caractères déployés par la vie, dans leur diversité, va se trouver envisagé comme déterminé par cette seule fin et justifié par elle. Le grand médecin Bichat a résumé cela, au début du XIXe siècle, en une formule placée en tête de ses *Recherches physiologiques sur la vie et la mort* : « La vie est la somme totale des fonctions qui résistent à la mort. » C'est la conception qui s'est imposée. Dans une perspective darwinienne, la multiplicité des formes de vie est multiplicité des stratégies pour échapper à la mort.

Quand Bichat parle de *résistance*, il perçoit bien de la finalité ; mais d'un bout à l'autre du règne vivant, cette finalité est un motif unique et uniforme, un pur « être contre la mort ». Nous en sommes toujours là. On se rappelle que Jacques Monod a reconnu les êtres vivants comme « objets doués d'un projet ». Cela étant, ce projet est toujours le même. Je cite à nouveau Monod :

> Tout projet particulier, quel qu'il soit, n'a de sens que comme partie d'un projet plus général ; toutes les adaptations fonctionnelles des êtres vivants comme aussi tous les artefacts façonnés par eux accomplissent des projets particuliers qu'il est possible de considérer comme des aspects ou des fragments d'un projet primitif unique, qui est la conservation et la multiplication de l'espèce[3].

Le compromis trouvé manifeste bien qu'il y a de la finalité dans le vivant. Mais cette finalité est partout et toujours la même : une pure résistance à la mort. Comme l'a remarqué Jacques Dewitte : « Une telle façon de voir est une formation de compromis entre le parti-pris anti-

1. *Somme contre les gentils*, III, quest. 122.
2. *Somme théologique*, Ia, quest. 63, art. 3.
3. *Le Hasard et la Nécessité*, *op. cit.*, chap. I, p. 26.

téléologique de la science moderne et la nécessaire prise en compte du caractère téléologique des êtres vivants[1] ».

Compromis bancal, faut-il le souligner, d'où découle une conception extrêmement pauvre de la vie, et même absurde comme l'a remarqué Hans Jonas :

> Le critère de la survie est inadéquat quand il s'agit d'évaluer la vie : si le point important était le simple fait de durer, la vie n'aurait même pas dû commencer. Elle est dans son essence précaire et périssable, une aventure dans la mortalité [je trouve cette formule magnifique] et sous aucune des formes qu'elle est susceptible de revêtir elle ne saurait être aussi assurée de sa durée que peut l'être un corps inorganique. Ce n'est pas la durée comme telle, mais « la durée de quoi » qui est la question[2].

La théorie darwinienne de l'évolution ne s'en est pas moins entièrement élaborée autour des notions de lutte pour la vie, *struggle for life*, et de sélection des mieux adaptés, *fittest*, qui réussissent à survivre et avoir une descendance, ou qui ont la descendance la plus nombreuse, sans aucune considération, à aucun moment, de ce que telle ou telle forme vivante aurait en soi à être. C'est une conception extrêmement pauvre, et extrêmement triste aussi, de la vie. Dans une lettre de 1860 Darwin parle de l'effet que produit sur lui la vue d'une plume de paon :

> Il est curieux que je me souvienne bien du temps où penser à l'œil me donnait froid dans le dos, mais j'ai dépassé ce stade du tourment et maintenant de petits détails insignifiants de la structure suffisent souvent à engendrer le malaise. La vue d'une plume de la queue d'un paon, chaque fois que je la regarde, me rend malade[3].

Si l'on regarde la vie en tant que collection d'êtres ayant chacun un être particulier à manifester, on est émerveillé par la vue d'un paon – émerveillé qu'il existe des créatures déployant autant de beauté. En revanche, si l'on part du principe que la seule finalité des êtres de la nature est de

1. Jacques Dewitte, note à l'article de Robert Spaemann, « Téléologie de la nature et action humaine », in Jacques Dewitte *et al.* – *Phénoménologie et philosophie de la nature*, revue *Études phénoménologiques*, tome XII, n° 23-24, Bruxelles, Ousia, 1996, p. 53.

2. *Le Phénomène de la vie. Vers une biologie philosophique* [1966], trad. Danielle Lories, Paris/Bruxelles, De Boeck Université, coll. « Sciences, Éthiques, Sociétés », 200, Essai IV, V, p. 117.

3. Lettre de Charles Darwin au botaniste Asa Gray, 3 avril 1860.

résister à la mort, la longue traîne que déploie le paon devient un handicap contre les prédateurs, et à ce titre un cauchemar pour Darwin. Depuis lors on s'est évertué, par un certain nombre d'acrobaties intellectuelles, à « rationaliser » le paon. Il faut faire intervenir dans l'affaire la sélection des mâles pour les femelles. Vous voyez sur quelle pente glissante on se trouve entraîné : on en est réduit à invoquer le sexe pour ramener la queue du paon dans le giron de la rationalité.

Et la vie humaine ?

Qu'en est-il de l'être humain, quelle place lui donner ? Sa première mission n'est pas de résister à la mort, mais de vivre une vie humaine. Pour mesurer ce que cela signifie, il est bon de se reporter une fois de plus à Aristote, qui distinguait trois types d'âmes dans le vivant : d'abord l'âme végétative, présente dans tout être vivant, qui en assure les facultés de nutrition, de reproduction et de respiration ; ensuite l'âme sensitive et motrice que l'on trouve chez les animaux ; et enfin une troisième âme qui caractérise l'être humain, l'âme intellective. Cette classification aristotélicienne est intéressante notamment en ce qu'elle permet de mesurer à la fois une continuité dans le vivant – l'être humain connaît une vie végétative comme les plantes et une vie sensitive comme les animaux –, et la singularité humaine, liée à la vie intellective. Pareille approche sera reprise par saint Thomas qui, pour préserver l'unité de l'âme, préférera parler, pour l'humain, d'une seule âme, dotée de la faculté végétative, de la faculté sensitive et motrice, ainsi que de la faculté intellective.

« Une vie à laquelle l'examen fait défaut ne mérite pas qu'on la vive », dit Socrate, que fait parler Platon dans son *Apologie de Socrate*. Pourquoi ? Parce que cet examen relève de la faculté intellective qui, en tant qu'elle caractérise l'être humain, doit être déployée au sein d'une vie véritablement humaine. La faculté intellective demande, en conformité avec la nature sociale de l'homme, à être développée par la culture. En ce sens, le culturel en l'homme ne s'oppose pas au naturel mais en est l'expression. Leibniz, dans ses *Essais de Théodicée*, écrivait : « Selon Aristote on appelle naturel ce qui est le plus convenable à la perfection de la nature de la chose, mais Monsieur Hobbes appelle l'état naturel celui qui a le moins d'art, ne considérant peut-être pas que la nature humaine dans sa perfection porte l'art avec elle. ». Magnifique critique d'une pensée qui, à partir des XVIIe et XVIIIe siècles, va opposer en l'homme le naturel au culturel. Louis de Bonald, au début du XIXe siècle, est beaucoup revenu sur ce thème, en notant :

> L'homme passe par deux états très distincts : dans le premier il a une intelligence sans connaissance de ses pensées, sans volonté, et des mouvements sans action. C'est l'état *natif* de l'homme, état originel, imparfait, et dont il fait effort pour se tirer. Au sortir de cet état, trop souvent il tombe dans un état vicieux et dégénéré, celui où sa volonté est sans raison et son action sans force ou sans vertu ; ou bien il passe à l'état perfectionné ; celui où sa volonté est éclairée par la raison et son action forte et vertueuse : c'est l'état *naturel* de l'homme, état bon, état accompli, état *de la fin* de l'être, bien différent de son état natif ou imparfait qui est l'état du commencement, et où Jean-Jacques Rousseau et ceux de son école ont placé l'état naturel de l'homme, erreur fondamentale qui infecte leurs écrits, et qui, malgré les couleurs brillantes de leur style, les rendra inutiles même alors qu'ils auront cessé d'être dangereux[1].

Je ne suis pas sûr qu'ils aient cessé d'être dangereux, mais on voit apparaître chez Bonald un état *de la fin* de l'être, qui pour un être humain est un état où il est hautement cultivé. Bonald écrit encore : « C'est parce que [l'] état naturel et accompli, opposé à l'état natif ou originel, est pour l'homme moral comme pour l'homme physique un état d'effort, d'*art* et d'action, qu'on dit communément et avec une grande vérité qu'il n'y a rien de si difficile à atteindre que le naturel, soit dans les ouvrages d'esprit, soit dans les manières[2]. » L'état naturel n'est pas donné à l'être humain, c'est en réalité un horizon à rejoindre. Bonald toujours : « Un Iroquois ou un Caraïbe sont des hommes *natifs*, Bossuet, Fénelon et Leibniz sont des hommes *naturels*[3]. »

Naturel et mystique

Ce qu'on entend par faculté intellective, chez l'être humain, ne doit pas exclure mais au contraire inclure une faculté mystique. Si, aujourd'hui, le mot « intellectif » semble antithétique avec celui de « mystique », on doit se rappeler que, pour saint Thomas, la faculté intellective était ce par quoi l'être humain était à l'image de son créateur, et entrait en relation avec lui. On trouve, dans les *Cahiers* de Simone Weil, ce passage :

1. *Législation primitive, considérée par la raison* [1802], livre I, chap. II, VIII.
2. *Essai analytique sur les lois naturelles de l'ordre social* [1800], chap. IV.
3. « De l'état natif et de l'état naturel », article du *Mercure de France*, n° 4, an VIII.

> Les mystères de la foi catholique – et ceux des autres traditions religieuses ou métaphysiques – ne sont pas faits pour être crus par toutes les parties de l'âme. [...] L'Eucharistie ne doit pas être un objet de croyance pour la partie de moi-même qui appréhende les faits, là est la part de vérité du protestantisme (ou, vis-à-vis de l'Incarnation, du déisme). Mais cette présence du Christ dans l'hostie n'est pas non plus un symbole, car un symbole est la combinaison d'une abstraction et d'une image ; c'est quelque chose de représentable pour l'intelligence humaine, ce n'est pas surnaturel. En cela les catholiques ont raison, non les protestants. Seule la partie de moi-même qui est faite pour le surnaturel doit adhérer à ces mystères. Mais cette adhésion est plutôt amour que croyance[1].

On retrouve ici l'idée des différentes parties de l'âme. On trouve aussi l'idée que face au mystère divin, l'intelligence humaine est dépassée – mais c'est précisément elle qui s'éprouve comme dépassée (comme la raison dont la dernière démarche, selon Pascal, est de reconnaître ce qui la surpasse). Un des malheurs de la modernité est qu'elle s'ingénie à boucher l'accès à « la partie de moi-même qui est faite pour le surnaturel », pour reprendre les mots de Simone Weil. Le philosophe américain William James, un des fondateurs au XIXe siècle de l'école de pensée dite pragmatiste, avait l'honnêteté de reconnaître que quelque chose lui manquait.

> Je n'ai pas l'expérience vivante d'un commerce avec Dieu. J'envie ceux qui l'ont, car je sais que l'addition d'une telle expérience m'aiderait grandement. Le divin, pour ce qui concerne ma vie active, se limite à des concepts impersonnels et abstraits qui, en tant qu'idéaux, m'intéressent et me déterminent, mais ne le font que de manière bien faible en comparaison des effets qu'un véritable sentiment de Dieu pourrait produire si j'en avais un. C'est en grande partie une question d'intensité, mais une variation d'intensité peut déplacer tout le centre de l'énergie morale d'une personne. Cela étant, bien que je sois dépourvu de conscience de Dieu au sens direct et le plus fort, il y a pourtant quelque chose en moi qui s'éveille lorsque j'entends des propos, tenus par d'autres, qui proviennent de cette région. Je reconnais cette voix profonde. Quelque chose me dit : c'est là que se trouve la vérité, et je suis sûr que ce ne sont pas les vieux préjugés théistes de l'enfance qui

1. *Cahiers de Marseille*, VI (hiver 1941-1942), in *Œuvres*, éd. Florence de Lussy, Paris, Gallimard, coll. « Quarto », 1999, p. 858.

parlent. [...] Appelez cela, si vous voulez, mon germe mystique. C'est un germe très répandu[1].

Ainsi William James reconnaît-il que cette partie de l'âme est bien présente en lui, même si elle ne s'est pas développée. Au lieu de nier son existence, il préfère admettre qu'elle n'a pas germé en lui. Malgré tout, il sent quelque chose frémir en lui aux récits d'expériences provenant de cette partie de l'âme plus épanouie chez d'autres.

Dans une perspective gnostique, qui trouve dans la modernité de nouvelles modalités d'expression,[2] le monde est ce dont il faut s'échapper. Dans une vision chrétienne orthodoxe, la mystique ne s'oppose pas au naturel, mais lui apporte une bénédiction. Comme le résume Fabrice Hadjadj : « Dans le christianisme, l'au-delà n'est pas un ailleurs, c'est un ici-bas devenu ici-haut[3]. »

L'engendrement

Un lien peut être établi avec la question de l'engendrement qui préoccupera cette assemblée au cours de l'année. L'engendrement, pour l'être humain, doit être entendu de deux manières. D'une part il relève du déploiement de ses facultés, en tant que finalité propre à tous les êtres vivants. D'autre part l'être humain a été créé à l'image de son Créateur, et appelé à Lui ressembler. Or l'engendrement est présent à l'intérieur de la Trinité même, au sein de laquelle le Père engendre le Fils. Par conséquent, ce n'est pas seulement en tant qu'être vivant que l'être humain est appelé à l'engendrement, mais aussi en tant qu'il est à l'image de Dieu et appelé à la ressemblance. L'engendrement est donc l'objet d'un double commandement. Concernant l'engendrement d'ordre spirituel, Saint Thomas a répondu à l'objection selon laquelle les religieux faisant vœu de célibat semblaient se soustraire à ce commandement d'engen-

1. Lettre à James Henry Leuba (1904), cité par R. B. Perry, *The Thought and Character of William James : Briefer version*, New York, George Brazier, 1954, p. 266.
2. Selon Éric Voegelin, « l'essence de la modernité consiste en un accroissement du gnosticisme » [*La Nouvelle Science du politique. Une introduction* [1952], trad. Sylvie Courtine-Denamy, Paris, Le Seuil, coll. « L'Ordre philosophique », 2000, p. 183], à travers une « immanentisation » de ses objectifs – il ne s'agit plus, par la gnose, de libérer l'esprit de sa prison charnelle mais, par la puissance technologique, d'assurer un règne sans partage de l'esprit sur la matière.
3. *L'Agneau mystique. Le retable des frères Van Eyck*, Paris, L'Œuvre, 2008, p. 15.

drer : selon lui, ce commandement à l'engendrement est donné collectivement à l'humanité, et le fait qu'un certain nombre d'êtres au sein de la communauté se soustraient à l'engendrement charnel ne relativise pas l'importance dudit commandement, mais permet au contraire son accomplissement. En effet ces personnes à l'intérieur de la communauté qui n'engendrent pas charnellement sont au service de la communauté qui, elle, engendre charnellement.

Je note enfin que le thème dominant de loin les autres dans la peinture chrétienne est celui de la Vierge à l'Enfant. L'alliance de Dieu avec l'humanité est allée jusqu'à l'Incarnation, selon une maternité charnelle. Les enfants qui nous naissent sont appelés à être baptisés, c'est-à-dire à renaître selon l'esprit. Il y a donc bien double naissance, de sorte que l'être humain, à la fois animal et créature à l'image de Dieu, puisse déployer ses facultés en vue de ses finalités.

Échange de vues

Marie-Joëlle Guillaume

À partir de la définition de la vie comme l'union de l'âme et du corps, vous nous avez fait suivre un parcours où nous avons approfondi la notion de téléologie, et ce qui s'est opposé à elle; et nous avons vu que tout cela s'enracine dans ces querelles passionnantes du Moyen Âge qu'on aurait tort d'oublier. Mais en voyant à quelle hauteur vous nous avez élevés à la fin, je repensais à ce que chantait déjà le Chœur, dans l'*Antigone* de Sophocle : « Il est bien des merveilles/Aucune ne surpasse l'homme. » Oui, quelle merveille que l'homme, si l'on songe à cette téléologie qui l'enracine à la fois dans le monde du vivant et dans autre chose qui est son propre destin, vécu dans l'accomplissement autonome de son être. Vous nous l'avez admirablement fait saisir.

Jean-François Lambert

Dans les propos liés à l'écologie politique, il y a, me semble-t-il, beaucoup d'ambiguïtés et d'erreurs qui sont dues au fait que les domaines ne sont pas vraiment définis. Je voudrais citer un auteur – dont je ne me rappelle plus le nom – qui faisait partie de groupes de réflexion autour de Francisco Varela sur la question de l'autonomie (*autopoïèse*), lequel disait : « L'homme est naturellement culturel parce qu'il est culturellement naturel. » On peut dire que c'est de la gymnastique, et un certain type de chercheurs, à cette époque, s'est plu à faire ce genre de pirouettes. De fait cette formule agace par sa circularité, qui n'est pas très logique, mais en même temps me semble dire quelque chose de l'intrication totale pour l'homme entre ce qui est dit naturel et ce qui est dit culturel. Par ailleurs, je me permets de citer le philosophe des sciences Hubert Dreyfus qui disait en substance : « Si les robots ne pensent pas, ce n'est pas parce qu'ils n'ont pas d'âme, c'est parce qu'ils n'ont pas de corps. »

Olivier Rey

On parle beaucoup, aujourd'hui, d'intelligence artificielle. Au moment où ce syntagme est apparu, dans les années 1950, l'ambition était de simuler, par la machine, les différents aspects de l'intelligence humaine. Au début, il s'agissait simplement de calcul – raison pour laquelle on parle encore de *computer* en anglais (alors que s'est imposé en français le terme plus heureux d'ordinateur). On a rapidement été amené à un double constat : d'une part, il s'avère extrêmement difficile de reproduire l'intelligence humaine dans ses innombrables aspects ; d'autre part, pour des tâches particulières, les machines électroniques peuvent s'avérer extraordinairement supérieures aux humains. Progressivement, ce qu'on appelle intelligence artificielle s'est donc émancipé du modèle humain. Cela est parfaitement justifié, dans la mesure où pensée humaine et intelligence artificielle sont de nature différente. On a tendance aujourd'hui à localiser la pensée dans le cerveau, alors qu'en réalité nous pensons avec l'ensemble de notre corps – en particulier dans les prises de décision. Le système hormonal, dans l'affaire, joue un rôle déterminant. Or l'intelligence artificielle n'a pas d'hormones. Les ordinateurs sont des machines algorithmiques, qui ont un support matériel mais pas de corps – et donc pas d'âme non plus, puisque l'âme anime un corps. C'est en ce sens que je comprends la phrase d'Hubert Dreyfus que vous citiez.

Rémi Sentis

Concernant le domaine de l'intelligence artificielle, il y a dans le courant de pensée dominant une position assez paradoxale : non seulement les tenants de ce courant envisagent la mort de la mort, soit l'immortalité, grâce à la technique (discours classique dans les médias par exemple), mais ils appellent également à vivre sans se reproduire sous prétexte que la planète serait menacée par l'espèce humaine. Dans les deux cas, on se dirige vers une espèce de statu quo : d'une part on ne meurt plus et d'autre part il ne faut plus avoir d'enfants. Qu'en pensez-vous ?

Olivier Rey

Les discours sur « la mort de la mort » vont de pair avec une conception de la vie dont le souci essentiel serait l'autoconservation. On ne prend plus la peine de s'interroger sur ce qu'est une vie véritablement humaine, on vise simplement l'immortalité ; mais l'immortalité pour quoi ? On ne sait pas. La fin disparaît dans le déploiement des moyens.

Cela d'autant plus que l'immortalité annoncée serait obtenue par hybridation avec la machine. J'ai cité saint Thomas disant que l'âne ne désire pas devenir cheval parce qu'il cesserait d'être un âne. De même, un homme vraiment homme ne désire pas s'amalgamer à la machine, parce qu'il cesserait d'être un homme. Il faut déjà être considérablement mort pour viser une survie transhumaniste.

Par ailleurs, il faut raison garder : ces promesses d'immortalité ne sont guère sérieuses. Deux grands récits ont accompagné et soutenu le développement scientifico-technologique au cours des derniers siècles. Selon l'un, plutôt d'obédience française, la science et la technique étaient au service de l'émancipation et du bonheur du genre humain ; l'autre, porté notamment par la grande université allemande du XIXe siècle, concevait la science comme un accomplissement de la vie de l'esprit. Les événements du XXe siècle ont largement entamé la crédibilité de ces deux récits, en montrant que le progrès techno-scientifique pouvait aussi bien conduire à l'esclavage qu'à l'émancipation, et n'offrait aucune garantie contre la nuit de l'esprit. Jean-François Lyotard, dans *La Condition post-moderne* publiée en 1979, a pris acte de l'épuisement de ces deux grands récits, lequel épuisement caractérise précisément, selon lui, ce qu'on appelle la postmodernité. Or, ne plus croire au salut par la science et la technique n'est pas bon pour les affaires ; il est donc apparu nécessaire de trouver un récit de remplacement, à même d'entretenir le moral des ménages et de les pousser à la consommation. La promesse de la mort de la mort constitue ce nouveau récit, promu par des niais qui y croient et des cyniques qui y trouvent leur intérêt. De plus, persuader les gens que la mort est un accident qui peut être indéfiniment différé permet de leur faire accepter un « monitorage » permanent, un assujettissement permanent aux puissances qui prétendent veiller sur leur santé.

Quant à la natalité, il est logique qu'elle s'effondre lorsque la mort se trouve comme forclose. Dans *Les Carnets de Malte*, Rilke écrit ceci :

> On savait autrefois (ou peut-être le pressentait-on) qu'on contenait la mort à l'intérieur de soi-même, comme un fruit son noyau. Les enfants en avaient une petite, les adultes une grande. Les femmes la portaient dans leur giron et les hommes dans leur poitrine. On possédait sa mort et cela conférait à chacun une singulière dignité et une paisible fierté. [...] Et quelle mélancolique beauté était celle des femmes, lorsqu'elles étaient enceintes, debout, et que, dans leur grand corps, sur lequel leurs deux mains fines involontairement se posaient, il y avait deux fruits : un enfant et une mort.

Le sourire intense, presque nourricier, sur leur visage rasséréné ne venait-il pas du sentiment qu'elles avaient parfois de sentir croître en elles à la fois l'un et l'autre[1] ?

La forclusion de la mort conduit à rejeter le fait de donner la vie.

Général Bertrand Ract Madoux

Je voudrais savoir si je me trompe en disant que, après les grandes querelles que vous nous avez si bien décrites, il y a aujourd'hui vis-à-vis de la vie, en simplifiant, deux attitudes différentes au sein de la population. De façon schématique, d'un côté des gens désireux de « sauver la planète », des écologistes pour lesquels la nature, les plantes, les animaux doivent être la priorité de nos combats, les hommes n'étant que des animaux un peu différents ; et puis de l'autre, une petite minorité de personnes (dans laquelle je range les croyants) qui militent pour une écologie intégrale, autour du pape, en essayant de faire comprendre –– non sans mal –, que le souci de la planète doit inclure celui de l'homme, de la vie, et de sa protection du début à la fin (celle-ci étant au moins aussi importante que les zones humides et les batraciens). Est-ce qu'il s'agit d'une querelle de notre temps ?

Olivier Rey

On pourrait dire cela. Je mettrai cependant une limite à l'opposition que vous faites entre des écologistes qui considèrent les humains simplement comme des perturbateurs de la nature, et les tenants de l'écologie intégrale. En ce qui concerne les premiers, certains en effet peuvent aller jusqu'à dire que, sans être humain, la nature se porterait mieux, comme si les êtres humains étaient des extraterrestres qui avaient débarqué sur une planète formidable et ravageaient tout ! Certes, certaines conduites sont ravageuses ; mais considérer l'être humain simplement comme un perturbateur de la nature est une conception aberrante – en particulier de la part de personnes qui par ailleurs tiennent les humains comme des animaux parmi d'autres. D'autre part, effectivement le pape actuel défend, avec l'écologie intégrale, une conception du problème beaucoup plus sensée, qui n'oppose pas l'être humain à la nature. Cependant, il demeure selon moi un point commun entre les écologistes et le pape,

1. *Les Carnets de Malte Laurids Brigge* [1910], trad. Claude David, Paris, Gallimard, coll. « Folio classique », 1991, p. 27 et 33.

que je pourrais appeler le « penser planète ». « Planète », en grec, signifiait « astre errant ». La Terre n'est donc devenue une planète qu'avec le système de Copernic. Mais, comme l'a écrit Husserl, « L'arche-originaire terre ne se meut pas ». Nous sommes d'abord des habitants de la Terre, non d'une planète parmi d'autres que nous contemplerions depuis l'espace. Quand le pape parle de la planète comme de la « maison commune », il me semble épouser à certains égards le discours des écologistes dont vous parliez auparavant. Il n'y a pas une humanité sur une planète, il y a des communautés humaines qui habitent la Terre. C'est la nuance que j'apporterais : l'opposition que vous mentionnez est recevable, mais, derrière cette opposition, apparaissent aussi des points communs discutables.

Nicolas Aumonier

Je souhaiterais prolonger la réflexion pour tenter de concilier deux réalités, microbiologique et anthropologique. Si vous considérez que tout ce qui est analyse scientifique nous place dans une perspective uniquement survivaliste, ne faites-vous pas un peu rapidement l'impasse sur toute la description foisonnante, extraordinaire aussi quand on s'y plonge, de ces processus micro-organiques extrêmement coordonnés, régulés, nombreux, qui décrivent la vie cellulaire comme un déséquilibre fondamental producteur d'énergie ? Le cycle de l'acide citrique montre que l'on récupère deux électrons et un demi de O_2, et que c'est avec cela que l'on vit, dans un déséquilibre poursuivi jusqu'à ce que la mort l'arrête. Si nous limitons ce déséquilibre à un effort pour résister à la mort, nous ne comprenons plus la dimension anthropologique de ce qu'il permet : l'attente, le désir, la perspective de construire, etc. Mais si nous ne complétons pas cette anthropologie en entrant dans le détail microbiologique de son fonctionnement concret, ce que ne pouvait pas faire Aristote, nous manquons la réalité fine, précise et régulée de ces processus vitaux, et sommes plus exposés à leur réduction cartésienne à de l'étendue comprise comme grandeur, figure et mouvement. Comment rendre compte de ce monde qui nous constitue et forme la base de toute anthropologie sans le passer sous silence ni le réduire ? En 1961, le grand biologiste Ernst Mayr livre sa célèbre distinction entre la biologie du comment et la biologie du pourquoi, entre une biologie molécularomécaniste des processus reposant sur des causes proches et expliquant des fonctionnements, et une biologie historico-darwinienne utilisant des causes plus lointaines, et qui essaie de répondre à la question de savoir pourquoi (et aussi comment) les choses se sont passées ainsi. C'est l'époque de la découverte de l'opéron lactose, de la mise au jour de régulations qui permettent à certains de penser qu'elles nous dispensent d'un grand Régulateur divin, ou, à tout le moins, de quelque chose comme une finalité de la vie. Mais comme nous ne pouvons pas nous passer de décrire ces processus comme des fonctions, les biologistes de ces années-là sont tout de même contraints de parler de *lois* d'un organisme à poursuivre son propre but (« Une bactérie, une amibe, une fougère, de quel destin peuvent-elles rêver sinon de former deux bactéries, deux amibes, plusieurs fougères[1] ? »), autrement dit de parler de téléonomie (Jacques Monod), au lieu de finalité globale (téléologie). Ils pensent avoir matérialisé la finalité en la limitant à une téléonomie. Or, ce que Mayr sépare en deux directions de recherches, la biologie mécaniste et la biologie évolutionniste, doit aujourd'hui être ressaisi dans son unité réelle, faute de quoi notre concept de fin serait vide, et nos explications, aveugles. Il me semble ainsi que la synthèse incomplète que tentait la téléonomie doit être retravaillée, élargie, précisée, pour faire tenir ensemble biologie et anthropologie.

Olivier Rey

Votre remarque me fait penser à un sujet connexe concernant la biologie moderne. Quelque chose s'est passé au XIXe siècle et encore plus au XXe siècle, quand on s'est mis à appeler la biologie « *science de la vie* », et qu'elle a été soumise non plus aux catégories aristotéliciennes mais aux catégories de la science moderne, c'est-à-dire à la physico-chimie. Ainsi, l'histoire naturelle est devenue la biologie moderne, non par ajout d'une seconde couche à la première, mais par remplacement.

Comme le disait François Jacob lui-même, « on n'interroge plus la vie aujourd'hui dans les laboratoires. On ne cherche plus à en cerner les contours. [...] C'est aux algorithmes du monde vivant que s'intéresse aujourd'hui la biologie[2] ». L'histoire naturelle a déserté les universités. Cependant, on peut séquencer les génomes et les triturer, étudier les réactions chimiques dans les cellules, sans que jamais on ne sache comment un loriot construit son nid, parce que pour cela, il n'y a pas d'autre méthode que d'observer des loriots dans la campagne. Je ne conteste pas la validité des travaux qui sont menés

1. F. Jacob, *La Logique du vivant*, Paris, Gallimard, 1970, p. 12
2. *Ibid.*, p. 320-321

dans les laboratoires ni leur intérêt, je dis simplement que ces nouveaux travaux ne se sont pas ajoutés à ceux qu'on faisait auparavant, mais les ont remplacés, et qu'aujourd'hui les biologistes qui étudient les mécanismes cellulaires pourraient même ne pas savoir à quoi ressemblent les plantes ou les animaux au sein desquels ces mécanismes prennent place.

À cet égard, l'attitude de Jean-Paul II à propos de l'affaire Galilée est intéressante. Jean-Paul II est le pape qui a reconnu, en 1992, que l'Église avait commis une erreur lors du procès intenté à Galilée en 1633, en confondant l'Écriture sainte avec des interprétations de l'Écriture sainte qui, en tant qu'interprétations, pouvaient être discutées. Cela étant, une dizaine d'années plus tard, dans une de ses conférences, il a aussi affirmé : « Pour ceux qui ont des oreilles attentives et dont les yeux ne sont pas voilés, la création constitue comme une première révélation, qui possède un langage éloquent : elle est comme un autre livre sacré dont les lettres sont constituées par la multitude de créatures présentes dans l'univers[1]. » Ces mots font écho à la célèbre déclaration de Galilée, affirmant que le livre de l'univers est écrit en langue mathématique et que « ses caractères sont des triangles, cercles et autres figures de géométrie ». Discerner dans la nature des créatures, des êtres vivants, ou bien des figures de géométrie, procède d'esprits différents, et cette différence retentit sur la façon qu'ont les êtres humains de s'appréhender eux-mêmes. La question n'est pas de savoir si l'idée galiléenne est légitime, mais si elle doit être hégémonique. Dans les dialogues de Galilée, l'aristotélicien est nommé Simplicio et fait montre d'un esprit borné conforme à son appellation. Je ne crois pas pareil mépris justifié.

Marie-Joëlle Guillaume

Pendant la période du Covid, on nous parlait de « sauver des vies », or « sauver des vies » était vu d'une façon très étroitement hygiéniste. Autrement dit, si l'on reprend votre analyse, il s'agissait uniquement de sauver la vie pour elle-même dans sa définition au ras des pâquerettes, et pas du tout l'être humain tel qu'il est. Il y a tout de même eu de la part des familles, en particulier chez celles qui n'ont pas été autorisées à voir un proche en train de mourir, ou à qui l'on n'a pas permis d'accompagner les obsèques, des réactions qui, me semble-t-il, visaient vraiment l'être au sens de l'âme, comme s'ils avaient dit : « On n'est pas des chiens. » Finalement, on nous a

1. Audience générale du 30 janvier 2002 (http ://w2.vatican.va/content/john-paul-ii/fr/audiences/2002/documents/hf_jp-ii_aud_20020130.html).

considérés comme des sortes de chiens à sauvegarder – je caricature un peu, mais cela a été vécu très durement par un certain nombre de gens qui en ont directement souffert. Peut-on rattacher cela à l'évolution philosophique, au fait qu'aujourd'hui on n'a plus de repères – pas même scientifiques – ou à la volonté de puissance d'un certain nombre de gens ? Car on constate que le Covid a été l'occasion pour certains de prendre la main sur un certain nombre de situations et surtout d'êtres humains… Comment l'analysez-vous ?

Olivier Rey

Nous sommes dans une situation de confusion extrême, dont on trouve un exemple emblématique dans les définitions actuelles du mot « vie », telles que je les ai citées (« l'ensemble des phénomènes et des fonctions essentielles se manifestant de la naissance à la mort et caractérisant les êtres vivants », « l'activité propre aux êtres organisés », ou, plus savant, la vie comme « système capable d'autoproduction et d'autoconservation à travers un réseau régénératif de processus qui s'étend à l'intérieur d'une frontière qu'il a lui-même constituée et qui se régénère lui-même à travers des interactions cognitives ou adaptatives avec le milieu », etc.) D'un autre côté, résonne encore à nos oreilles l'affirmation du Christ : « Je suis la Vie. » Or il est évident que quand le Christ dit « Je suis la Vie », il ne veut pas dire : « Je suis l'activité spontanée propre aux êtres organisés. » Cependant, à partir du moment où la référence chrétienne s'est trouvée marginalisée (ce que Marcel Gauchet a appelé « la sortie de la religion »), quelque chose de la sacralité attachée à la vie dont parlait le Christ s'est trouvé rabattu sur la vie organique. Le président Emmanuel Macron a maintes fois parlé, pendant la pandémie de Covid, de « sauver des vies » – là encore, la référence à un salut est signifiante. Mais pourquoi fallait-il sauver des vies ? Pour pouvoir simplement maintenir le fonctionnement de systèmes organiques ? Ou bien la vie n'est que cela, et on comprend mal pourquoi il faudrait attacher tant d'importance à sa continuation. Ou bien elle est aussi autre chose, et dans ce cas on devrait en tenir compte, et ne pas humilier cette part au nom de statistiques vitales. On m'a raconté une anecdote terrible : celle d'un vieux prêtre confiné dans sa chambre d'EHPAD, sans pouvoir en sortir ni voir personne, parce qu'il fallait justement sauver sa vie ! Or il suppliait de le laisser sortir ! Il criait : « Laissez-moi sortir ! C'est parce qu'on ne laisse pas les vieux sortir quand il y a des épidémies qu'après, les gens sont pour l'euthanasie ! » Au passage, je note que dans les revendications actuelles en faveur de ce qu'on appelle l'*euthanasie*, il y a dans certains cas quelque chose de cet ordre qui s'exprime : la peur de voir sa vie réduite au simple fonctionnement des organes, entretenu par une machinerie hospitalière. Les protestations du vieux prêtre sont à cet égard éclairantes.

Par ailleurs, il n'est pas douteux que certains aient vu dans la crise sanitaire une *fenêtre d'opportunité* à saisir afin d'accélérer les mutations en cours et mettre en place des dispositifs de contrôle devant lesquels en temps normal la population aurait rechigné, de « numériser » tous les aspects de l'existence et de faire progresser la gestion managériale du cheptel humain.

Séance du 19 octobre 2023

Malthusianisme mondial et hiver démographique européen
Le cas particulier de la France

Recteur Gérard-François Dumont

Présentation par Marie-Joëlle Guillaume[1]

Cher Gérard-François, c'est une joie particulière de vous accueillir ce soir : il y a bien longtemps que nous nous connaissons. Vous n'étiez pas encore le recteur Gérard-François Dumont lorsqu'en 1986, au temps où vous publiiez *La France ridée*, nous nous étions trouvés ensemble, déjà, sur une tribune.

Je rappellerai d'abord que vous êtes marié, père de quatre enfants, grand-père de dix petits-enfants. Vous êtes aujourd'hui professeur émérite à l'Université de la Sorbonne, membre du laboratoire Médiations. Auparavant, parmi de multiples fonctions vous étiez membre de section du Conseil économique et social, expert auprès du Comité économique et social européen et du Conseil de l'Europe, administrateur de la Société de géographie et conférencier international. Je signalerai aussi vos fonctions de membre du conseil stratégique et prospectif de l'Institut d'études des relations internationales.

Petit retour en arrière : vous avez commencé dans la vie par être dirigeant d'entreprises, de 1972 à 1988, tout en vous intéressant de près à la géographie dès les années 1970, doctorat à l'appui ; ensuite, de 1988 à 1996, vous êtes professeur à l'Université de Paris IV-Sorbonne. Vous êtes aussi directeur de l'Institut d'urbanisme et d'aménagement de la Sorbonne, et professeur délégué aux finances de l'université. À la fin de cette période, entre 1994 et 1996, vous êtes membre de la section

1. Présidente de l'AES.

de l'aménagement du territoire et des économies régionales du Conseil économique et social, et de 1996 à 1998 vous êtes recteur d'académie, chancelier des universités. Mais j'arrêterai là le récit linéaire de votre cursus, car il est très riche et je ne veux pas trop empiéter sur le temps de votre communication.

J'ai en revanche plusieurs choses à dire touchant directement le thème d'année de notre Académie. Vous animez en effet deux revues : *Population & Avenir,* la revue des populations et des territoires, et *Les analyses de Population & Avenir*, revue numérique créée en 2020[1]. Vous êtes aussi directeur du site de démographie et de géographie des populations lié à *Population & Avenir.*

Je laisse de côté vos autres responsabilités éditoriales dont plusieurs touchent à la géopolitique. Vos publications dans des revues scientifiques – le site *Science ouverte* du CNRS, le site *Cairn* par exemple – se doublent de la publication d'un très grand nombre d'ouvrages portant sur toutes les régions du monde : plus de 900 publications dans une quinzaine de langues. Vous comprendrez donc que je me limite à l'une des dernières, à laquelle vous tenez je crois, publiée chez Armand Colin en 2019, rééditée en 2023 et qui s'intitule *Géographie des populations*. La lecture de votre bibliographie est pourtant passionnante, qu'il s'agisse de vos propres ouvrages ou de vos collaborations récentes à des ouvrages collectifs.

En tant que maître en géopolitique des populations, votre dernière analyse s'intitule « Israël, Territoires palestiniens : quels scénarios géopolitiques possibles ? Entre guerre et utopie » (cf. *Les analyses de Population & Avenir,* n° 47, oct. 2023). Ce n'est pas notre sujet de ce soir, mais c'est l'actualité de notre monde, que vous ne craignez pas de prendre à bras le corps. C'est dire combien, sur le malthusianisme, nous attendons de vous un regard acéré.

Communication[2]

Je me suis trouvé face à une certaine difficulté pour préparer cette soirée : vous connaissez la curiosité sans bornes de votre présidente, elle

1. Voir respectivement https ://www.population-et-avenir.com/revue-population-avenir/ et https ://www.cairn.info/revue-analyses-de-population-et-avenir.htm
2. La communication de Gérard-François Dumont a été accompagnée de la projection de diapositives dont le contenu est mentionné au fil du texte.

m'a fixé un sujet fleuve, tout en me donnant à peine le temps de parler d'un bout de rivière… J'ai donc fait un choix évidemment subjectif dans ce thème extrêmement large, afin de vous livrer quelques réflexions avant d'entamer le débat avec vous.

Introduction : un contexte sémantique malvenu

En introduction, il faut rappeler d'abord que ce thème se trouve dans un contexte sémantique qui lui est défavorable pour bien le comprendre. J'évoquerai simplement deux mots. Le mot « explosion », employé dans l'expression « explosion démographique », est très souvent utilisé mais déforme totalement la réalité puisqu'une explosion est un phénomène soudain et spectaculaire ; or la croissance démographique de la population dans le monde depuis deux siècles n'est ni un phénomène soudain ni un phénomène spectaculaire. C'est un phénomène qui s'est étalé sur des décennies et qui était tout à fait prévisible puisqu'il pouvait relever d'explications claires, comme j'essaierai de vous le montrer. Le deuxième mot, extrêmement répandu, est celui de « surpopulation ». Combien de journaux nous expliquent qu'il y a une « surpopulation » ! Pour mettre en évidence à quel point ce mot est impropre, je vous propose d'organiser le monde virtuellement grâce à la mise en place d'un gouvernement mondial qui prendrait la décision suivante : demander aux populations d'Afrique, d'Asie, d'Europe, d'Océanie, d'Amérique latine et du Canada, d'abandonner leur territoire pour aller se concentrer uniquement aux États-Unis, c'est-à-dire réunir les 8 milliards d'habitants de la Terre sur le seul continent nord-américain. Quelle serait alors la situation aux États-Unis ? On pourrait penser que cette population serait serrée comme dans une boîte de sardines ; pourtant, il n'en serait rien, la densité des États-Unis serait inférieure à la densité actuelle de la région Île-de-France ! Ce seul exemple permet donc de relativiser cette notion totalement impropre de surpopulation, mot dont l'usage abusif traduit le contexte idéologique de son emploi. C'est la raison pour laquelle, dans une première partie, pour être fidèle aux consignes reçues, je rappellerai ce que devient le malthusianisme à l'épreuve des faits – en résumant seulement ce questionnement – avant de vous proposer de réfléchir, dans une seconde partie, selon une échelle plus réduite, celle de l'Europe. Enfin dans une troisième partie je situerai mon propos à l'échelle de la France.

Le malthusianisme à l'épreuve des faits

Concernant le malthusianisme, il importe de comprendre qu'en réalité il s'agit d'une idéologie qui a toujours existé dans l'histoire de l'humanité, bien avant d'être magnifiée et présentée de façon extrêmement pédagogique par Malthus en 1798. En revanche, selon les périodes de l'histoire, elle a pris une importance plus ou moins grande. Il faut donc rappeler que, bien avant Malthus, existaient des doctrines que j'appelle proto-malthusiennes, les premières se trouvant tout simplement dans les textes de Platon et d'Aristote. Rappelez-vous comme Platon rêvait d'une stabilité de la population de la ville d'Athènes, et proposait une politique démographique extrêmement précise pour parvenir à ses fins – éviter toute diminution ou augmentation de la population d'Athènes. Et Aristote avait exactement le même raisonnement. Mais Malthus, lui, propose une expression extrêmement claire à partir du constat que la population augmenterait selon une progression géométrique tandis que la production alimentaire augmenterait selon une progression arithmétique, ce qui fait donc peser un risque de surmortalité très élevé sur cette population. C'est pour cette raison que Malthus propose alors les fameuses contraintes pour limiter la population.

Cette doctrine de Malthus a traversé la Manche assez rapidement, sous l'expression de « malthusianisme économique » qu'on trouve tout particulièrement chez Jean-Baptiste Say qui, vous le savez, conseillait aux Français de faire des épargnes plutôt que des enfants. Or il importe de préciser que les Français ont suivi son conseil, puisque la France au XIXe siècle, et même dès la fin du XVIIIe siècle, a été le seul pays à voir baisser sa fécondité, tandis qu'à la fin du XIXe siècle et au début du XXe, la France procède à ces fameuses épargnes en plaçant son argent dans les emprunts russes – vous connaissez la suite de l'histoire. Bref ce malthusianisme économique a une importance considérable, jusqu'à ce que les faits mettent en évidence qu'il s'agissait d'un malthusianisme assez erroné puisqu'il n'avait pas pris en compte les apports des progrès techniques et économiques.

Une nouvelle conception significative du malthusianisme apparaît ensuite dans les années 1960 et 1970, avec ce qu'on appelle le « malthusianisme des ressources » : dans la mesure où les ressources étaient considérées comme allant devenir insuffisantes, il fallait diminuer ou du moins limiter la population, jugée trop nombreuse. C'est évidemment le raisonnement du Club de Rome [dans son rapport célèbre de

1972], raisonnement que l'on retrouve aussi chez des personnes extrêmement connues comme le commandant Cousteau, qui expliquait en 1991, dans le *Courrier de l'Unesco*, que supprimer 350 000 personnes par jour permettrait de parvenir à un chiffre moindre de population dans le monde ! Il ne se mettait pas dans le lot des 350 000, vous l'aviez deviné. Ce malthusianisme des ressources traverse aussi les fameux livres de Paul Ehrlich, dont *La Bombe P* publiée en 1968 ; puis il faut constater que, dans les années 1980 et 1990, l'importance du malthusianisme a diminué pour une raison simple, c'est que tous les malheurs qu'il avait annoncés et qui devaient survenir avant la fin du XXe siècle ne se sont pas produits ; et Paul Ehrlich a lui-même survécu à tous les malheurs qu'il avait annoncés. Par conséquent, cette période des années 1980 et 1990 a vu l'influence du malthusianisme diminuer sur nos sociétés. Mais cette idéologie est parvenue à renaître sous la forme du « malthusianisme écologique », qui considère la nature comme étant plus importante que l'homme. On trouve donc chez ces partisans du malthusianisme écologique, comme Lovelock, l'idée qu'il faut exclure l'homme pour laisser la nature tranquille, et abaisser la population du monde à 500 millions d'individus. Mais sans dire comment s'y prendre, contrairement à Platon dont la politique démographique était extrêmement bien exposée.

Ce malthusianisme écologique va même être poussé plus loin encore avec le « malthusianisme intégral », qui consiste à penser qu'il faudrait vider la Terre de ses habitants. Je fais référence ici au mouvement américain fondé sur l'extinction de la population dans le monde, dont le slogan est : « Soyons heureux et n'ayons pas d'enfants » ! L'encouragement à l'égoïsme est donc tout à fait net dans leur formulation. Sachez aussi qu'un des collaborateurs du commandant Cousteau, Yves Paccalet, avait écrit *L'humanité disparaîtra, bon débarras*. C'est bien le titre de son livre ! Ainsi, ce malthusianisme intégral signifie la suppression totale de l'humanité sur Terre.

Néanmoins ces différents malthusianismes n'ont pas toujours le succès que souhaiteraient leurs partisans, qui ont dû trouver un autre ressort pour faire revivre leurs idées : ce ressort est apparu précisément en 2009 sous la forme de ce que j'appelle le « malthusianisme climatique », exprimé notamment dans un rapport du Fonds des Nations-Unies pour les questions de population, lui-même résumé dans un gros titre du *Monde* en 2009 : « La limitation des naissances, remède au péril climatique ». Tout est dit. On voit donc se développer une idéologie radicale, la *green inclusion*, selon laquelle il ne faut pas avoir d'enfants. Je vous invite aussi à regarder les articles d'un de nos écologistes les plus renommés actuellement, Monsieur Jancovici, qui milite lui aussi pour la nécessité de limiter la population. Nous sommes donc aujourd'hui en 2023 dans une période de regain significatif du malthusianisme, que ce soit dans les médias, dans l'opinion publique, ou chez les dirigeants, cette fois sous la forme du malthusianisme climatique qui a permis au concept de malthusianisme de se réinventer.

À l'épreuve des faits, tous ces malthusianismes sont-ils justifiés ? J'ai déjà précisé que ce n'était pas nécessairement le cas. Mais encore faut-il le montrer. Les faits, nous les connaissons : environ 1 milliard d'habitants dans le monde en 1800, environ 8 milliards en 2023 – il s'agit bien sûr d'ordres de grandeur, il n'y a pas de recensements parfaits dans tous les pays, et de nombreuses naissances ne font pas l'objet d'enregistrement à l'état civil, donc ces chiffres sont bien entendu des estimations. Cette multiplication par 8 de la population du monde, qui interroge inévitablement, nécessite une explication qui relève du schéma de la « transition démographique » que je vais résumer. Ce schéma est éclairant dans la mesure où l'on se rappelle qu'avant cette transition démographique qui a démarré à la fin du XVIIIe siècle en Angleterre, les taux de natalité de l'humanité sont très élevés, et ce pour une raison bien simple, c'est que les taux de mortalité sont alors eux-mêmes extrêmement élevés. Autrement dit, si nos ancêtres n'avaient pas eu des familles nombreuses, l'humanité aurait disparu, puisque je vous rappelle qu'en 1750, sur quatre bébés qui naissent, au moins un meurt avant l'âge de 1 an, et un second meurt avant d'atteindre l'âge adulte. Cette surmortalité est donc considérable, comme la surmortalité maternelle. Mais à partir de la fin du XVIIIe siècle, des progrès médicaux extraordinaires vont entraîner le recul des taux de mortalité. Dans un premier temps[1], cela conduit à une baisse rapide du taux de mortalité, en moyenne bien entendu. Or, pendant ce temps, les populations continuent, par effet de vitesse acquise et en quelque sorte par habitude, à avoir des taux de natalité élevés, ce qui entraîne une hausse importante de la population, jusqu'au moment où ces populations se rendent compte que les taux de survie de leurs enfants se sont largement améliorés, et qu'il n'est donc plus nécessaire d'avoir cinq ou six enfants pour en voir au moins deux

1. Cf. slide 9 : courbe noire du schéma de la transition démographique.

atteindre l'âge adulte. C'est pourquoi ils adaptent leur comportement de fécondité à une mortalité considérablement abaissée. Mais, avant cette adaptation, les taux d'accroissement naturel[1] – c'est-à-dire la différence entre la courbe rouge du schéma de la transition démographique (taux de natalité) et la courbe noire (taux de mortalité) – augmentent considérablement, jusqu'au moment où une inversion opère. D'une part en effet, les taux de mortalité continuent de baisser, mais à un rythme moins rapide – pour une raison bien simple, c'est qu'une fois abaissée la mortalité infantile de 75 %, certes le progrès est encore possible mais dans une moindre mesure. Et d'autre part, les taux de natalité baissent plus vite que les taux de mortalité, ce qui correspond à une période de décélération de la croissance démographique (sur le schéma, il s'agit de la partie où vous voyez cette courbe verte diminuer[2]).

Alors, quelles en sont les raisons ? Je les résume dans un carré magique : les progrès techniques agricoles tout d'abord, c'est-à-dire le fait que l'alimentation pour les populations est devenue suffisante et diversifiée, et que les capacités de stockage et de transport se sont améliorées. Je ne citerai qu'un exemple récent, ou plutôt du dernier demi-siècle : je ne sais pas si vous vous rappelez que dans les années 1950, des experts conseillaient à l'Inde de donner la priorité à la mise en place de ports extrêmement vastes pour pouvoir accueillir des importations alimentaires qui auraient permis de nourrir sa population. Or c'est le contraire qui s'est passé. En effet, l'Inde[3] a amélioré considérablement sa production agricole, même si ça n'est pas encore parfait et qu'une partie de la population demeure sous-alimentée, et elle est devenue un exportateur agricole, contrairement à ce qu'avaient annoncé nos « brillants » experts.

Deuxième élément bien connu : les progrès médicaux et pharmaceutiques. Je prendrai tout à l'heure l'exemple de la révolution pasteurienne et de l'ensemble des progrès hygiéniques qui ont permis d'abaisser les taux de mortalité, en particulier la mortalité infantile et maternelle, grâce à ce que nous a enseigné le Hongrois Semmelweis au milieu du XIXe siècle. Il faut insister enfin sur les progrès techniques qui limitent la

1. Cf. slide 9 : courbe verte du schéma de la transition démographique
2. *Ibid.*
3. Dumont, Gérard-François, « L'Inde parvenue au premier rang des populations du monde : quelles raisons ? », *Population & Avenir*, n° 763, mai-juin 2023.

pénibilité du travail ; ils vont être aussi un élément d'augmentation de l'espérance de vie.

Pour illustrer ces changements, j'ai choisi trois exemples parmi tant d'autres : celui de la quinine, d'abord, dont l'importance a été découverte vers 1825 par les pharmaciens Pelletier et Caventou – qui sont honorés au métro Luxembourg. Ils ont montré en effet combien la quinine pouvait aider l'homme à lutter contre la morbidité, raison pour laquelle on la retrouve aujourd'hui dans de très nombreux médicaments. Deuxième exemple, celui des campagnes hygiéniques, par exemple en France en 1930. Regardez cette affiche[1], elle est très importante parce qu'elle témoigne de la réalité des résultats des recensements de l'époque, où la majorité des logements n'a pas de salle d'eau. Et le conseil qui est donné, c'est de prendre un bain au moins une fois par semaine ! Évidemment, le chiffre a été dépassé depuis... Enfin, troisième élément très important, c'est l'amélioration de la qualité des eaux grâce aux stations d'épuration et au traitement des déchets. Tous ces éléments combinés se sont donc traduits par un considérable abaissement de trois mortalités, infantile, infanto-adolescente et maternelle.

Mais quel a été le principal moteur de la croissance démographique qui a conduit la population à passer de 1 milliard à 8 milliards ? Est-ce davantage dû à la baisse de la mortalité ou à la hausse de la natalité ? La réponse est tout simplement dans les courbes, qui montrent qu'en réalité depuis les années 1950, *grosso modo,* la natalité n'a cessé de baisser et continue de baisser[2]. C'est pourquoi la raison fondamentale de l'augmentation de la population dans le monde est l'abaissement des taux de mortalité[3], la très forte hausse de l'espérance de vie, donc l'amélioration des taux de survie des populations. Je rappelle aussi qu'en 1950, l'indice de fécondité est d'environ 5 enfants par femme en moyenne dans le monde, alors qu'aujourd'hui il est à moins de 2,4 enfants par femme, toujours en moyenne dans le monde.

1. Cf. slide 12 « Prenez un bain au moins 1 fois par semaine ».
2. Parant, Alain, « Le déclin de la natalité dans le monde et en Europe. Quels mécanismes explicatifs ? Quelle géographie ? », *Les analyses de Population & Avenir*, n° 44, avril 2023. https ://doi.org/10.3917/lap.046.0001
3. Cf. slide 9 : courbe noire du schéma de la transition démographique.

Si la population a augmenté, c'est parce que la mortalité s'est considérablement abaissée, ce qui a permis l'augmentation de l'espérance de vie. Examinons le cas de la France, dont nous avons la chance de posséder la connaissance de l'espérance de vie sur une longue période ; cette courbe montre que l'espérance de vie à la naissance qui se situait autour de 35 ans en 1806 dépasse aujourd'hui 80 ans.

Pour conclure sur l'épreuve des faits, on peut se demander si toutes ces évolutions n'ont pas été défavorables aux générations futures : je pense ici au thème du développement durable, selon lequel il ne faut rien faire qui puisse nuire aux générations futures – il y a eu encore récemment une décision de justice à ce sujet. Le développement démographique est-il conforme aux principes de durabilité ? Pour le moment, la réponse est oui, c'est-à-dire que les générations ayant bénéficié les premières d'une forte augmentation de leur espérance de vie n'ont pas nui aux générations suivantes qui ont continué à bénéficier de cette longue espérance de vie et ont même continué de voir leur espérance de vie s'améliorer. Donc, l'ensemble des progrès qui ont permis la baisse de la mortalité sont conformes aux principes du développement durable, ce qu'il est essentiel de rappeler face à certaines affirmations de personnes qui se disent écologistes.

Comment dans ce contexte envisager l'avenir ? Il faut insister d'abord sur le fait que l'avenir n'est pas écrit et que l'on n'est pas en mesure de connaître avec certitude les effectifs de population du futur. Certes, des organismes statistiques présentent régulièrement des projections démographiques qui conduisent à annoncer des chiffres de population pour le futur ; or, en réalité, beaucoup de ruptures peuvent se produire[1]. Elles peuvent être négatives, conséquences de guerres, de comportements d'hygiène moins respectueux, d'épidémies imprévues, de politiques moins respectueuses des règles du développement durable, etc. Mais des ruptures peuvent aussi se produire au bénéfice de la population, quand elles proviennent de nouveaux progrès médicaux et pharmaceutiques entraînant encore une meilleure espérance de vie, mais aussi d'un respect plus grand des règles d'hygiène, d'une meilleure diplomatie permettant d'éviter des guerres, sans compter de nouveaux progrès encore

1. Dumont, Gérard-François, « Population mondiale : le chiffre de huit milliards face à quatre vérités et à une pluie d'incertitudes », *Population & Avenir*, n° 761, janvier-février 2023.

en matière de développement durable et de lutte contre la pollution. Aussi, compte tenu de tous ces éléments, l'avenir n'est pas écrit. Il pourrait tout autant se traduire par une poursuite de l'augmentation de la population mondiale quasiment au même rythme qu'aujourd'hui, que par une baisse de la population mondiale, ce qui, selon les causes de cette baisse, ne serait pas nécessairement une bonne nouvelle. De toute façon, toute courbe sur les perspectives de population mondiale n'a en fait pas grande importance, pour la raison suivante : en réalité, ce qu'il convient d'analyser n'est pas le nombre d'habitants sur Terre, mais la façon dont se répartissent ces populations et leurs dynamiques différenciées. Nous sommes en effet dans un monde de plus en plus diversifié, et la réalité démographique, elle, n'est pas planétaire mais nationale, voire infranationale, je voudrais vous le montrer.

Prenons un exemple : si l'on se situe aux bonnes échelles, que constate-t-on ? D'abord qu'il y a des types d'accroissement naturel extrêmement différents : le Nigeria, par exemple[1], n'a pas terminé sa transition démographique et a, encore dans les années 2020, un taux d'accroissement naturel significatif, tandis que l'Allemagne a un solde naturel nettement négatif. Quant à la Chine, sa population a commencé à diminuer depuis 2023[2]. Pour comprendre ces dynamiques démographiques extrêmement différenciées, le mieux est de comparer deux pays dont la population est du même niveau. Je vous propose donc par exemple de comparer le Japon[3] et le Mexique. Du point de vue de Sirius, on va dire qu'ils ont la même population, et qu'ils contribuent donc de la même façon à la population du monde. Mais ce serait une vue complètement statique de considérer les choses ainsi, parce qu'en réalité aucun indicateur démographique n'est semblable entre le Japon et le Mexique, qu'il s'agisse du taux de natalité, de l'indice de fécondité, du taux de mortalité, de mortalité infantile, du taux d'accroissement naturel, d'accroissement migra-

1. Ou, autres exemples, l'Éthiopie ou le Pakistan ; voir : May, John F., « L'Éthiopie : un géant démographique à la croisée des chemins », *Population & Avenir*, n° 746, janvier-février 2020 ; May, John F., Abbasi, Nasrullah, « Le Pakistan : les dynamiques contrastées d'un pays au peuplement fortement croissant », *Population & Avenir*, n° 763, mai-juin 2023.

2. Dumont, Gérard-François, « La Chine et les sept raisons de son dépeuplement », *Population & Avenir*, n° 762, mars-avril 2023.

3. Dumont, Gérard-François, « Japon : le dépeuplement et ses conséquences », *Géoconfluences*, ENS Lyon, 18 octobre 2017.

toire, du taux d'accroissement total, de l'espérance de vie des hommes, de celle des femmes, du pourcentage de moins de 15 ans ou du pourcentage de 65 ans ou plus – bref, toutes les dynamiques démographiques de ces deux pays sont différentes. En conséquence, j'ai montré dans un article récent que nous allons de plus en plus vers un monde que j'appelle « plurilatéral »[1].

Ainsi, à l'épreuve des faits, le malthusianisme est démenti, d'abord parce que cette croissance de la population mondiale de 1 à 8 milliards est le résultat des progrès faits par l'humanité – et si effectivement certains souhaitent qu'on retrouve des taux de mortalité de 300 pour 1000, des taux de mortalité infanto-adolescente de 300 pour 1000, et qu'à nouveau 6 % des femmes meurent en couches ou par suite de couches, qu'ils le disent ! Mais c'est ce monde qu'ils nous proposent, lorsqu'ils demandent le retour à un milliard ou à 500 millions d'habitants.

L'hiver démographique européen

J'en viens à ma partie sur l'hiver démographique européen. Vous me pardonnerez, j'espère, si l'abondance de chiffres rend mon exposé de ce soir quelque peu indigeste ; le débat vous permettra, je l'espère, de mieux les « digérer ». Concernant le concept que j'ai proposé d'*hiver démographique* européen, je rappelle simplement que j'en propose une définition extrêmement précise. En effet, une population en situation d'hiver démographique, c'est une population dont la fécondité se trouve en dessous du seuil de remplacement des générations pendant une durée significative. Cette définition a une valeur scientifique et un sens extrêmement précis. Or l'Europe, que ce soit à l'échelle du continent européen ou de l'Union européenne, est bien dans cette situation, sa fécondité étant nettement inférieure au seuil de remplacement des générations depuis le milieu des années 1970. En revanche, cette entrée dans l'hiver démographique ne s'est pas effectuée au même moment selon les pays européens. La conséquence de tout cela, à l'échelle de l'Union européenne composée de 27 pays, c'est d'abord la dépopulation. Il faut en effet distinguer la dépopulation, c'est-à-dire le fait d'enregistrer plus de décès que de naissances, et le dépeuplement, qui correspond à une

1. Dumont, Gérard-François, « Démographie : un monde "plurilatéral" », dans : IFRI, sous la dir. de T. de Montbrial, D. David, *Ramses 2024 (Rapport annuel mondial sur le système économique et les stratégies)*, Paris, Dunod, 2023.

diminution de la population. Or l'Union européenne connaît une dépopulation depuis 2012, puisque, chaque année, l'Union européenne, à l'échelle de 27 pays, enregistre plus de décès que de naissances. À cet égard, on mesure d'ailleurs l'imprégnation de la pensée malthusienne : cette entrée de l'UE dans la dépopulation, événement absolument majeur dans les dynamiques de notre continent, aurait dû en effet faire les titres de tous les journaux européens ; or, le phénomène a été quasiment passé sous silence.

Le deuxième élément fondamental de l'évolution démographique de l'Union européenne, conséquence de cet hiver démographique, est l'effet de ciseaux observé entre le taux d'accroissement naturel et l'accroissement migratoire : à partir de la fin des années 1980 et même au début des années 1990, la croissance démographique de l'Union européenne des 27 a été portée d'abord par l'excédent des naissances sur les décès, et en second lieu par des apports migratoires. La cause la plus importante de la croissance de la population de l'Union européenne était l'excédent des naissances sur les décès. L'effet de ciseaux vient du fait que vers 1991, une inversion de ces phénomènes démographiques s'est produite : la croissance démographique de l'Union européenne avant même de devenir négative – on reviendra sur ce point – a alors relevé davantage de son solde migratoire positif que d'un accroissement naturel, celui-ci devenant négatif à partir de 2012. La dynamique est donc inverse par rapport à celle enregistrée auparavant.

Ainsi, la combinaison de ces deux éléments se traduit depuis lors dans l'Union européenne à 27 par un dépeuplement, certes plus récent, même s'il serait éventuellement à réévaluer, compte tenu de la crise ukrainienne. Déjà, avant le 24 février 2022, la population de l'Union européenne avait moins baissé que si elle n'avait pas accueilli, déjà avant la guerre, des millions d'Ukrainiens. Et depuis la guerre, selon les statistiques même d'Eurostat, vivent dans les 27 pays de l'Union européenne, 4,3 millions d'Ukrainiens sous protection temporaire. Or malheureusement, d'après les dernières données, ce chiffre augmente, du fait que les Ukrainiens continuent aujourd'hui encore à quitter leur pays[1]. Mais comment compter cette population ? Faut-il comptabiliser ces personnes

1. Dumont, Gérard-François, « Ukraine : les paramètres démographiques de sa géopolitique, aujourd'hui et demain », *Population & Avenir*, n° 765, novembre-décembre 2023.

comme présentes seulement temporairement sur le territoire de l'UE, sachant que probablement une partie d'entre elles, quelles que soient les évolutions géopolitiques, ne retourneront jamais en Ukraine ? J'en parlais ce matin encore à des collaborateurs de l'INSEE, je ne sais pas à l'heure actuelle quel affichage va être choisi ni comment les pays vont faire apparaître cette population ukrainienne dans leurs chiffres. Pour la France, les Ukrainiens représentent une faible part de la population totale, même pas 100 000 personnes, mais en Allemagne ils sont plus d'un million d'Ukrainiens à vivre sous protection temporaire. À l'échelle de l'UE, ce sont donc 4,3 millions d'Ukrainiens pour l'ensemble des 27, chiffre qui ne tient pas compte bien sûr de ceux qui sont partis en Amérique du Nord, au Royaume-Uni ou dans d'autres pays non membres de l'Union européenne.

Ainsi l'hiver démographique européen est-il réellement extrêmement intense, l'UE ayant une fécondité d'environ 1,5 enfant par femme, ce qui est inférieur de presque 30 % au seuil de simple remplacement des générations. Et quand la population ne diminue pas, c'est en raison des apports migratoires.

Face à l'atrophie de la France

Dans ce contexte, comment se situe la France ? Ce sera l'objet de ma troisième partie. Au sein de l'Union européenne, la France s'est trouvée pendant un certain temps, il est vrai, dans une situation relativement moins défavorable[1]. Certes, elle est bel et bien entrée dans l'hiver démographique dès 1974, sa fécondité étant passée sous le seuil du simple remplacement des générations à cette date, mais elle a conservé une fécondité nettement plus élevée que la moyenne de l'Union européenne, en réalité une des meilleures fécondités de l'UE. Le graphique que vous voyez[2] le met en évidence, notamment par la courbe montrant l'évolution des fécondités de 1990 à 2020 : vous pouvez constater que la fécondité de la France métropolitaine était alors nettement supérieure à la fécondité moyenne de l'Europe – de l'Europe occidentale, septentrionale, orientale et méridionale. Donc, même si la France était déjà entrée dans un hiver démographique, elle pouvait se satisfaire d'avoir la moins mauvaise dynamique démographique parmi les pays européens.

1. Cf. slide 35 : la fécondité en France métropolitaine et en Europe depuis 1990.
2. *Idem.*

Cela a eu une conséquence illustrant bien cet avantage relatif de la France : au moment où le Royaume-Uni a quitté l'Union européenne avec le Brexit, il a fallu prendre une décision sur la distribution des sièges au Parlement européen ; et, en janvier 2020, la France a gagné cinq sièges au Parlement, du fait de son avantage dans les différentes dynamiques démographiques des pays de l'UE durant les dernières décennies ; de leur côté, en conséquence de fortes immigrations[1], l'Italie[2] en a gagné trois, l'Espagne cinq, tandis qu'un certain nombre d'autres, dont l'Allemagne, n'en ont pas gagné du tout. Je viens de citer le Parlement européen, mais il peut y avoir aussi des conséquences directes au niveau des votes du Conseil européen pour toutes les décisions prises à la majorité qualifiée, puisque les pays ont un poids proportionnel à leur population.

Ainsi, la France était dans une situation relativement favorable en Europe jusqu'à ce qu'un certain nombre de décisions soient prises, au milieu des années 2010, qui ont largement raboté la politique familiale[3] et conduit à une perte de confiance de la population dans cette dernière. Le taux de natalité de la France s'est donc nettement abaissé jusqu'à tomber sous le taux de 12 naissances pour 1000 personnes. Ce faisant, il s'est rapproché du taux de mortalité, certes en raison notamment de la pandémie de Covid ; et par conséquent, l'excédent des naissances par rapport aux décès en France est devenu faible, et continuera de l'être, puisqu'il est probable que l'année 2023 connaisse une nouvelle baisse des naissances d'environ 6 %, ce qui est bien sûr non négligeable.

Rappelons donc les évolutions de la baisse de la fécondité en France : en 1974, au moment où la courbe représentant le taux de natalité[4] a rencontré la courbe indiquant le taux de mortalité[5] ; ce fut l'entrée dans l'hiver démographique. D'autres dynamiques ont été à l'œuvre avant

1. Chignier-Riboulon, Franck, « L'Espagne devenue un grand pays d'immigration : histoire et géographie de sa présence étrangère », *Population & Avenir*, n° 761, janvier-février 2023.
2. En dépit d'une très faible fécondité ; voir D. Vodisek, « Les enjeux du déclin démographique de la population italienne. L'Italie, laboratoire du vieillissement européen ? », *Les analyses de Population & Avenir*, n° 43, 2023.
3. Dumont, Gérard-François, « Démographie de la France : la double alerte », *Population & Avenir*, n° 727, mars-avril 2016.
4. Cf. slide n° 37 : Natalité sous 12 pour mille.
5. Idem.

que la France n'enregistre une baisse significative cette fois, depuis le milieu des années 2010. Néanmoins, je dois attirer votre attention sur le fait que la quasi-totalité des chiffres qui circulent dans les médias et que l'INSEE privilégie consiste à traiter de ce qu'il appelle « France » ou « France entière » c'est-à-dire la France métropolitaine ainsi que les cinq départements d'outre-mer – les DOM – (sans les autres outre-mer). Mais cela n'a aucun sens, puisque chaque DOM a un régime démographique propre[1] ; additionner les chiffres de la métropole avec ceux des DOM n'a pas de signification réelle en termes de logique démographique[2] (de plus on présente jusqu'en 2014 quatre DOM, puis soudainement apparaît Mayotte, dont vous connaissez la situation). La démarche scientifique supposerait au contraire d'isoler la France métropolitaine. Vous avez entendu dire comme moi que la fécondité de la France en 2022 était de 1,8 enfant par femme; or, en réalité, il s'agit d'1,76 enfant par femme pour la métropole[3]. Or l'indice de fécondité qui permettrait de mettre en évidence les vraies évolutions serait celui de la France métropolitaine (en dessous de 1,7 enfant par femme en 2023).

Alors, comment comprendre ces évolutions, et quel est leur principal facteur? Lorsqu'on décrypte l'évolution de la fécondité de la France depuis environ une cinquantaine d'années, on constate qu'il y a eu des périodes de hausse comme des périodes de baisse[4]. Or, quand on recherche des raisons à ces évolutions dans un sens comme dans l'autre, on est amené à constater que, chaque fois, elles font suite à des décisions de politique familiale. Lorsqu'il s'est agi de rendre moins généreuse la politique familiale, la France a aussitôt enregistré des baisses de fécondité et quand, au contraire, des décisions politiques plus favorables à la famille ont été prises, la fécondité a connu un regain. C'est la raison pour laquelle dès 2014, quand François Hollande a annoncé tous les rabotages qui, de fait, ont été effectifs ensuite, j'ai annoncé que la fécondité allait baisser, ce qui n'était pas très difficile à prévoir. Ce grignotage tout à fait considérable de la politique familiale a

1. Cf. slide n° 40 : La fécondité de la France.

2. Dumont, Gérard-François, « Populations et peuplement des départements français d'outre-mer (DOM). Une extraordinaire diversité », *Les analyses de Population & Avenir*, n° 34, juillet 2021.

3. Même problème pour 2023, avec une fécondité qui, très probablement, aura pris en compte les chiffres des DOM, Mayotte, Guyane, La Réunion, Martinique, Guadeloupe.

4. Cf. slide n° 41 : La fécondité de la France.

effectivement commencé au milieu des années 2010 ; je vous en rappelle quelques éléments : la fin de l'universalité des allocations familiales, la réforme du congé parental qui depuis n'est plus guère intéressant pour les familles, la baisse du quotient familial, et puis pour les collectivités territoriales, même si les maires en font peu état, une perte de moyens et de visibilité dans leurs ressources, qui ont entraîné l'annulation de nombreux projets de crèches ou de relais d'assistantes maternelles facilitant pourtant la conciliation entre vie familiale et vie professionnelle. Évidemment, on a évité de trop en parler pour ne pas déplaire. Ainsi, nous sommes dans un contexte où la France vieillit, comme le montre cette figure[1] mettant en évidence la baisse du poids des moins de 20 ans dans la population totale – baisse qui se sera bien entendu aggravée en 2023 – et une hausse du pourcentage des 65 ans ou plus. Or, là aussi, il est probable que, dans les prochaines années, on assiste à un nouvel effet de ciseaux avec un nombre de personnes âgées de 65 ans ou plus supérieur au nombre de jeunes, ce qui provoquera un nouveau déséquilibre de la pyramide des âges.

Conclusion : « contre-acception » versus acception

En conclusion, avant de vous laisser la parole, la population de la France a perdu confiance dans la politique familiale en raison de toutes les décisions négatives qui ont été prises ces dernières années. De fait, l'idéologie qui sous-tend ces décisions politiques vise même à supprimer toute politique familiale au profit d'une politique sociale seule, ce qui revient à renoncer à toute politique préventive pour ne conserver qu'une politique curative. Nous sommes donc dans un contexte où la liberté de choix des femmes et des couples, compte tenu de ces rabotages, est de moins en moins assurée. En effet, la France est un pays qui a réalisé l'universalité de la contre-acception. J'appelle la « contraception » « contre-acception », parce que si une femme ou un couple ne souhaite pas d'enfant, c'est pris en charge par la société – qu'il s'agisse de la pilule, du stérilet, de l'avortement –, car l'on considère qu'il en va de la liberté pour chaque femme et chaque couple de ne pas avoir d'enfant. En revanche, l'acception de l'enfant, c'est-à-dire la liberté de choisir un enfant ou un enfant supplémentaire est de moins en moins accompagnée.

Ce raisonnement, une fois bien assimilé, permet donc d'expliquer la fin de l'universalité des allocations familiales, qui est en fait une véritable

1. Cf. slide n° 43 : Vieillissement.

injustice. Aussi, parmi les mesures à prendre, la première serait déjà de rétablir tout ce qui a été détruit. D'ailleurs les Français étaient satisfaits de ces mesures de politique familiale auxquelles l'État a renoncé, les pays étrangers nous jalousaient, et nous recevions sans cesse des délégations étrangères venant examiner le modèle français.

En bref, et même si cela peut vous étonner, on peut dire qu'il s'est passé en matière de politique familiale la même chose qu'en matière de politique énergétique : alors que la France avait une politique énergétique qui lui permettait de bénéficier d'une énergie relativement peu chère, il a été décidé de la ruiner dans une large mesure ; de même en ce qui concerne la politique familiale, ses principes pluri-décennaux ont été mis en cause, alors que, même si elle n'était pas parfaite, elle avait un impact positif sur la démographie. En outre, elle a été longtemps transpartisane, et se manifestait à tous les niveaux des pouvoirs publics, y compris à celui des collectivités territoriales.

Pourtant une renaissance démographique, un printemps démographique, supposerait nécessairement une renaissance de la politique familiale. Merci de votre attention, je serai heureux de vous écouter.

Échange de vues

Marie-Joëlle Guillaume

On mesure, à vous écouter, que nous ne sommes pas la proie d'une espèce de fatalité, et que nous n'avons pas non plus à nous laisser dominer par les peurs agitées autour de nous. Votre analyse du malthusianisme a été très éclairante, en mettant en évidence les causes, les effets, mais aussi les attitudes qui peuvent modifier éventuellement quelque chose. Il est bon de se dire que l'avenir n'est pas écrit, alors que tout est fait pour nous donner le sentiment que nous sommes dans un tunnel dont il n'est pas possible de sortir. Je ne reviendrai pas sur « l'hiver démographique », que vous avez très bien expliqué. Mais je voudrais souligner une remarque-clé de votre conclusion : la contre-acception de l'enfant est prise en charge par la société ; à l'inverse, on accompagne de moins en moins la valeur positive de la mise au monde des enfants. Voilà une piste d'action. Là où il y a une liberté de choix, on peut agir pour soutenir une inversion de tendance.

Gérard-François Dumont

Il faut demander une réforme constitutionnelle pour inscrire cette liberté de choix dans la Constitution, puisqu'on veut y inscrire la liberté d'avorter.

Rémi Sentis

Vous avez évoqué le malthusianisme climatique. Quand on fait la comparaison entre la France et l'Allemagne, on se rend compte que l'idéologie climatique qui revendique une diminution des naissances pour « sauver la planète » est encore plus forte en Allemagne qu'en France, et en Allemagne le taux de fécondité est beaucoup plus bas qu'en France.

Paradoxalement, du point de vue des émissions de gaz à effet de serre, les émissions en Allemagne sont largement supérieures aux émissions de gaz à effet de serre en France, d'au moins 50 %. Aussi, le discours apocalyptique climatique n'est pas lié à la vertu de sobriété des émissions de gaz à effet de serre. Plus généralement comment analysez-vous cette idéologie du malthusianisme climatique ?

Gérard-François Dumont

Je n'ai même pas besoin de l'analyser puisqu'il suffit de lire les déclarations de ceux qui déclament ce que j'appelle le malthusianisme climatique. Je vous ai rappelé le fameux titre du *Monde* « *Pour sauver le climat, ayons moins d'enfants* ». Je vous rappelle les phrases de Jancovici qui a une expression assez semblable. Il suffit de lire les néo-malthusiens, je n'invente rien. Je vous ai aussi apporté la coupure d'un autre article du *Monde*, « *Freiner la croissance de la population, une nécessité absolue* ». Cet article est signé de nombreuses personnalités comme Bernard Ésambert, Michel Pébereau, etc., qui ne cachent donc pas leur malthusianisme. Ce qui est terrible avec tous les malthusianismes apparus après Malthus, c'est qu'ils sont bien souvent moins clairs dans leur expression que Malthus. Le livre de Malthus était écrit de façon compréhensible et finalement non idéologique. En revanche, les articles du Club de Rome sont écrits avec des termes propres aux technocrates et relèvent donc de ce que j'appelle personnellement un « malthusianisme technocratique ». Je ne fais que reprendre simplement ce que ces malthusiens disent de façon compliquée. Compte tenu du fait que j'ai étudié le malthusianisme dans l'histoire[1], je dénomme sa forme actuelle « malthusianisme climatique », mais les néomalthusiens d'aujourd'hui ne vont pas le dénommer ainsi, cela va de soi, alors que le contenu de leur idéologie correspond bien à cette notion.

L'article du *Monde* que je viens de citer date du 10 octobre 2018, et c'est effectivement en 2018-2019 que s'impose le malthusianisme climatique, mais cet article n'est qu'un exemple parmi des milliers d'autres ! Je crois qu'au moins 15 000 soi-disant scientifiques ont écrit la même chose il y a trois ou quatre ans et, depuis, il y a en permanence des publications

1. Dumont, Gérard-François, « Faut-il sauver le monde du malthusianisme ? », communication à l'Académie des sciences morales et politiques (ASMP), Paris, lundi 26 septembre 2022 (voir le site de cette Académie).

allant dans ce sens. Je n'ai pas évoqué Sandrine Rousseau par-dessus le marché, mais ses propos sont suffisamment éloquents !

Emmanuelle Hénin

Est-ce qu'il n'y a pas dans ce choix une dimension suicidaire de notre civilisation, notamment quand on prétend, comme Madame Merkel par exemple, que les immigrés se substitueront aisément aux citoyens allemands ? Est-ce qu'il n'y a pas une idéologie cachant une autre idéologie, est-ce que, derrière le climat, il n'y a pas aussi cette dimension civilisationnelle ?

Gérard-François Dumont

Vous soulevez là effectivement une autre question, qui rejoint ce que disait mon maître Alfred Sauvy, à savoir qu'il s'agit en fait d'un refus de voir : refus de voir les dynamiques démographiques naturelles de l'Europe, et de voir combien ces dynamiques démographiques conduisent inévitablement à un déclin de l'Europe. Face à ce phénomène de déclin démographique, les textes de la Commission européenne refusent de diagnostiquer le principal problème et préconisent l'encouragement à l'immigration qui permettrait de maintenir une stabilité démographique purement comptable.

Il faut toujours rappeler ce qui s'est passé en 2015 avec Madame Merkel, qui contrairement à ce que l'on dit, n'a pas nécessairement un grand cœur. Elle savait effectivement que la dénatalité posait un problème à l'Allemagne, mais, au lieu d'essayer d'apporter une réponse à travers une politique familiale adaptée à la réalité de la population allemande, et de valoriser cette politique familiale dans le cadre de l'Union européenne, elle a fait le choix délibéré de l'immigration. Je vous renvoie en effet à sa fameuse décision de 2015 permettant à toute personne présentant un passeport syrien d'être accueillie automatiquement en Allemagne. Le résultat, hélas jamais rappelé, c'est que bien entendu il y a eu des vols de passeports syriens vierges, pour permettre à de nombreuses personnes non syriennes de les remplir[1]. Et tout cela évidemment satisfaisait

1. Dumont, Gérard-François, « L'immigration en Europe et en France dans les années 2010 », *Annuaire français des relations internationales (AFRI)*, Centre Thucydide, Université Panthéon-Assas, 2017.

soi-disant les besoins des entreprises allemandes. Il y a aussi un refus de voir systématique au sein de l'Union européenne, dont les déclarations témoignent de cet aveuglement. C'est la raison pour laquelle nous essayons d'ailleurs, avec nos faibles moyens, d'éclairer le public sur la réalité de ces évolutions.

Je ne voulais pas évoquer ce sujet, mais il s'avère que tout ce que mes amis ou moi-même avons écrit au sujet de la guerre en Ukraine est en train de se concrétiser : en effet, dans une logique démographique, l'Ukraine avait perdu d'avance. Car il s'agit d'un pays qui, avant février 2022, avait perdu 7 millions d'habitants du fait de l'émigration, tandis que la population demeurant en Ukraine connaissait une fécondité extrêmement faible. Aujourd'hui, il semble que l'armée ukrainienne a une moyenne d'âge de 43 ans, compte tenu de la dénatalité qui s'est produite – il y a une double dénatalité en Ukraine, due d'abord à une fécondité très faible, puis à l'émigration de beaucoup de jeunes Ukrainiennes en âge de procréer. Il était donc évident, dès février 2022, que les Ukrainiens n'allaient pas avoir les ressources humaines suffisantes pour mener cette guerre, nous avons d'ailleurs publié un article de mes collègues dans *Population & Avenir* montrant que, même s'il y avait une union entre la Pologne et l'Ukraine, le déficit démographique de ces deux pays ne leur permettrait pas de gagner la guerre[1]… 43 ans de moyenne d'âge! Sans être grand clerc, c'était donc une erreur colossale d'avoir engagé cette guerre, et je suis, pardonnez-moi cette petite parenthèse, catastrophé par cette question. En effet, le 24 février 2022, le problème n'était pas de savoir si l'Ukraine allait gagner ou perdre la guerre; dans les deux cas, l'Ukraine sortirait exsangue de la guerre, il était donc absolument catastrophique de la pousser dans cette guerre au lieu de l'encourager à mettre en œuvre les accords de Minsk ou à s'organiser selon une logique fédérale.

Jean-Luc Bour

Je voudrais parler de la Chine et de l'inversion de sa politique de l'enfant unique, en faveur désormais de la liberté d'avoir plusieurs enfants. Est-ce que cela suffit néanmoins pour redémarrer, compte tenu du fait

1. Bellis, Gil, Léger, Jean-François, Parant, Alain, « Face à la Russie, l'union des populations de Pologne et d'Ukraine peut-elle peser? », *Population & Avenir*, n° 759, septembre-octobre 2022.

que parallèlement le niveau de vie des Chinois s'est amélioré, ce qui laisse entrevoir une baisse naturelle de la fécondité ?

Gérard-François Dumont

Merci, c'est une bonne question, dont la réponse se trouve bien entendu dans *Population & Avenir,* qui a effectivement étudié l'évolution de la Chine. Un article assez récent[1] l'analyse, mais, il y a plusieurs années déjà, nous avions écrit que la démographie était le talon d'Achille de la Chine[2]. En effet, la Chine ne pourra pas redémarrer démographiquement pour de multiples raisons, la première étant que la politique de l'enfant unique a engendré un déficit de filles considérable – je rappelle qu'en Chine le déficit de filles a été dans un rapport de 120 nouveau-nés garçons pour 100 filles certaines années, dans la mesure où les Chinois avaient une préférence pour les garçons. Dans un premier temps, le système était archaïque : la famille allait jusqu'à ébouillanter le pauvre bébé qui n'était pas de sexe masculin ! Ensuite, le développement de l'échographie a entraîné une surmortalité, plus précisément un sur-avortement des fœtus féminins. C'est pourquoi la population féminine chinoise en âge de procréer est en train de diminuer.

Deuxième élément très souvent oublié, la réussite économique de la Chine est liée à l'exploitation d'une partie très nombreuse de la population chinoise, soit la population dite « flottante »[3], qui représente quand même 300 millions d'habitants. La Chine fonctionne toujours avec un passeport intérieur, le *Hukou,* sans lequel les Chinois ne peuvent pas quitter leur campagne pour aller travailler en ville ; or cette autorisation administrative est très dure à obtenir. Cependant les gens vont quand même travailler en ville, mais sans droit officiel d'y résider, et ils n'ont alors aucune protection sociale. Et si par hasard ils ont un enfant, celui-ci n'aura pas d'existence officielle ; ils ne peuvent donc pas le mettre à l'école, ni le faire suivre médicalement, etc. Par conséquent cette popu-

1. Dumont, Gérard-François, « La Chine et les sept raisons de son dépeuplement », *Population & Avenir,* n° 762, mars-avril 2023.

2. Dumont, Gérard-François, « Le talon d'Achille de la Chine ? », *Population & Avenir,* n° 690, novembre-décembre 2008.

3. Dumont, Gérard-François, Yiliminuer, Tuerxun, « Les migrations internes accentuent l'inégalité historique du peuplement de la Chine », *Informations sociales,* n° 185, septembre-octobre 2014.

lation flottante a évidemment une très faible fécondité, même s'il arrive parfois qu'une partie d'entre elle parvienne à régulariser la situation de ce qu'on appelle en Chine un « enfant noir ». C'est le cas notamment de femmes arrivées par exemple à Pékin, qui se marient avec des hommes munis d'un *Hukou* pékinois ; elles peuvent alors espérer être en quelque sorte régularisées.

Troisième élément, il y a évidemment la sur-urbanisation de la Chine. Vous le savez, la Chine a complètement changé de politique à cet égard en 1979. Alors qu'elle était un pays anti-urbain, elle a d'un seul coup considéré que la dynamique ne pouvait se faire que dans les grandes villes, et sa politique territoriale est devenue celle d'un pays pro-urbain. S'ajoute à cela un autre problème, le fait qu'en Chine un garçon ne peut pas se marier s'il n'est pas propriétaire d'un logement, ce qui suppose d'avoir déjà un niveau de vie relativement significatif. Il faut également souligner le problème du coût de l'éducation, relativement élevé en Chine. Ainsi, tous ces éléments additionnés risquent de rendre bien peu efficace la révision de la politique de l'enfant unique, dont il est probable qu'elle aura peu d'effets positifs. On ne voit guère en effet ce qui pourrait stopper ce processus de fécondité affaiblie, qui s'est d'ailleurs révélé plus rapide que prévu. On avait bien anticipé le fait, effectivement, que le nombre de décès dépasserait celui des naissances en Chine mais on avait plutôt envisagé le phénomène pour 2025-2030, or c'est arrivé dès 2022. La situation de la Chine pourrait donc se résumer par une formule bien connue : « la Chine sera vieille avant d'être riche ».

Pierre Deschamps

Je reviens en France, et à votre conclusion concernant l'évolution négative de la politique familiale qui a entraîné une baisse de natalité. Si un gouvernement décidait de revenir sur ces mesures, pensez-vous qu'elles seraient suffisantes, à supposer qu'elles aient une certaine ampleur ? En effet, compte tenu de ce qu'on entend de plus en plus chez les couples d'aujourd'hui – je pense à tous ces trentenaires qui veulent de moins en moins d'enfants à cause des risques écologiques, climatiques et autres –, je me demande si la politique familiale pourrait permettre de redresser la barre.

Gérard-François Dumont

Votre question est intéressante parce qu'elle touche à un vrai problème. Globalement, quand les médias vont annoncer la baisse des naissances en 2023, il est très probable qu'ils l'attribueront à toutes sortes de raisons comme l'éco-anxiété, etc., et qu'ils refuseront de voir la réalité. La réalité pour le moment, je le rappelle, c'est que le désir d'enfant des couples, quelles que soient les idéologies véhiculées dans les médias, reste tout à fait satisfaisant : il est d'environ 2,3 enfants par femme et stable depuis plus de 10 ans. Ainsi, la différence entre le désir des couples d'avoir 2,3 enfants par femme et le 1,7 enfant par femme correspond au déficit de la politique familiale. Selon moi, refuser de voir ce facteur central de la baisse de la fécondité, c'est donc botter en touche, c'est trouver une explication qui certes peut être partielle même s'il est certain, vous avez raison, que la fécondité ne s'explique pas exclusivement par la politique familiale. La géographie de la fécondité l'atteste en effet, puisque certains territoires ont des comportements traditionnellement plus ou moins malthusiens. La fécondité en Creuse, par exemple, a toujours été inférieure à celle de l'Ardèche, et sa mentalité plus malthusienne.

Donc la politique familiale n'est pas le seul facteur de l'évolution de la fécondité, cela va de soi, mais j'insiste sur le fait qu'elle est quand même le facteur central. C'est pourquoi un redémarrage de la fécondité supposerait que les Français retrouvent confiance dans la politique familiale, ce que seules des décisions inscrites dans la durée pourraient permettre, des décisions volontaristes qui s'accompagneraient aussi de gestes positifs, parfois gratuits. Un président de la République qui ferait l'effort, le jour de la fête des Mères, d'accomplir un geste significatif, enverrait un signal positif. Or j'ai l'impression que le Président actuel préfère changer la Constitution en faveur de l'avortement, ou nommer un ambassadeur aux droits LGBT. C'est pourtant par des petits signes que l'on manifeste à l'opinion publique l'importance ou non accordée aux enfants. D'autant qu'à l'inverse il y a tout un travail médiatique, actuellement, pour essayer de persuader cette même opinion qu'il n'en faut pas, ce qui n'est pas nouveau : je tiens à rappeler en effet que l'éco-anxiété, du temps du Club de Rome [dans la décennie 70], était certes exprimée différemment, mais revenait au même, puisqu'on essayait de convaincre les populations qu'il ne fallait pas d'enfants, etc.

Toujours est-il que le désir d'enfant est de 2,3 enfants par femme, et l'indice de fécondité de 1,7. Une femme ou un couple qui souhaite un enfant ou un enfant supplémentaire rencontre trois types de problèmes : tout d'abord celui du pouvoir d'achat – permettra-t-il de satisfaire les besoins de cet enfant supplémentaire ? Or ce pouvoir d'achat a été réduit par la diminution du quotient familial, par celle de l'universalité des allocations familiales, par la réforme du congé parental, etc. Le second problème est celui du logement ; mais a-t-on une politique familiale du logement ? Chacun connaît la réponse. Le troisième problème est lié au « budget temps », qui correspond à ce qui permet de concilier vie professionnelle et vie familiale. Or un rapport officiel a montré que n'avaient été réalisés que 16 % des crèches et relais d'assistantes maternelles prévus, en raison de la baisse de la dotation de l'État aux collectivités territoriales, mais aussi et surtout de la perte de visibilité des collectivités territoriales. Je rencontrais encore cette semaine le Directeur général d'une communauté d'agglomération de taille moyenne ; il me confiait que ses élus se demandaient combien la communauté d'agglomération pouvait espérer recevoir comme dotation de l'État en 2023 ; or il me disait être incapable de leur répondre, ne sachant pas s'il recevrait plutôt 18 millions ou 23 millions, etc. Comment faire des projets sans visibilité ? Les maires font de plus en plus de communication, faute de visibilité. Cette situation ne facilite donc pas le fait de vouloir concilier vie professionnelle et vie familiale. La réforme du congé parental a été absolument dramatique, puisqu'elle est devenue complètement inintéressante pour les gens à bas revenus ou les couples moyens. Elle a même eu des conséquences secondaires terribles, puisque certaines femmes désireuses d'avoir tout de même un enfant, considérant que le congé parental n'avait plus d'intérêt pour elles, ont démissionné de leur entreprise pour se consacrer à l'éducation de leur enfant, perdant ainsi précisément l'avantage du congé parental qui garantissait leur réintégration dans l'entreprise. Qu'ont fait les mouvements féministes ? Eh bien ils n'ont pas bougé, ce qui est incompréhensible !

Dr François Delarue

Je voudrais savoir si avant la réduction de la politique familiale dont vous avez mesuré l'impact, la légalisation de la contraception et surtout de l'avortement avait eu un impact notable aussi sur la natalité.

Gérard-François Dumont

Concernant l'avortement, on a effectivement étudié son impact à l'époque, et cela a bien montré un effet de sa légalisation et un changement de nature dans la fécondité. Avant la contraception moderne, lorsqu'on faisait des enquêtes dans les maternités au début des années 1960, on demandait aux mamans qui venaient d'accoucher si elles avaient souhaité cet enfant. Environ 55 % des femmes répondaient positivement, et puis un certain nombre disaient qu'elles ne l'avaient pas forcément souhaité à ce moment-là, mais enfin qu'elles étaient contentes finalement de l'accueillir. Certaines ajoutaient « c'est un bébé Ogino » ou « c'est un bébé température », etc. Autrement dit, venaient au monde à la fois des enfants désirés pour la période de la naissance, et des enfants imprévus mais qui n'allaient finalement pas nécessairement être mal aimés. Un certain nombre de naissances survenaient de façon plus ou moins aléatoire, mais personne ne s'en plaignait, à commencer par les parents qui se dévouaient à l'éducation de leurs enfants, quel qu'ait été le contexte de leur conception.

Avec la contraception, le changement vient du fait que ne viennent plus au monde pratiquement que les enfants s'inscrivant dans un projet parental durable. En effet, on va très souvent conseiller à une femme qui souhaite un enfant d'arrêter d'abord de prendre la pilule, d'enlever son stérilet, et d'attendre que son corps se remette un peu en place, éventuellement quelques mois, puis de faire ce qu'il faut pour que cet enfant naisse. Ensuite, quand la fécondation a eu lieu, on lui fait comprendre qu'elle peut soit décider de maintenir son projet, soit recourir à l'avortement. Souhaiter un enfant est donc une décision qui doit s'inscrire dans la durée. C'est pourquoi, inévitablement, les méthodes modernes de contraception ont changé la nature de la fécondité. Et d'ailleurs, il suffit de reprendre les discours de Simone Veil en 1975, elle le dit clairement aux parlementaires selon la paraphrase suivante : « Ne soyez pas inquiets, votez la loi sur l'IVG, je vous proposerai juste après une amélioration de la politique familiale pour les familles aient un libre choix ». Or cette seconde étape n'est pas vraiment arrivée.

Joël Templier

Je me demandais si les religions pouvaient avoir un impact, ou ont eu un impact sur l'évolution de ces taux de natalité, et ce que vous pensez de la communication de ces religions sur le sujet.

Gérard-François Dumont

Effectivement, parmi tous les facteurs expliquant le choix d'avoir un enfant ou un enfant supplémentaire, se trouvent les croyances des personnes ; les croyances religieuses ont donc un impact sur la natalité.

Nous avons d'ailleurs l'exemple incontestable d'Israël qui produit des statistiques sur les différences de fécondité entre les juifs ultra-orthodoxes, les juifs orthodoxes et les juifs laïcs. J'explique tout cela dans le dernier article que j'ai publié hier sur Israël et les trois bouleversements géopolitiques de ses populations[1]. Il est évident par ailleurs que dans un pays comme la France, les niveaux de fécondité peuvent être différents selon les croyances religieuses. Je suis certain que si l'on faisait, par exemple, une analyse des indices de fécondité des protestants, on observerait certainement une fécondité plus faible chez les protestants traditionnels, c'est-à-dire chez les luthériens ou les calvinistes, que chez les évangélistes dont l'état d'esprit n'est pas le même. Ces différences jouent bien sûr aussi dans la religion catholique – en fonction du niveau de catholicité. Alors, que font les églises en la matière ? Marie-Joëlle, avec raison, n'a pas déroulé tout mon *curriculum vitae*, mais certains d'entre vous le savent, j'ai beaucoup travaillé au Saint-Siège sur ces questions, et participé notamment à la rédaction d'un paragraphe dans l'encyclique *Laudato Si*[2] qui explique les raisons pour lesquelles il ne faut pas être malthusien. Jean-Didier le sait, nous n'avons pas toujours réussi. Il y avait eu également une phrase un peu maladroite dans l'encyclique *Evangelium vitae*, qu'on m'avait permis d'essayer de corriger par la publication d'un article dans plusieurs pays[3]. On pourrait donc clairement espérer qu'un certain nombre de responsables religieux s'inquiètent davantage de cette question. Il est certain qu'ils n'ont pas pris suffisamment conscience du caractère néfaste de l'intensité de l'hiver démographique, peut-être aussi d'ailleurs pour une autre raison : on a malheureusement un faible nombre de séminaristes ; or il serait peut-être intéressant de remarquer que ceux-ci venaient souvent, dans le passé, de familles nombreuses. C'est pourquoi, moins on a de familles nombreuses, plus le risque est grand d'avoir peu de séminaristes, toutes choses égales par ailleurs. Il serait donc en effet tout à fait souhaitable que les responsables religieux s'emparent, chacun à leur manière, de tous ces éléments. Je me rappelle d'ailleurs un

1. Dumont, Gérard-François, « Israël et les trois bouleversements de sa géopolitique des populations », *Géostratégiques*, n° 63, 2023.
2. Voir ce passage du § 50 : il faut reconnaître que la croissance démographique est pleinement compatible avec un développement intégral et solidaire.
3. Dumont, Gérard-François, « El fenomeno demografico y las politicas de control de poblacion », in : Ramon Lucas Lucas (direction), *Commentario interdisciplinar a la « Evangelium vitae »*, Bac, Madrid, 1996.

moment très difficile, lors de la conférence du Caire en 1994 : alors que nous œuvrions au même moment auprès du Saint-Siège pour défendre de bonnes idées, Jean-Didier Lecaillon et moi-même avons dû affronter une opposition malthusienne de la part de l'évêque de Milan ; et cet évêque était parvenu, hélas, à faire publier par une Académie du Saint-Siège un texte totalement malthusien. On pourrait d'ailleurs également retrouver un rapport très malthusien des évêques allemands à la même période.

Jean-Didier Lecaillon

Pour information, puisqu'il a été largement fait mention de Malthus, précisons que celui-ci était ecclésiastique, pasteur de l'Église protestante. Mais comme Gérard-François Dumont l'a dit, cet auteur fait une étude ponctuelle en évoquant les « pays environnants » à l'appui de sa thèse. C'est donc plutôt l'utilisation ultérieure de celle-ci qu'il convient de critiquer, utilisation qui a ignoré d'ailleurs toute la dimension morale que son auteur avait pris le soin de mentionner en préconisant la « contrainte morale ». S'agissant plus généralement de la position des religions vis-à-vis du néomalthusianisme, le point de vue du judaïsme selon lequel l'infertilité est une calamité ou la déclaration récente (mai 2023) du Pape François selon lequel « La famille est le principal remède contre la pauvreté, tant matérielle que spirituelle, ainsi que contre le problème du déclin démographique », sont sans équivoque… Le problème, c'est que les médias répercutent moins ce genre de position que d'autres qui leur paraissent plus « clivantes » voire discutables ! Donc les religions ont évidemment des choses à dire sur le sujet, mais encore faut-il que cela soit su et répercuté. En tous les cas, il est avéré que le Pape François, comme ses prédécesseurs d'ailleurs, encourage la famille et plus particulièrement les familles nombreuses.

Gérard-François Dumont

Je vous donnerai un dernier exemple vécu il y a maintenant 4 ou 5 ans. Rappelons d'abord que le « pape » du malthusianisme dans le monde s'appelle Paul Ehrlich, qui a écrit *La bombe P* en 1968, un livre qui s'est vendu dans le monde à des millions d'exemplaires, annonçant pour avant l'an 2000 de nombreuses catastrophes qui ne se sont pas produites et auxquelles il a, en conséquence, échappé. Or, je ne lui reproche pas tant d'être malthusien que de s'être totalement trompé et de ne l'avoir jamais reconnu. Eh bien, il y a quelques années, le Saint-Siège l'a invité à parler au Vatican dans un colloque où il n'avait selon moi pas sa place, faute d'honnêteté intellectuelle, mais où j'ai pu aller lui apporter la contradiction. Or Paul Ehrlich n'a jamais reconnu les erreurs de son livre écrit en 1968, pourtant totalement démenti par l'avenir.

Jean-Luc Bour

Votre remarque sur l'Ukraine me pousse à vous demander s'il y a dans le monde des pays qui ont repris l'idée d'avoir des enfants pour faire des soldats, des soldats guerriers comme des soldats économiques ? Est-ce qu'il existe aujourd'hui, animés par une volonté de puissance, des pays ayant une politique nataliste, et quels sont alors les moyens qu'ils utilisent ?

Gérard-François Dumont

Ce que l'on observe surtout, ce sont des pays du Sud qui font tout pour annoncer un chiffre de population probablement supérieur à la réalité, des pays qui ont intérêt à annoncer par exemple 15 millions d'habitants plutôt que 12, alors qu'en fait ils n'ont pas effectué de recensement depuis des années, et qu'ils n'en savent rien. Mais avec 15 millions d'habitants, ils obtiendront des subsides internationaux plus importants qu'avec 12. Vous le voyez d'ailleurs en ce moment avec Gaza dont, en réalité, personne ne connaît le nombre d'habitants ; vous constaterez que, selon les jours, on entend parler de 2 millions ou 2 millions et demi d'habitants. Donc le gonflement de certains chiffres est certain.

Deuxièmement, il y a quand même un certain nombre de dirigeants qui connaissent l'importance de la « loi du nombre »[1], et ont conscience effectivement qu'un pays qui se dépeuple est en déclin, qu'il perd de la population active, et par là une capacité de création de richesses. On a donc vu certains pays tenter de réagir à cette évolution. Parmi deux pays concernés à l'heure actuelle, il y a d'une part la Hongrie qui a enregistré une augmentation de sa fécondité non négligeable même si son modèle n'est pas parfait non plus, on pourrait y revenir ; d'ailleurs pour le moment, elle est toujours en hiver démographique. Second

1. Dumont, Gérard-François, *Démographie politique, Les lois de la géopolitique des populations*, Paris, Ellipses, 2007.

exemple, dont on ne peut pratiquement pas parler – mais nous avons publié une étude dessus[1] –, c'est la Russie : les projections de la Russie en l'an 2000 annonçaient une baisse de population extrêmement importante ; or, on s'aperçoit aujourd'hui qu'elle a été beaucoup moins forte que prévu, notamment du fait de l'impulsion donnée par Medvedev et de la mise en place d'un certain nombre de mesures de politique familiale. La situation de la Russie aujourd'hui est loin d'être parfaite, mais elle est beaucoup moins mauvaise que ce qu'on aurait envisagé, et c'est le résultat d'une volonté politique de l'État, pas nécessairement pour fabriquer des soldats, mais parce que tout le monde sait bien que la création de richesses, toutes choses égales par ailleurs, est proportionnelle à la population active. Donc si la France a un PIB six fois supérieur à celui de la Belgique, *ceteris paribus*, c'est parce que la France a une population active six fois supérieure à celle de la Belgique, même si bien entendu, il y aurait d'autres éléments à prendre en considération. Et il est vrai que j'ai expliqué depuis longtemps que le conflit du Proche-Orient était d'abord un conflit démographique : en effet, on a sur ce petit territoire à la fois une « guerre des berceaux » et une guerre migratoire[2]. Donc, oui bien sûr, les dirigeants politiques ne sont pas fous ! Deux exemples amusants à ce propos : pendant longtemps, c'est-à-dire pendant 40 ans, l'Arabie saoudite a refusé d'afficher les chiffres de sa population, parce qu'elle ne voulait pas montrer au monde qu'elle avait une population beaucoup moins nombreuse que son voisin iranien. Idem pour la Corée du Nord qui ne voulait pas reconnaître son infériorité démographique par rapport à la Corée du Sud. Donc il y a en effet des dirigeants conscients de l'importance de la démographie.

Au sein de l'Union européenne, l'enjeu des différences de population entre les pays est absolument essentiel, d'une part pour les décisions du Conseil européen prises à la majorité qualifiée, d'autre part pour la question de la répartition des sièges au Parlement européen, même si elle est

1. Bellis, Gil, Léger, Jean-François, Parant, Alain, « Un atout géopolitique pour la Russie : la dynamique de sa population. De la chute de l'URSS à la guerre avec l'Ukraine, la résilience de la démographie russe », *Les analyses de Population & Avenir*, n° 40, juillet 2022.

2. Dumont, Gérard-François, « Israël, Territoires palestiniens : quels scénarios géopolitiques possibles ? Entre guerre et utopie », *Les analyses de Population & Avenir*, n° 47, octobre 2023.

plus compliquée : elle n'est pas exactement proportionnelle à la population. Et puis, bien entendu, il y a le cas extrêmement intéressant des États-Unis. Peut-être avez-vous vu passer quelques articles concernant la Floride, où la messe électorale est désormais dite ! En effet, en 2000 c'est la Floride qui a fait élire George Bush, la Floride qui était encore je dirais à moitié républicaine et à moitié démocrate à ce moment-là. Mais, depuis lors, la Floride a connu non seulement de continuels apports migratoires cubains - or les Américains d'origine cubaine votent majoritairement républicain – mais aussi, en raison de la politique de Maduro, un nouvel apport migratoire vénézuélien avec lequel il faut désormais compter et qui vote aussi républicain ! Ce qui est assez amusant d'ailleurs, on l'a vu ces derniers mois : Joe Biden, qui ne reconnaît pas le gouvernement de Maduro, a pourtant négocié avec lui le renvoi des Vénézuéliens au Venezuela ; il sait très bien en effet que ces gens-là ne seront pas des électeurs pour lui. Donc effectivement les gens intelligents prennent en compte le facteur démographique dont la loi du nombre.

Marie-Joëlle Guillaume

Je voudrais revenir à la France et à ce que vous disiez tout à l'heure de la politique familiale, qui a besoin d'être poursuivie dans la durée pour inspirer confiance et avoir un impact. Je pense à la natalité des Trente Glorieuses. Il est intéressant de rappeler ce qui s'est passé. La politique familiale a commencé en fait avant la guerre, avec le Code de la Famille voté sous le gouvernement Daladier en 1939, elle s'est poursuivie sous le gouvernement de Vichy (qui en réalité n'a rien inventé), puis a été reprise en 1946, continuée sous la IVᵉ République, et enfin la Vᵉ jusqu'en 1975. Cela montre bien que, mené dans la durée, ce type de politique porte du fruit. Il a permis chez nous le « baby-boom ». Mais il me semble que si cela a marché, c'est parce qu'il y avait après l'hémorragie de la guerre une profonde volonté de vivre et de revivre. C'était comme si, en donnant la vie, le pays se donnait les moyens de poursuivre son histoire. Vous le disiez bien tout à l'heure, il n'y a pas que les aspects financiers qui interviennent, il y a tout un état d'esprit à restaurer, à faire vivre, qui soit favorable aux enfants. Remettre aujourd'hui en place une vraie politique familiale supposerait donc que notre pays ne veuille pas mourir. Or n'a-t-on pas le sentiment que la France ne veut plus vivre ? Il suffit de voir les débats sur l'euthanasie, ou même les attitudes pendant le Covid…

Gérard-François Dumont

Ce sont surtout ses dirigeants qui n'aiment plus la vie ; la population, elle, n'est pas fautive. Donc effectivement, je suis malheureusement d'accord avec vous, pour pouvoir déployer une politique familiale, il faudrait déjà avoir un homme d'État à la tête du pays qui s'y intéresse, et l'opinion publique aussi. Il faut toujours se rappeler les arguments d'Alfred Sauvy plaidant en 1939, à la veille du conflit mondial, pour le Code de la Famille en disant : « Mais moi ce qui m'intéresse, c'est la France de 1960 ». Il faut rappeler aussi que si la France n'avait pas connu son renouveau démographique d'après-guerre, elle serait aujourd'hui grosso modo au niveau de peuplement de l'Espagne. Pourquoi les dirigeants sont-ils les vrais responsables ? Je vais vous donner un autre exemple, qui se situe au milieu des années 1990, au moment où les deux principaux partis politiques sont le Parti socialiste et le RPR. Ils ont tous les deux dans leur programme la fin de l'universalité des allocations familiales, côté Juppé comme côté Jospin. L'Assemblée nationale est dissoute en 1997, Jospin met en place son programme et met donc fin à l'universalité des allocations familiales le 1er janvier 1998. Or que se passe-t-il à ce moment-là, au sein de la gauche plurielle ? Les dirigeants du parti communiste refusent que soit remis en cause un élément fondamental du contrat social entre les Français. Et, effectivement, Lionel Jospin n'a pu maintenir cette mesure que pendant une durée symbolique de 9 mois ; il a été contraint de l'annuler, le 1er octobre 1998, par des dirigeants communistes qui, à l'époque, étaient conscients de l'importance de la politique familiale d'accompagnement.

Donc, les dirigeants politiques portent une grande responsabilité, même si nous sommes certes sans doute fautifs en tant que citoyens, dans la mesure où nous ne nous mobilisons pas assez pour convaincre nos dirigeants politiques très marqués aujourd'hui par le malthusianisme. Selon moi, il s'agit de la principale difficulté pour parvenir à une véritable renaissance, et ce d'autant plus que nos dirigeants sont encouragés dans un sens malthusien par les dirigeants de l'Union européenne, dont on voit bien les priorités en la matière. Ce qui peut nous rendre tout de même optimistes, c'est de constater l'importance du désir d'enfant encore présent dans la population, et le fait que nous sommes dans une situation où il est tout à fait possible de renverser la vapeur. Ce qui est un peu terrible toutefois, quand on y réfléchit, c'est qu'on ne demande même pas aux dirigeants politiques d'être courageux, on leur demande simplement de se soucier du bien commun de leur population et d'entendre son désir d'enfant. Je suis certain que si l'on rétablissait des mesures de politique familiale, on entendrait sans doute des cris d'orfraie de la part des malthusiens, d'Europe-Écologie-Les-Verts, etc., mais globalement la population y répondrait favorablement : elle serait tout à fait d'accord pour qu'on améliore la conciliation entre vie professionnelle et vie familiale, pour que l'on mette en place une politique familiale du logement, pour que l'on accompagne mieux les familles en termes de pouvoir d'achat. La majorité de la population le souhaiterait ; ce sont nos politiques qu'il faut convaincre d'écouter les souhaits de leur population, ce qui serait en même temps le bien du pays.

Séance du 16 novembre 2023

La transmission de la vie a une dimension économique !

Jean-Didier Lecaillon

Présentation par Marie-Joëlle Guillaume

Cher Jean-Didier, c'est un plaisir particulier de vous accueillir ce soir dans cette salle où durant quinze ans, de 2002 à 2017, vous avez vous-même présidé les séances de l'Académie. Vous restez d'ailleurs fidèle à nos travaux, mais désormais, habituellement, comme simple participant. Vous voilà de nouveau en situation magistérielle, mais c'est le magistère de votre savoir économique qui est sollicité ce soir. Cela me donne l'occasion de dire un mot de votre personne et de vos travaux maintenant que vous voilà arrivé, comme votre collègue et ami Gérard-François Dumont que nous recevions le mois dernier, au statut de professeur des universités émérite, au terme d'une carrière universitaire extrêmement riche et féconde.

Commençons par rappeler que vous êtes marié et père de sept enfants – pour le traitement concret de notre thème d'année votre expérience et celle de votre épouse Pascale sont une garantie conjointe de réalisme et d'espérance ! Sans doute cette expérience familiale a-t-elle été aussi un puissant moteur pour les recherches et l'enseignement de l'économiste que vous êtes, car les liens entre économie et démographie, entre économie et famille, l'attention que vous avez portée aussi à l'économie du don, notamment à l'époque de *Caritas in veritate*, jalonne votre parcours de conférences, de congrès et de publications. Votre parcours universitaire a commencé en 1984 au poste de maître-assistant à l'université Paris II, où vous devenez maître de conférences en 1989 ; vous êtes ensuite professeur de sciences économiques à Nancy, puis à l'université Paris XII – Val-de-Marne, avant de regagner Paris II en l'an 2000, toujours comme professeur de sciences économiques. Cette université

Paris II qui vous est chère, vous y avez enseigné jusqu'en 2021 et c'est elle qui vous a fait professeur émérite.

Cher Jean-Didier, avant de citer deux ou trois de vos dizaines de publications, conférences, et contributions, permettez-moi d'évoquer des lieux et des responsabilités où votre compétence et votre engagement ont été sollicités au fil du temps et qui nous intéressent particulièrement. En 1996, vous êtes membre du comité de pilotage de la Conférence de la famille présidée par Madame Hélène Gisserot, sous le gouvernement d'Alain Juppé, et il a bien failli y avoir alors une vraie politique familiale; mais le PACS était déjà dans les tuyaux, et tout a été gâché. De 1994 à 2005, vous êtes observateur, en tant que représentant du Saint-Siège, au sein du Comité européen sur la population et membre de divers comités de spécialistes. En 2002 et 2004, vous êtes membre du jury du concours du Cours supérieur d'état-major, et ce tropisme militaire ne fera que s'accentuer, puisque de 2000 à 2013 vous êtes membre du Conseil de perfectionnement de l'EMIA, l'École militaire interarmes, puis du Conseil de perfectionnement de l'ESM, l'École spéciale militaire de Saint-Cyr où vous êtes co-président du jury de diplôme en 2012 et 2013. Quant à votre rayonnement international d'économiste attaché aux questions de population, s'il apparaît très largement dans les nombreux colloques consacrés à la famille et à la démographie auxquels vous avez participé en Europe, je n'aurai garde d'oublier qu'il vous a valu d'être professeur invité au Liban en 1997 aux universités du Saint-Esprit de Kaslik et de Saint-Joseph de Beyrouth, au Japon en 2006 et en 2016 à l'université de Kobé – dans ce dernier cas il s'agissait de traiter de la question du vieillissement. Je sais combien au Liban comme au Japon les liens d'amitié tissés lors de ces séjours vous sont chers.

Vous avez été auditeur de l'Institut des Hautes Études de Défense nationale, l'IHEDN, vous êtes membre de l'Académie catholique de France, et vous êtes vice-président de l'Association des économistes catholiques présidée par notre ami et confrère Pierre de Lauzun. Ouvrages individuels et collectifs, articles publiés dans des revues à comité de lecture, publications dans des revues économiques et sciences politiques, vos contributions labourent le terrain du rôle de la famille dans l'économie et en particulier son rôle de productrice, je crois que vous nous éclairerez là-dessus ce soir. D'une liste de publications caractéristiques de vos domaines de spécialité, je retiendrai quatre titres parus dans la dernière décennie qui intéressent particulièrement notre thème :

« Le comportement des acteurs du marché du don » (*Revue Française d'Économie*, 2012), « Économie contemporaine, analyse et diagnostic[1] », « Démographie et famille, vers une vision plus ambitieuse de la production dans une perspective de développement durable[2] » et enfin « Production, politique familiale et retraite[3] ».

Il est temps de vous entendre sur la dimension économique de la transmission de la vie.

Communication

Nous allons parler économie, mais il est bon de rappeler que, derrière les statistiques que nous traitons, il y a bien des êtres humains dont nous cherchons à étudier les comportements. Je vais sans plus attendre entrer dans le vif du sujet, en m'appuyant sur un travail de recherche qui est sur le point d'être finalisé et je l'espère, publié – il reste à trouver l'éditeur[4]. L'ouvrage comporte trois parties : premièrement, « un défi à relever »; deuxièmement, « une réalité ignorée » et troisièmement « un avenir prometteur? ».

Le défi à relever est celui de la démographie, plus exactement du renouvellement des populations : déjà la transmission! Or vous avez fait venir Gérard-François Dumont pour en parler et celui-ci a travaillé pour moi en quelque sorte : je m'inscrirai donc dans la suite de son propos sans avoir besoin de détailler cette première étape de ma recherche. Quant à la question de savoir si nous pouvons espérer un avenir prometteur, objet de la troisième partie de la recherche sur laquelle je m'appuie, elle repose essentiellement sur les perspectives offertes en matière de politique familiale; or je ne vais pas les aborder non plus, si ce n'est implicitement, puisque vous avez prévu d'autres interventions sur ce point dans le cadre du cycle qui nous réunit aujourd'hui. En revanche, quand j'évoque la « réalité ignorée », il s'agit d'une réalité économique qui n'est pas suffisamment prise en compte par les économistes eux-mêmes et qui

1. Éd. Deboeck Université, Paris-Bruxelles, 6e édition à paraître en septembre 2024.
2. Dans *De l'économie politique à l'économie éthique,* sous la dir. de S. Schweitzer et D. Augey, AMU éditions, 2016, Mélanges offerts à notre ami Jean-Yves Naudet.
3. Dans Actes du 59e Congrès de l'Association internationale des économistes de langue française, Paris, 2015.
4. Lecaillon, J.-D., *La famille au cœur de l'économie*, Travaux de recherche de l'AEC, à paraître en 2024.

est largement oubliée dans les politiques mises en œuvre dans le monde actuel. C'est donc ce thème qui sera le fil directeur essentiel de mon intervention. Je tenais, en guise de préambule, à préciser et souligner cette cohérence parfaitement prise en compte dans votre programme. Si l'intervention de Gérard-François Dumont vient conforter mon analyse, j'espère à mon tour préparer un peu le terrain pour les communications à venir plus centrées sur les actions à mener.

Gérard-François Dumont nous a proposé un vaste tour d'horizon de la situation démographique et nous a présenté des constats, en évoquant notamment ce fameux modèle de la transition démographique. Je me situe d'emblée dans la période dite post-transitionnelle, soit après que la transition ait été assurée, si transition il y a, nous allons y revenir. Dans ce modèle, il y a déjà la reconnaissance d'un lien entre économie et population puisque c'est avec le développement économique que la baisse de la mortalité commence, elle-même étant plus ou moins rapidement suivie par une baisse de la natalité. Gérard-François en a tiré les conséquences démographiques.

Quelques points de repère sont peut-être nécessaires à ce stade pour assurer la rigueur de l'analyse.

En premier lieu, on parle de modèle, d'un point de vue scientifique, au sens où l'on essaie, en s'appuyant sur l'histoire, de repérer des tendances que l'on cherche ensuite à universaliser, en tous les cas à prolonger dans l'avenir. On s'appuie donc sur le passé pour essayer de prévoir l'avenir. Toute la question est de savoir si ce modèle fonctionne réellement ou non. En matière d'évolutions démographiques, il y a de ce point de vue deux présentations qui s'opposent : la plus communément retenue, celle précisément qui fonde l'usage du terme de « transition », retient bien l'idée d'un retour à une situation démographique équilibrée, c'est-à-dire assurant le simple renouvellement des populations après une période de forte croissance; mais un démographe français dans les années 30, en 1934 si ma mémoire est bonne, préférait parler, quant à lui, de « révolution ». Ce terme est fort : la révolution fait « table rase du passé »! L'auteur voulait signifier par là que rien n'assurait le retour à l'équilibre : une fois que la courbe de la fécondité aurait rejoint à la baisse celle de la mortalité dont l'évolution lui était antérieure, la première pourrait poursuivre sa diminution contrairement à la seconde (l'immortalité n'est pas humaine!) de telle sorte que l'équilibre ne serait pas retrouvé… Nous devons donc nous demander si nous sommes véritablement dans une perspective démographique d'équilibre ou si nous entrons dans un nouveau monde caractérisé, en matière démographique, par une question : « L'implosion est-elle envisageable ? ». Ce point me semble largement sous-estimé aujourd'hui malgré les faits.

Un autre repère nous est donné par un autre démographe français, Alfred Sauvy. Celui-ci qualifiait la démographie de « science du temps long ». Cette réalité est loin d'être sans importance ; elle entraîne des avantages et des inconvénients. L'inconvénient est qu'il ne faut pas trop tarder à agir du fait de l'inertie propre aux phénomènes démographiques qui ont des conséquences lointaines dans le temps. L'avantage est qu'il s'agit d'un domaine où il est plus facile d'anticiper ce qui va se produire. Notre tâche, celle des scientifiques, est donc de contribuer à bien comprendre les phénomènes suffisamment tôt, quelquefois avant qu'ils ne soient perçus par le commun des mortels, et surtout à les expliquer de façon suffisamment convaincante pour que les responsables politiques agissent dans la bonne direction... La difficulté est que le temps de la science n'est pas celui de la politique.

La question qui m'est posée est donc, dans ce contexte et du point de vue qui est le mien en tant qu'économiste, celle de la relation entre économie (croissance) et populations (évolutions démographiques), sans privilégier *a priori* un sens plutôt que l'autre.

Je vais au contraire essayer de solliciter ces deux approches selon moi complémentaires, même si dans l'histoire elles ont été plutôt développées parallèlement. Quand on parle d'une relation entre populations et économie, la question est de savoir si c'est l'économie qui a une influence sur la population ou si c'est cette dernière qui influence l'économie. En réalité c'est probablement un peu les deux, même si selon les auteurs l'insistance porte plus sur une approche que sur l'autre. Prenant le parti méthodologique de les considérer comme complémentaires, je vous propose d'étudier les liens entre population et développement économique en commençant par compléter d'une certaine façon, non pas l'intervention de Gérard-François Dumont qui a beaucoup parlé des différentes formes de malthusianisme, mais le travail de Malthus lui-même qui ne s'est pas du tout interrogé sur l'influence que pouvait avoir la population sur le développement économique. En effet, il a privilégié la loi des subsistances selon laquelle la population est finalement limitée par l'économie. On ne peut guère en faire le reproche à Malthus lui-même, qui écrit à une époque où il n'a pas les moyens d'investigation que nous avons. Mais depuis Malthus, les scientifiques ont travaillé, la recherche a permis de progresser, et s'il y a encore un malthusianisme régnant, comme nous l'a expliqué Gérard-François Dumont, c'est scientifiquement de moins en moins fondé.

J'aimerais dans un second temps revenir sur ce que Malthus a bien mis en évidence, à savoir l'influence de l'économie sur la population ; ne part-il pas de l'hypothèse que l'augmentation des naissances est consécutive à l'enrichissement des pauvres, laquelle augmentation conduit au problème qu'il dénonce ? C'est bien une façon de dire que c'est l'amélioration de la situation économique qui entraîne l'augmentation des naissances. Il nous faudra revenir à ce sujet sur la situation actuelle qui n'entre peut-être pas tout à fait dans ce cas de figure puisqu'on constate au contraire que les pays riches ont moins d'enfants que les pays pauvres…

Nos deux points étant ainsi plus précisément établis, je suis en mesure de reformuler une problématique possible de la façon suivante : en quoi l'accroissement des populations est-il bénéfique à l'économie et pourquoi est-il nécessaire de veiller à préserver le dynamisme démographique ? Comment atteindre ou préserver l'équilibre démographique annoncé par la transition démographique ? Mais cet équilibre est-il vérifié ? Comment faire pour que, tout en bénéficiant d'une mortalité basse, à l'origine de la forte croissance de la population – ce dont je pense nous pouvons nous réjouir, puisqu'on a d'une certaine façon vaincu la mort –, on puisse maintenir une fécondité suffisante, ce qui n'est pas exactement le cas dans les pays développés ? Implicitement, dans votre présentation, vous avez dévoilé mes sujets d'intérêt favoris ; je pense que vous y retrouverez un certain nombre d'éléments qu'on pourra utiliser lorsque sera venu le temps des préconisations sur le rôle économique de la famille par rapport à notre thème d'année sur la transmission.

L'importance de la population pour assurer le développement économique

La première approche concerne plus précisément l'analyse de l'influence des données démographiques sur le développement économique. Totalement ignorée à l'époque de Malthus, elle l'est encore aujourd'hui par les néo-malthusiens, ce qui est plus surprenant étant donné tous les arguments scientifiques développés depuis[1]. Ce sont les progrès des outils d'investigation qui ont sans doute permis le renforcement de l'argumentaire, car la thèse est elle-même ancienne; Jean Bodin ne disait-il pas déjà, au XVIe siècle, qu'« il n'y a de richesses ni de force que d'hommes »! L'importance de l'être humain pour le développement économique est ainsi parfaitement affirmée. De même, la croissance démographique est régulièrement mentionnée comme un indicateur de prospérité. Malgré cela, l'idée selon laquelle celle-ci serait un piège pour le développement subsiste.

Je me dois donc de vous informer ce soir que l'analyse économique s'est largement renouvelée, ce qui est finalement bien la raison d'être de la recherche : quand nous disons à nos étudiants que nous sommes, par notre statut, enseignants-chercheurs, ils s'étonnent et nous demandent ce que nous cherchons ! Eh oui, en science économique aussi il y a encore beaucoup de progrès à faire, et nous pouvons nous féliciter que, sur la question qui nous intéresse aujourd'hui, la théorie économique ait beaucoup évolué depuis disons la fin du XXe siècle, dans les années 90 en particulier, y compris grâce à des contributions dont les auteurs ont été récompensés par un prix Nobel qui atteste de leur crédibilité, me semble-t-il.

La pression créatrice

Je résumerai ces apports autour de trois idées principales qui inspirent trois courants de pensée.

Citons d'abord la théorie dite de la ***« pression créatrice »***. La pression en question est bien celle de la population. L'idée développée est en particulier fondée sur le concept d'« investissement démographique ». Vous connaissez, bien sûr, le concept d'investissement. Peut-être faut-il seulement préciser qu'il comprend plusieurs aspects : les deux principaux, les plus souvent traités, sont d'abord l'investissement de capacité renvoyant à l'augmentation des capacités de production, ensuite l'investissement de productivité consistant non pas à créer une chaîne de production supplémentaire mais à améliorer les outils de production déjà en place pour améliorer la productivité par l'innovation technique; ce

1. Je parle ici en tant qu'économiste et uniquement en tant qu'économiste, mais on pourrait compléter ces analyses avec celles d'autres disciplines à ce sujet.

sont des investissements classiques que tout chef d'entreprise connaît évidemment très bien.

Et puis il y a l'investissement qualifié de « démographique », défini comme l'ensemble des dépenses à effectuer pour maintenir constante la valeur du patrimoine par tête lorsque la population augmente. L'exemple classique est celui d'une maison que je possède, d'une certaine taille, d'un certain confort, etc. Elle représente un certain patrimoine par tête à transmettre à la génération suivante mais qui, pour être maintenu constant, doit être multiplié par le nombre d'héritiers – en admettant que tout se passe simultanément et instantanément ! Il faut donc que je dépense la somme correspondant à l'acquisition de nouvelles maisons identiques à la première pour maintenir le capital par tête en transmettant à chacun de mes héritiers un patrimoine identique à celui dont je disposais initialement, soit une maison. Partant de ce constat, les malthusiens dénoncent le fait que l'augmentation de la population représente un lourd investissement démographique au détriment des deux autres types d'investissements qui assurent la croissance. De leur côté, les tenants de la théorie de la « pression créatrice » leur répondent en arguant du fait que l'investissement n'est en fait jamais une reproduction à l'identique de l'existant et par conséquent se révèle être facteur de progrès : par exemple, construire une nouvelle maison selon de nouvelles technologies permet d'améliorer la sonorisation, l'isolation, etc. Ainsi, l'investissement démographique entraîne *a priori* un gain de patrimoine en termes qualitatifs. Ce premier argument n'est sans doute pas suffisant, mais il est à prendre en compte.

À ce premier type de considération, nous pouvons ajouter que, si la fécondité est insuffisante, cela se traduira mathématiquement par un vieillissement de la population (défini comme une augmentation de la part relative des personnes dites âgées dans la population totale), vieillissement à l'origine de charges supplémentaires pesant nécessairement sur la croissance.

Troisième série d'arguments justifiant le qualificatif « créatrice » associé à celui de pression : l'existence de besoins supplémentaires à satisfaire « obligent » en quelque sorte les individus à mettre en œuvre de nouvelles techniques, à changer leurs habitudes, à faire des efforts supplémentaires, entraînant certes au départ des coûts supplémentaires mais finalement bénéfiques… Dit autrement, ces besoins nouveaux induiraient une forme de pression à se surpasser. Reconnaissons à ce sujet que si les êtres humains ont une grande capacité d'innovation, d'adaptation, le changement commence toujours par être coûteux, ce qui explique pourquoi, s'ils n'y sont pas obligés, ils ont tendance à se satisfaire de la situation du moment. Les auteurs de cette théorie retiennent finalement comme hypothèse explicative que la pression représentée par la croissance de la population et l'arrivée de nouvelles générations oblige la génération précédente à faire des efforts pour trouver des moyens de satisfaire les nouveaux besoins, ce qui est très positif dans le cadre du développement industriel : mettre en œuvre de nouveaux modes de production, de nouvelles structures, est coûteux et exige un dynamisme des actifs que seule une pression comme celle de la croissance démographique permet d'assurer.

Enfin, argument supplémentaire, la croissance démographique permet un certain renouvellement des populations et offre par conséquent de la souplesse, de la flexibilité, de la mobilité, une véritable dynamique d'innovation, assurément bénéfique à la croissance.

Esther Boserup est considérée comme l'auteur de référence de cette théorie. C'est une économiste américaine qui a appliqué sa théorie à un cas très précis, celui de l'Inde. Depuis longtemps, ce pays connaît, supporte ou bénéficie selon le point de vue qu'on adopte, une croissance démographique forte. Il semblait ainsi plutôt menacé par une recrudescence de la famine qui inquiétait tout le monde. C'était sans compter sur la « révolution verte » qui a permis de l'éviter, révolution certes *a priori* difficile à expliquer, sauf à dire qu'elle est « tombée du ciel » au bon moment à défaut de la lier à la pression démographique. Certes, pas plus que Boserup, je ne dirai que tous les problèmes de l'Inde sont réglés, mais de nouveaux modes de production ont été mis en œuvre dans le secteur agricole et il est intéressant de pouvoir disposer d'une explication argumentée à ce sujet. Nous disposons bien d'une illustration concrète de la théorie de la pression créatrice développée par Boserup. La moindre des choses serait au moins de mentionner celle-ci comme une théorie susceptible de nuancer largement les craintes des malthusiens. Ainsi émerge peu à peu l'idée, encore peu répandue chez les économistes, que la population peut être une véritable ressource et même être considérée, non comme source de consommation mais comme un investissement.

Je fais une petite parenthèse rapide à ce stade pour bien comprendre les enjeux : les économistes ne parlent pas de « famille » mais de « ménage » ; celui-ci peut être une personne célibataire, même si l'essentiel des ménages est constitué de ce qu'on appelle les ménages familiaux, c'est-à-dire des familles au sens où vous l'entendez. Cette terminologie a une signification précise : la fonction principale de ces « ménages » est de consommer, à ne pas confondre avec celle de produire, assurée par les entreprises ! Concrètement, cela revient implicitement à s'interdire toute possibilité de concevoir la famille comme productrice de richesse puisqu'elle est enfermée dans (réduite à) un rôle de consommation. Il nous faudra revenir tout à l'heure sur ce point, car il est fondamental.

La croissance endogène

Poursuivons pour l'instant notre revue des théories explicatives de la croissance économique pour mettre en évidence de quelle(s) façon(s) l'influence de la croissance démographique peut être positive. Reconnaissons que pendant longtemps, selon tous les modèles de croissance dont nous disposons, très intéressants à étudier par ailleurs, la population a été considérée comme exogène, c'est-à-dire traitée comme une donnée sur laquelle on n'envisage pas d'agir pour obtenir un meilleur résultat, donc considérée de fait comme peu importante. Il faut attendre la seconde moitié du XXe siècle pour bénéficier de renouvellements théoriques importants à travers par exemple les théories dites de la ***« croissance endogène »*** dont certaines retiennent comme variable déterminante la population (pas uniquement, évidemment, mais je suis obligé d'être schématique). En tous les cas, en procédant ainsi, leurs auteurs ont pu montrer en quoi la variable population pouvait être considérée comme une source d'enrichissement ; je ne sais pas si le terme de « ressource humaine » vient de là, mais il a l'avantage d'indiquer une piste de travail prometteuse. D'autres auteurs auparavant l'avaient bien envisagé, il serait injuste de l'ignorer, par exemple Alfred Marshall qui propose d'inverser le sens de la relation économie-population en insistant sur l'influence positive de la seconde sur la première[1]…

1. Ce fameux représentant de l'École néo-classique a montré les limites du pessimisme malthusien en s'appuyant non seulement sur la continuité du progrès mais également sur les valeurs de la civilisation, combinant ainsi de façon très intéressante la technique et l'humain. Il renversait en cela le sens de la relation économie-

Ainsi disposions-nous de la possibilité de remettre en question, de façon argumentée, la loi des rendements décroissants à l'origine de la vision pessimiste de l'École classique, dont fait partie Malthus, loi conduisant à postuler l'existence de limites au-delà desquelles nourrir toute la population devient impossible. Sans pouvoir entrer dans plus de détails, nous retiendrons que de nombreux auteurs, au cours du XXe siècle, ont relativisé cette loi, en affirmant que les rendements n'étaient pas systématiquement décroissants, et que les facteurs endogènes de la croissance conjugués entre eux étaient à l'origine de synergies favorables au développement économique; et ils ont construit des modèles pour justifier tout cela. Pour illustrer toute la richesse de ces recherches, je voudrais évoquer rapidement, parmi d'autres, les travaux récents que je présente plus largement dans l'ouvrage évoqué au début de cette intervention. Ce soir, il s'agit seulement d'illustrer la diversité des arguments en faveur des effets bénéfiques de la croissance démographique sur le développement économique : ce n'est qu'un bref aperçu. Dans cette optique, j'évoquerai les phénomènes que Charles Jones décrit sous le terme de « l'économie des idées » : cet auteur revient en effet à son tour sur l'importance de la population, en montrant que la croissance ne vient pas seulement de la terre, du travail, mais aussi (surtout ?) des idées transformées en biens et en services. Une fois ces derniers obtenus, leur reproduction est beaucoup moins coûteuse que les prototypes; les coûts de recherche et développement sont d'autant moins élevés que les marchés sont étendus et qu'il est possible d'amortir les investissements sur un plus grand nombre de débouchés. Charles Jones ajoute que chaque idée élargit le champ d'autres idées et d'autres produits : une véritable synergie s'installe. Et finalement, plus une économie dispose de chercheurs et d'un stock important d'idées, plus sa croissance sera élevée et le progrès assuré. Ajoutons pour renforcer l'argumentaire que l'exploitation d'une idée par un agent économique n'empêche pas un autre agent d'utiliser la même idée avec autant d'efficacité : il s'agit de biens utilisables par plusieurs personnes en même temps, sans préjudice pour les unes et les autres.

---

population (voir LECAILLON, J. D., *Démographie économique – Analyse des ressources humaines,* Litec, Paris 1992, pp. 27-29).

Le « capital humain »

Je prends le risque d'abuser de votre attention en poursuivant cette énumération de théories. Mais je veux profiter de l'occasion pour dire à quel point la recherche scientifique nous offre des raisons d'espérer. Et je ne peux pas ne pas mentionner un troisième grand programme de recherche permettant de fonder le rôle positif (nécessaire ?) de l'augmentation de la population sur la croissance économique. Il me semble en effet que la théorie mettant l'accent sur l'investissement dans ce qu'on appelle le ***« capital humain »***, terme souvent mal compris mais que l'on retrouve aussi dans certaines encycliques comme par exemple *Centesimus Annus* de Jean-Paul II, ouvre les meilleures perspectives en général, particulièrement en faveur de la famille. Comme vous le savez, le terme « capital » désigne d'abord, et pendant longtemps seulement, les machines, c'est-à-dire ce qu'il est plus exact d'appeler « capital physique ». Mais désormais, il convient de considérer aussi tout ce qui est intrinsèquement lié à la personne humaine, sa santé, son éducation, sa formation, etc. ; autant d'éléments qui peuvent être facteurs de production. Robert Lucas (prix Nobel d'économie 1995) observe en particulier que le capital humain n'est pas soumis à la loi des rendements décroissants[1], ce qui permet une remise en cause profonde de la vision malthusienne longtemps dominante et ouvre des perspectives plus positives.

Nous serons conduits à reprendre cette notion de capital humain qui apparaît en effet essentielle. Si Robert Lucas a bien insisté sur cette dimension, il n'est pas le seul. Je dois au moins citer Théodore Schultz, puis

1. Il ne faudrait pas croire que la mise en évidence de tous ces aspects positifs pour la croissance serait récente et relèverait d'un effet de mode. Nous avons déjà cité Alfred Marshall. J'ai plaisir à citer ici explicitement l'un de mes professeurs quand j'étais encore sur les bancs de l'université, Pierre-Yves Hénin. Associé à Pierre Ralle, il écrit en effet, dans « Les nouvelles théories de la croissance, quelques apports pour la politique économique », *Revue Économique,* numéro hors-série, 1994, pp. 75-100 : *« Le niveau d'éducation n'affecte pas seulement la productivité directe des travailleurs, mais engendre des externalités. L'idée est qu'un niveau de connaissance est d'autant plus efficace qu'il est possible de communiquer et d'interagir avec d'autres personnes présentant également ce niveau, selon le mécanisme bien connu d'une externalité de réseau ».* Concrètement, nous retrouvons ce qui se produit dans l'entreprise : la productivité dépend certes de l'individu mais aussi de l'équipe à laquelle il appartient…

surtout Gary Becker, prix Nobel d'économie en 1992, et pour le reste et plus de détails, vous renvoyer à l'ouvrage évoqué précédemment…

Il existe en effet d'autres tentatives, plus historiques, sur lesquelles il n'est pas utile d'insister. Je voudrais seulement citer un autre prix Nobel – de 1993, Douglas North, qui a montré combien les institutions, c'est-à-dire le contexte dans lequel la société évolue, constitué par l'ensemble des contraintes tant formelles (lois, droits de propriété) qu'informelles (coutumes, etc.), pouvaient jouer un rôle essentiel dans toute société. Il me semble que par rapport au sujet de ce soir, il s'agit d'un résultat supplémentaire particulièrement important ; je pense notamment au mariage ou à la famille, considérés comme des institutions, dont on pourrait montrer, références théoriques à l'appui, l'impact sur le développement économique. À l'évidence, il faut cesser de réduire le rôle économique de la famille à celui de consommateur ; certes elle consomme et cela a toujours des effets économiques, mais il me semble plus innovant et intéressant d'insister sur sa fonction productrice. Je laisserai le soin à Gary Becker de clore cet argumentaire permettant de fonder une vision positive de la croissance démographique qui infirme clairement celle du pessimisme malthusien ; vous pourrez constater qu'un prix Nobel peut aussi faire preuve de modestie, et de réalisme, en reconnaissant humblement, une fois n'est pas coutume, les erreurs de certaines recherches ; je le cite : « Nous économistes, en particulier les néomalthusiens parmi nous, nous sommes concentrés sur quelques effets potentiellement néfastes de la croissance démographique sur l'économie, et avons ignoré ce qui est souvent et même je pense généralement, plus important et positif. La croissance démographique a des effets positifs et a démontré des rendements croissants, malheureusement ces effets positifs n'ont pas fait l'objet d'une attention suffisante de la part des universitaires et cette lacune doit être corrigée ». Les économistes universitaires en prennent assurément pour leur grade, mais je trouve cela stimulant !

Quel enseignement tirer de cette première façon d'aborder la question de la dimension économique de la transmission ? J'en vois deux : d'une part le « piège » de la croissance démographique est très relativisé, d'autre part la reproduction biologique, sociale, culturelle, etc. est bénéfique. La famille est bien créatrice de richesses et pourtant, de façon paradoxale, on se soucie de moins en moins d'elle. Je me demande parfois ce que diraient les écologistes s'ils s'apercevaient que depuis cinquante ans la reproduction des baleines était insuffisante pour assurer l'avenir de cette espèce ; je pense qu'ils organiseraient des manifestations... ! Or le fait que le remplacement des générations de l'espèce humaine n'est plus assuré en France depuis 1975, soit un demi-siècle quand même, ne suscite chez eux aucune réaction !

Du point de vue qui est le mien, celui de l'économie, des solutions sont pourtant envisageables.

Importance de l'économie pour permettre au désir d'enfants d'être satisfait

Malthus l'avait dit, même s'il le déplorait d'une certaine façon, le revenu influence la croissance démographique. Que pouvons-nous dire alors s'agissant de la période post-transitionnelle tandis que le retour à l'équilibre démographique n'est pas avéré, la fécondité n'étant plus suffisante, en particulier dans les pays riches et développés ? Dans quelle(s) mesure(s) l'économie peut-elle être sollicitée pour trouver des solutions efficaces ? Je voudrais, même rapidement, vous montrer que cette dimension ne doit pas être négligée, parmi d'autres sans doute, et surtout, pour ouvrir la discussion, vous donner quelques références empiriques, en espérant ainsi contribuer à la réflexion, inscrite dans le programme de cette année, sur les mesures à prendre.

Les enquêtes disponibles

Première remarque, les ***enquêtes disponibles*** nous disent que le désir d'enfant est supérieur à ce qui est nécessaire au remplacement des générations, ce qui en soi reste une information positive. Mais cela signifie aussi qu'il y a un décalage entre le nombre d'enfants souhaité et la fécondité effective, ce qui est bien sûr regrettable. Or les causes sont en partie économiques. Certes on peut discuter de savoir ce qu'on entend dans les enquêtes par taille idéale de la famille, par enfant désiré, etc., mais les enquêtes successives témoignent de ce souci constant – c'est encore le cas du dernier baromètre récent de BVA. En 2011, l'enquête effectuée par l'Observatoire des familles affirme que les couples souhaitent 2,7 enfants - pardon pour la virgule, ce sont des statistiques et il s'agit d'une moyenne. Or à cette époque l'indicateur conjoncturel de fécondité était de deux enfants, il y avait donc déjà un décalage. On pourrait imaginer qu'après le premier enfant les souhaits des couples se réduisent, mais en réalité ils souhaitent encore 2,3 enfants. En 2020 le nombre moyen idéal d'enfant était de 2,4 tandis que l'indicateur de fécondité était de 1,8, ce qui représentait encore en moyenne 0,6 enfant par femme de différence. Quant au projet d'avoir une famille nombreuse – aujourd'hui il s'agit de familles de trois enfants ou plus, mais il fut un temps où cela concernait les familles d'au moins 5 enfants, les statisticiens s'adaptent… –, il reste très présent, 49 à 34 % des répondants en 2011 selon les régions, et encore 41 % des femmes et 30 % des hommes en 2020 désirant avoir trois enfants ou plus.

Aujourd'hui la fécondité est bien une liberté sous contrainte pour reprendre le titre d'un article paru dans la revue *Politique sociale et familiale :* « La décision d'avoir un enfant : une décision sous contrainte ». En effet de nombreux obstacles pèsent sur les familles ; ils sont mesurés dans les enquêtes, et illustrent le lien entre économie et famille. Ils sont bien sûr d'ordre matériel, même s'il y en a d'autres. Concrètement, 60 % des couples exprimant le désir d'avoir davantage d'enfants disent aussi avoir besoin d'un logement adapté, et 43 % soulignent l'importance d'avoir un travail stable – en effet l'instabilité hypothèque l'avenir – et puis troisièmement, 28 % d'entre eux mettent en avant le coût lié à l'éducation d'un enfant. Nous retrouvons ainsi le besoin de stabilité, qui s'ajoute à des facteurs objectifs comme la durée des études qui repousse le moment pour les couples d'avoir un premier enfant, la stabilité de l'emploi, le logement mais aussi des facteurs subjectifs comme l'individualisme ou l'éco-anxiété ; il y a donc les difficultés matérielles des familles, et puis aussi des difficultés plutôt environnementales.

Il est intéressant alors de revenir une nouvelle fois aux enseignements de l'analyse économique.

L'économie de la famille

Ce qu'on appelle « ***l'économie de la famille*** » s'est développée dans la seconde partie du XXe siècle et l'un de ses pionniers est l'économiste américain Harvey Leibenstein qui dissociait de façon très intéressante les motivations d'avoir des enfants d'une part, et les moyens d'atteindre ses objectifs d'autre part. Il étudie alors non pas l'influence du revenu sur le nombre d'enfants, mais la raison d'en avoir ou pas et il retient trois facteurs : tout d'abord l'amour des enfants pour eux-mêmes. Leibenstein considère très judicieusement que l'envie d'avoir un enfant pour lui-même est constant, quel que soit le revenu, quel que soit le nombre d'enfants, etc. ; il serait, il est vrai, difficile à l'économiste de chiffrer cela. Deuxièmement, il mentionne l'envie d'assurer ses vieux jours, qui de fait s'est toujours manifestée dans les sociétés traditionnelles. Enfin, l'enfant est considéré comme une aide voire comme une source de revenu complémentaire, notamment dans le monde agricole par exemple, un peu moins dans le monde industrialisé sans doute. Leibenstein vérifie alors que, quand le revenu des familles augmente, malgré un amour constant des enfants, leur besoin d'assurer leurs vieux jours ou un revenu complémentaire est moindre. Ainsi, *a priori,* « l'utilité totale » d'avoir un enfant de plus diminue à mesure que le revenu augmente. En revanche, la « désutilité » comme disent les économistes, et le coût, eux, augmentent : en effet plus les revenus des familles sont élevés, plus elles consacrent d'argent à l'éducation, au logement, à l'habillement des enfants[1]. C'est pourquoi il y a un moment où les deux courbes se croisent, c'est-à-dire que les inconvénients dépassent les avantages. Cela permet de comprendre pourquoi les moyens d'atteindre les objectifs doivent être pris en compte au même titre que les motivations. Or aujourd'hui, si l'on observe une motivation constante pour les couples d'avoir des enfants, on voit aussi que les résultats ne sont pas au rendez-vous. Peut-être qu'un jour ce ne sera plus le cas, mais aujourd'hui, si on donnait le moyen à ceux qui le veulent d'avoir davantage d'enfants, le problème serait réglé.

Une « révolution démographique »

Je voudrais maintenant prendre un exemple qui peut nous conduire à considérer que nous sommes plutôt dans une situation de ***« révolution démographique »***, ce qui a des conséquences sur les mesures à mettre en œuvre. Les théories économiques actuelles montrent effectivement qu'avec l'élévation des niveaux de vie, les gens ont moins d'enfants. Certains diront que c'est moins grave qu'avant puisqu'il y a aussi moins de mortalité infantile. Mais le problème est celui de la capacité d'investir dans la durée (la transmission). On doit donc s'interroger sur ce qu'il faudrait faire pour permettre aux couples d'atteindre leurs objectifs. Or j'ai regardé une statistique intéressante, issue d'enquêtes montrant un changement très important dans les années 60 du XXe siècle : c'est le moment où la pilule contraceptive du docteur Pincus, un Américain, se

1. On pourrait ajouter que le temps passé auprès d'eux est de plus en plus « coûteux »…

diffuse, et où se développe un mode de régulation des naissances nouveau, qu'on appelle contraception. D'autres modes de régulation des naissances existaient auparavant : de tout temps, aucune population n'a atteint son maximum de fécondité, ce qui est sans doute heureux. L'Église elle-même parle de « paternité responsable », ce qui est une façon de ne pas remettre en cause le fait de réguler la fécondité. Ce qui est discuté à nouveau, ce sont les moyens utilisés pour cela.

Il est intéressant de se demander quelles différences éventuelles résultent selon les moyens, naturels ou contraceptifs, utilisés pour limiter les naissances. Depuis les années 60 donc, dans un pays comme la France, ce sont les moyens contraceptifs qui sont devenus majoritaires. Les enquêtes faites auprès de mères ayant accouché montrent qu'avant ce changement de modalité, l'enfant né n'était « pas désiré » une fois sur deux, les couples ayant cependant à peu près le nombre d'enfants souhaité (2,7 ou 2,8 enfants contre 2,9). Précisons qu'un enfant non désiré est un enfant qui n'arrive pas au bon moment, qui « tombe mal », mais cela ne veut pas dire qu'il n'était pas souhaité. Aujourd'hui, les enquêtes montrent qu'il n'y a plus d'enfants non désirés, car l'enfant arrive au bon moment. En revanche les couples n'ont plus le nombre d'enfants souhaité. Pourquoi ? La thèse que j'ai publiée consiste à considérer comme essentielle la différence entre les moyens contraceptifs et les moyens naturels de régulation des naissances. Cela permet de revenir à la volonté : aujourd'hui c'est pour avoir un enfant que l'on doit faire preuve de volonté quand on utilise des moyens contraceptifs : il faut arrêter la pilule, enlever le stérilet. À l'inverse c'est pour ne pas avoir d'enfant qu'il faut faire preuve de volonté quand on emploie des moyens naturels de régulation des naissances. Malthus l'avait déjà dit : il ne préconisait pas la pilule mais la chasteté, la continence, la contrainte morale, etc. Il enjoignait à ses contemporains, après avoir fait appel à leur raison en leur présentant son « principe de population », à faire preuve de volonté. Nous venons de souligner que cette volonté intervient, selon le mode de régulation pratiqué, soit pour empêcher la venue d'enfant soit au contraire pour le concevoir. Quand cette volonté est ferme, dans un cas comme dans l'autre, le nécessaire est fait pour atteindre l'objectif. Mais entre le « oui-oui » et le « non-non », il y a aussi le « oui peut-être », le « pourquoi pas » même si ce n'est peut-être pas le moment! Cela revient à dire qu'il peut y avoir beaucoup d'incertitudes entraînant un relâchement de la volonté. Quand on utilise des moyens naturels il arrive alors qu'un enfant arrive à un mauvais moment, mais l'enfant non désiré est malgré tout souhaité ; en revanche, avec les moyens contraceptifs, il n'arrive jamais : la volonté permettant de faire le nécessaire n'est pas suffisante, le nombre d'enfants souhaité n'est pas atteint. Si on ajoute que dans la société actuelle, instable et marquée par l'incertitude, l'augmentation du chômage, les problèmes de logement, etc., la période d'indécision s'accroît, il n'est pas surprenant de constater l'augmentation du nombre de couples qui « voudraient bien mais pas tout de suite… ». Ajoutez à cela les moyens contraceptifs dont ils disposent, et vous avez l'explication pour laquelle les couples n'ont plus le nombre d'enfants souhaité.

Je n'ai pas besoin d'en dire plus pour expliquer pourquoi il faudrait permettre aux couples désirant avoir des enfants d'en avoir le nombre souhaité ; cela suffirait pour régler la situation démographique, ce qui me pousse à nuancer sans attendre mon propos qualifiant de « révolution » la situation actuelle : le changement n'est pas (encore ?) aussi profond, et irréversible, que le terme le laisse penser ; il suffirait probablement d'un peu de volonté politique pour justifier de parler de « transition »… Cela passe par des mesures de nature économique, non pas pour faire de la famille une « assistée de l'État », mais bien par souci de justice et même d'efficacité.

Pour conclure (trop ?) rapidement afin de ménager le temps de l'échange que nous attendons tous, je dirai que l'idée essentielle que je voulais partager avec vous est que la fécondité est une source de richesse, un investissement, et qu'il y aurait beaucoup à faire pour rajeunir l'image de la famille, pour souligner l'investissement que représente l'éducation et plus généralement le capital humain. D'un point de vue strictement économique, il faudrait absolument intégrer dans nos analyses la production domestique. Cela commence par une évaluation correcte. Ce n'est pas le cas aujourd'hui. Ma proposition principale est donc que la production réalisée au sein des ménages sous forme d'éducation en particulier mais pas seulement, soit à l'avenir prise en compte, ce qui nécessite une refonte de la comptabilité publique. Il faudrait aussi redonner du sens (et de la réalité) à la définition d'un statut de la famille, fondé sur la stabilité (le temps long), l'engagement (notion d'investissement) et la responsabilité (droits et devoirs)… Il y a là un enjeu économique, et au-delà, un enjeu sociétal. Tout investissement suppose un minimum de stabilité ; or aujourd'hui, c'est patent avec la financiarisation de l'économie, on raisonne à court terme, les perspectives à long terme sont toujours remises à demain !

Échange de vues

Marie-Joëlle Guillaume

Merci, il est très intéressant de vous entendre, Jean-Didier, dans une époque qui ne voit que la consommation partout et nous transforme en une société d'individus consommateurs. Assez tôt dans votre développement, vous avez souligné le fait que les ménages étaient unanimement reconnus comme utiles pour la consommation, mais qu'il manquait une approche mettant en valeur le rôle de la famille dans la production de richesses. Peut-être nos amis auront-ils envie de réagir sur ce thème, que vous avez complété avec votre développement sur le capital humain. Je crois que cette idée est à mettre en avant, à rebours de la vision un peu misérabiliste de la famille, souvent regardée comme ayant besoin d'être aidée, comme si la société n'avait pas besoin d'être aidée, elle, par le fait d'avoir des familles nombreuses, vivantes et productrices. D'ailleurs, on aura sans doute l'occasion d'en reparler, mais il est regrettable de confondre la politique familiale et la politique sociale.

Emmanuelle Hénin

Est-ce que vous êtes favorable, concrètement, à un revenu pour les mères de famille ?

Jean-Didier Lecaillon

Je n'ai pas du tout abordé la politique familiale, d'abord parce que je n'en aurais pas eu le temps, ensuite parce que ce n'était pas demandé, mais effectivement, la question se pose. S'il ne m'appartient pas d'élaborer un programme de politique familiale, je laisse cela aux associations familiales et à leurs militants, je peux en revanche donner des pistes, des indications et surtout des arguments scientifiques pour servir les responsables politiques. C'est dans ce but que j'ai accepté de faire partie du Comité de pilotage de la Conférence de la famille que présidait Hélène Gisserot à la fin des années quatre-vingt-dix : il y avait un sociologue de la famille, le « sociologue de service », totalement opposé à tout ce que je viens de vous dire ; un démographe, décédé depuis, mais qui a pu apporter des éléments très utiles en reliant la famille à la démographie ; et j'y avais été moi-même invité comme économiste… Dans le but de simplifier les prestations familiales – à l'époque il y en avait 21 si ma mémoire est bonne, elles doivent être au nombre de 26 aujourd'hui, c'est trop complexe et inefficace –, nous avons cherché à en réduire le nombre tout en reconnaissant qu'une prestation unique n'aurait pas de sens parce qu'il y a plusieurs fondements d'une politique vraiment familiale, et chacun d'eux doit être bien circonscrit si nous voulons être efficaces en donnant du sens aux mesures prises. Nous sommes ainsi arrivés à considérer, et à proposer, non pas une seule allocation prétendument universelle, mais la mise en place de trois allocations, chacune fondée sur un principe correctement défini.

J'en viens ainsi à répondre à votre question ; pardon de ce détour nécessaire pour être bien compris ! J'ai en effet proposé à cette occasion la mise en place d'une prestation qui aurait effectivement pour objet principal de reconnaître qu'au sein de la famille se réalise une véritable production source d'enrichissement pour l'ensemble de la société. Le sens est bien celui d'une rémunération, d'un revenu pour reprendre votre expression. Dans cette logique, nous avions considéré qu'il n'y avait pas de raison de mettre une condition de ressources à son versement ; en revanche, il pourrait être soumis à l'impôt comme les revenus le sont, à tort ou à raison ce n'est pas ici la question. Vous comprenez, à travers cette évocation, que je considère depuis longtemps qu'un tel revenu serait justifié, à condition de bien en expliquer le sens. Une fois cette réponse de principe donnée, il convient de reconnaître que la question de son montant se pose et qu'elle n'est pas facile à régler. Mais il existe des pistes, y compris au plan technique ; il n'est donc pas interdit d'y réfléchir. Comme Marie-Joëlle l'a mentionné tout à l'heure, une politique familiale ne peut pas être une politique d'aide ou d'assistance pour des gens en situation d'échec ou de précarité comme l'est la politique sociale. Une politique familiale doit être une politique de justice, d'efficacité ; or à partir du moment où on reconnaît qu'élever des enfants entraîne une production de richesses, au risque de me voir reprocher une sorte de marchandisation de l'amour je me prononcerai en effet pour une forme de rémunération du travail de ceux qui assurent cette production. Il ne s'agit pas de quantifier l'amour d'un père et d'une mère pour son enfant, pas plus que le fait de rémunérer le militaire prêt à donner sa vie pour sauver son pays reviendrait à quantifier la valeur d'une vie et/ou le sens de l'honneur.

Si ma réponse vous semble irréaliste et peut-être utopique, ou tout simplement difficile à mettre en œuvre rapidement, j'ajoute dans le même esprit qu'*a minima*, la rémunération de la mère de famille pourrait prendre la forme d'un véritable droit à la retraite, pas seulement symbolique mais vraiment conséquent. Il est incroyable de constater, dans un système de répartition fondé sur le principe que les actifs d'aujourd'hui assurent une rémunération aux retraités d'aujourd'hui, que les seuls qui ne reçoivent rien sont ceux – celles, pour coller à votre question – qui ont travaillé au sein de leur famille, travail consistant très exactement à donner à la génération suivante la capacité d'assumer la charge que constituent les retraites. Vous constaterez qu'à défaut de bien poser les problèmes, nous marchons sur la tête…

Jean-Paul Guitton

Comme vous le savez, j'ai milité, et je milite encore, pour la famille ; or il se trouve que la Confédération nationale des AFC a lancé il y a une quinzaine d'années une étude sur le coût de la non-famille, ou plus précisément du non-mariage. Elle avait fait appel notamment à des économistes. On en avait, je crois, parlé ici à l'époque. Intuitivement on a plus ou moins l'idée que la société paye lourdement l'éclatement des familles, par la délinquance juvénile, l'insuccès scolaire, etc. Mais il me semble que vous m'aviez dit à l'époque qu'il n'y avait pas de moyen de mesurer cela, parce que ce n'était pas un objet scientifique quantifiable ; la copie rendue à la Confédération des AFC était d'ailleurs assez décevante sur ce point. Pouvez-vous nous dire si l'on a fait des progrès en la matière depuis quinze ans ?

Jean-Didier Lecaillon

Je réponds volontiers de façon positive à votre question qui me permet de compléter ce que je vous ai présenté à l'instant et surtout de vous renvoyer à la troisième partie de mon ouvrage annoncé, puisque j'y traite largement, quinze ans après votre sollicitation, cette question si importante. Je n'ai pas de mérite particulier : simplement, des progrès ont en effet été effectués dans ce domaine et je m'en félicite. Pour aller à l'essentiel, s'agissant du premier point de ma troisième partie, consacré aux ruptures familiales, aux dissociations familiales, etc., j'y présente diverses études sur le sujet, un grand nombre en provenance des États-Unis. D'aucuns pourraient toujours dire que ce n'est pas exactement pareil, mais de toute façon le but n'est pas de chiffrer à l'euro près, seulement de donner des ordres de grandeur. Et ils sont très importants effectivement. Certes, il est délicat de sembler montrer du doigt ceux qui ont échoué en mettant l'accent sur le fait que les ruptures familiales coûtent à la société, du point de vue éducatif, de celui de l'avenir des enfants concernés, de l'emploi, etc. Mais il est important de le faire et c'est de plus en plus le cas, y compris en France désormais. Encore récemment est paru un article montrant que les ruptures familiales sont un problème public majeur que même l'État reconnaît.

Ces éléments me conduisent à préconiser de faire de la prévention, en essayant d'accompagner les couples en difficulté, non pas pour les empêcher de se séparer si c'est définitivement leur volonté, la séparation étant même quelquefois la moins mauvaise solution, mais en les aidant par des conseils appropriés, d'abord pour leur bénéfice mais aussi parce que c'est coûteux à la société. Le problème, c'est que, à l'exemple du collègue sociologue dont j'ai parlé précédemment, la famille est trop souvent considérée d'un point de vue strictement individualiste. Dans cette conception, elle est constituée d'individus qui décident d'être ensemble, mais quand l'intérêt de l'un des deux est de se séparer, il faut qu'il puisse le faire. Cet individualisme pose de vraies questions. Dans le droit on parle bien de l'engagement que prennent un homme et une femme qui décident de fonder une famille, non seulement l'un vis-à-vis de l'autre mais aussi par rapport aux enfants dont ils auront à assurer l'avenir, etc. L'enjeu est donc de responsabiliser les gens par la prévention et l'accompagnement. Si ensuite il y a un problème, alors la politique sociale pourra entrer en vigueur.

Dans le même registre, je signale qu'un certain nombre d'enquêtes chiffrées montrent l'importance du coût des familles monoparentales, qui est très élevé. Nous pouvons donc nous féliciter que beaucoup de personnes et d'organismes préconisent désormais la prévention et promeuvent la famille stable, unie, durable. Je les mentionne et présente également leurs actions dans mon livre.

Jean-Luc Bour

Comment est-ce que vous pouvez, comme économiste, calculer un cash-flow positif de cette production additionnelle créée par un accroissement de la population, et comment voyez-vous la prise en compte de nouveaux impacts extérieurs qui vont peut-être le rendre négatif ou moins positif?

Jean-Didier Lecaillon

Merci de cette question très pertinente. Je voudrais dire qu'en matière scientifique rien n'est jamais définitivement établi. Si nous avons aujourd'hui un indicateur de production, le fameux PIB, hier il était différent, et je ne vois pas pourquoi demain il ne serait pas dépassé. Il y a encore des progrès à faire. Il fut un temps où la production concernait uniquement l'activité agricole, et ce n'est que par la suite que le commerce par exemple, c'est-à-dire le fait de transporter un objet de A en B sans que rien matériellement ne soit modifié, fut considéré comme une production : en transportant l'objet, on le met en effet en B à la disposition de quelqu'un qui le désire alors que ce n'était pas le cas en A; en répondant pratiquement à un désir exprimé, le commerçant produit. La question est de savoir combien. La réponse est donnée par le prix. C'est ainsi qu'en économie la production revient à la création d'utilités, qui correspondent elles-mêmes à la satisfaction des besoins. Une fois qu'on a dit cela, il reste à réfléchir à ce qui est créé, à ce qui permet la satisfaction des besoins et finalement à la valeur de cette production; c'est implicitement la question posée.

La réponse aujourd'hui donnée, réponse que nous n'avons aucune raison de considérer comme définitive et immuable, ce qui va me permettre d'aller au-delà de l'existant dans ma réponse, est le calcul du PIB marchand, calculé tout simplement à partir du prix auquel on échange marchandises et services sur les marchés. C'est discutable, mais cela a l'avantage d'être simple à appliquer. Je remarque ensuite, pour continuer à vous répondre, qu'il existe aussi un PIB non marchand, pour lequel il n'y a donc pas de prix de marché, ce qui rend effectivement la mesure plus délicate, comme ce serait le cas si on se décidait à évaluer la production domestique. Pourtant, on le fait bien, le PIB non marchand étant une composante du fameux PIB tel qu'il est publié dans les statistiques nationales, ce qui prouve qu'il n'y a pas d'impossibilité technique : ce qui n'est pas l'objet d'un échange sur un marché, les services rendus par les administrations en l'occurrence, est évalué « au coût des facteurs », c'est-à-dire en considérant ce que cela a coûté de le fabriquer. On se demande par exemple combien coûte à l'État ce que fait le professeur-fonctionnaire Lecaillon quand il assure, à travers ses enseignements à l'Université, la formation de ses étudiants qui ont gratuitement accès à ses cours. Ma production, ce sont les connaissances que je diffuse sans contrepartie de la part des étudiants qui ne me payent pas ! Donc, comment évaluer la valeur de ce que je fais ? Eh bien, cela vaut ce que cela coûte, c'est-à-dire le montant de ma rémunération de professeur, les coûts de l'infrastructure qui me permet d'enseigner dans de bonnes conditions, etc., autant de dépenses inscrites dans le budget de l'État. Permettez-moi cette boutade que je m'autorise avec mes étudiants, juste pour illustrer les limites de cette façon de procéder ; il m'est arrivé en effet de leur dire : « Si vous voulez que la valeur de ma production double, ce qui pourrait être interprété comme une augmentation de la qualité de mon enseignement, il suffit que mon traitement soit doublé » ! Précisons pour être plus complet qu'il existe une autre technique, consistant à se demander à quel prix il serait possible d'obtenir, en passant par le marché, la même chose, le même service : plutôt que d'éduquer moi-même mes enfants, ce que je fais à un prix égal à zéro, combien cela me coûterait-il si je demandais à un tiers de le faire, en le rémunérant ?

Aujourd'hui, tout ce qui est produit au sein de la maison, par les ménages, soit la production domestique, n'est pas comptabilisé, cette dernière ne représente rien dans les statistiques nationales. Si je garde mes enfants, cela ne vaut rien, si je les confie à un tiers qui est payé, c'est une production qui vaut ce que je paye. Quand j'assure l'avenir de mes enfants, non seulement aujourd'hui je suis réputé ne rien produire, mais je passe du temps avec eux ; ce n'est pas insignifiant en termes de coût d'opportunité : quand je m'occupe de mes enfants, je ne peux pas aller travailler et avoir un revenu, ce qui s'analyse également en termes de coûts, en remarquant au passage qu'il est alors plus élevé pour quelqu'un ayant une situation donnant lieu à une forte rémunération que le contraire…

L'évaluation de la production domestique est donc évidemment délicate, mais cela ne change rien au principe de réalité et il suffit de dire qu'elle constitue une véritable richesse, ne serait-ce qu'en matière d'éducation, qui sera l'essentiel de ma réponse. La production familiale n'est pas dans le fait de consommer, c'est le fait d'élever ses enfants et d'augmenter leur capital humain, qui sera bénéfique aux enfants plus tard mais aussi à toute la société. Quand les enfants sont pris en charge par l'État dès le plus jeune âge, on considère que cela crée de la richesse, mais quand ce sont les parents qui les prennent en charge on estime que c'est sans valeur économique. La production domestique ne donne pas lieu à un échange sur un marché, donc elle n'a pas de prix, il n'empêche qu'elle devrait être évaluée. Comme le disait déjà dans les années 1930 un grand économiste anglais, Arthur Cécil Pigou : « Quand un gentleman épouse sa cuisinière, il fait chuter le revenu national ». C'était donc déjà vrai il y a près d'un siècle; nous n'avons pas évolué depuis. Cela peut faire sourire, mais c'est imparable : le gentleman paye sa cuisinière quand elle lui prépare ses bons petits plats, alors que s'il l'épouse, il ne la paiera pas, bien que ses qualités de cuisinière ne soient pas amoindries par le fait d'être épouse; le service rendu est le même mais l'évaluation du bien-être diminue. Je pose la question : pourquoi cela vaudrait-il plus hier qu'aujourd'hui? Et je réponds que ce que l'épouse produit encore aujourd'hui a une valeur, que c'est une production. Certes, l'évaluation du travail domestique n'est pas facile : selon les travaux disponibles, la part de la production domestique pourrait varier de 22 à 54 % du PIB (et même entre 15 et 71 % selon une étude publiée en 2012 par l'INSEE…). Les méthodes d'évaluation sont en effet diverses et le périmètre considéré varie beaucoup selon les études. Mais les ordres de grandeur obtenus, même les plus bas, confirment qu'il ne s'agit pas d'un résidu…

Je ne sais pas si j'ai répondu précisément à la question parce que celle-ci mentionnait plus particulièrement l'augmentation de la population. Il faudrait donc procéder de façon comparative entre un avant et un après… Mais il me semble que le principe général d'une augmentation de la richesse demeure et que celle-ci peut être conséquente, à certaines conditions bien entendu. Pour éviter tout risque de confusion, je voudrais donc ajouter un commentaire à ce que j'ai dit dans ma communication. Dans la première partie, où j'ai expliqué que les économistes de toute obédience montraient qu'en fait le dynamisme démographique était une condition du développement économique, j'aurais dû ajouter que c'était une condition nécessaire mais pas forcément suffisante. On a trop d'exemples de pays qui ont une forte croissance démographique et qui ont du mal à gérer cela, donc ce n'est pas une condition suffisante. Il ne suffit pas d'avoir une politique nataliste; on confond trop souvent la politique familiale avec une politique nataliste. Il ne suffit pourtant pas d'avoir des enfants pour créer de la richesse, les enfants représentent un investissement long; le petit d'homme a plutôt besoin de vingt-cinq ans que de quinze ans, désormais, pour devenir un jeune producteur. À son commencement l'enfant est un consommateur qu'il faut nourrir, et hormis ses sourires bien sûr, il n'est pas producteur, il le devient en entrant dans la vie active, quand il est autonome, c'est-à-dire qu'il peut satisfaire ses besoins. Mais cela prend du temps et demande un lourd investissement. Quant à l'impact des dépenses de la famille sur l'économie, elle suppose un pouvoir d'achat qui est la contrepartie d'une production de richesse. La boucle est ainsi bouclée.

La théorie économique permet de comprendre à quelles conditions le dynamisme démographique est source de développement : c'est le capital humain qui est nécessaire à celui-ci. Quant à sauver la planète s'il n'y a plus personne sur la terre, ce n'est pas très motivant!

René Bertail

J'adhère totalement à votre développement. La théorie de la croissance par l'augmentation de la population est en effet développée par certains économistes qui pour certains s'appuient sur l'exemple de l'économie américaine dont la croissance est expliquée, entre autres, par une augmentation de la population équivalente à une ville moyenne ou à plusieurs villes tous les ans. Et d'autre part il y a tout un courant économique qui milite finalement en faveur d'une stimulation de la croissance par l'immigration plutôt que par la croissance interne. Aussi, ce qui m'intéresse, c'est de connaître vos arguments, parce que je pense que votre théorie a quand même l'avantage d'ancrer un certain nombre de populations dans une entité commune de culture et de formation, et de mettre celle-ci à un certain niveau, alors que ce n'est pas obligatoirement le fait de ceux qui militent pour une croissance par l'immigration.

Jean-Didier Lecaillon

Je me permets de préciser votre question, parce que ces immigrés « de substitution » en quelque sorte, il faut savoir s'ils sont formés ou non. Que l'on envisage de faire venir des immigrés complètement illettrés, ou des immigrés bac + 7, ce n'est pas la même chose. Alors je vais répondre en retenant successivement les deux hypothèses : soit ils ne sont pas formés, et il faut s'y atteler après les avoir fait venir pour qu'ils soient productifs; il s'agit alors d'un déplacement du problème. Soit, ils sont formés, éduqués, ce qui signifie que nous allons prendre, pour servir notre propre croissance, des personnes éduquées qui pourraient contribuer à la croissance de leur pays. C'est un jeu à somme nulle à la limite, mais je n'en suis même pas sûr, parce qu'il y a peut-être d'autres inconvénients. Mais suivons ce raisonnement : au lieu de créer de la richesse ici, ils vont en créer là, mais je ne vois pas en quoi cela sera une réponse aux besoins. C'était d'ailleurs la même chose pour les retraites. En effet, je l'ai dit, l'économie est la science du temps long, et on a le temps ; mais comme on a le temps, en politique on a tendance à privilégier le court terme, en l'occurrence à ne pas se soucier d'avance du renouvellement des populations et puis, une fois au pied du mur, à dire qu'il est trop tard pour favoriser les naissances et qu'il suffit de « déshabiller Paul pour habiller Pierre », si vous permettez cette expression qui serait peut être formellement plus exacte si je disais « déshabiller Mohamed pour habiller Maurice ».

Je ne critique aucun responsable politique, et vu ma longue carrière j'en ai rencontré de tous les bords ; dans l'opposition ils étaient toujours pour la famille, mais quand ils étaient dans la majorité il y avait toujours plus urgent ; combien de fois des responsables politiques m'ont dit : « Je suis d'accord avec vous, il faut faire quelque chose pour la famille, mais on n'a pas les moyens ». Or on n'a jamais les moyens, puisque comme tout investissement l'investissement familial est coûteux avant de rapporter. Et comme il n'est « rentable » qu'à long terme, évidemment cela n'intéresse pas les gens qui ont comme destinée plutôt d'être réélus après deux ans de mandat qu'après quinze ans. C'est pourquoi on reporte toujours le moment d'investir dans la famille, et puis, quand il est trop tard, quand on constate que de toute façon, même si l'on redresse la fécondité cela ne réglera pas les problèmes immédiats, alors on fait appel aux immigrés. Mais on risque d'arriver à un moment où les pays d'origine de ces immigrés vont nous reprocher d'avoir été un peu cigales, de n'avoir rien fait pour assurer notre avenir, et de leur prendre leur richesse.

René Bertail

En fait au niveau macroéconomique l'effet est nul…

Jean-Didier Lecaillon

Cela demanderait sans doute une étude plus approfondie, mais ayant abordé cette question avec mes étudiants il y a quinze jours, je suis en mesure de vous préciser quel devrait être le cadre d'une réflexion sérieuse à ce sujet. S'agissant de la question de l'immigration, ou de l'émigration parce qu'en réalité il s'agit du même problème (la même personne étant émigrée et immigrée), on s'interroge régulièrement sur les avantages et les inconvénients sans toutefois se soucier de poser le problème de façon complète. Je crois pourtant vous avoir démontré que c'est en posant bien un problème qu'on le résout déjà à moitié. Si nous ne sommes pas capables de le faire correctement, il est certain que ce sera l'impasse. Bien poser la question de l'immigration, c'est étudier les avantages comme les inconvénients pour le pays d'arrivée ET pour le pays de départ, sans être sûr d'ailleurs que ce soit convergent ; il faut aussi se placer à chaque fois du point de vue des particuliers ET de la collectivité ! Il y a ainsi au moins quatre approches complémentaires mais à distinguer : il faut regarder les avantages et les inconvénients pour l'individu qui se déplace, comme pour la collectivité à laquelle il va appartenir sans doute, mais aussi pour celle d'où il vient, sans négliger le point de vue, la situation, des individus qu'il quitte d'une part, et de ceux qui le reçoivent d'autre part ! Il faut considérer le départ et l'arrivée, les aspects micro et macro ! On peut très bien individuellement accueillir un immigré, créer des liens (ce qui est formidable), etc., jusqu'à ce que les voisins se plaignent des nuisances. Donc l'analyse coûts/avantages est très complexe, et je ne suis pas sûr que l'immigration règle le problème, mais je ne prétends pas avoir creusé suffisamment ce sujet.

Nicolas Aumonier

J'ai deux petites questions : tout à l'heure a été évoquée la question du coût très élevé des familles monoparentales. Mais je me demande pour qui ce coût est très élevé : n'y a-t-il pas en effet un intérêt, pour le commerce, à multiplier les familles monoparentales ? Deux personnes seules vont utiliser deux réfrigérateurs, une famille, un seul.

Jean-Didier Lecaillon

À défaut d'études quantitatives précises, je ne vois pas très bien en quoi ces familles peuvent réellement être une source de profits, car elles sont généralement assez pauvres ; leur pouvoir d'achat n'est pas très grand !

Nicolas Aumonier

Plus il y a une dissémination, plus il y a des besoins dupliqués, non ?

Jean-Didier Lecaillon

D'où vient le pouvoir d'achat ? Le petit bébé n'arrive pas au monde avec son pouvoir d'achat dans la main. Quand on évalue le coût des familles monoparentales, il est conséquent et supporté par la société, ne serait-ce que sous la forme de prestations importantes d'aide sociale, à juste titre sans doute mais dont on pourrait discuter. Je n'ai pas de chiffre à donner, mais en tous les cas c'est comme les ruptures familiales, ça coûte très cher à la société.

Nicolas Aumonier

Ma deuxième question concerne la fiscalité. Peut-elle constituer un levier intéressant et si oui comment ?

Jean-Didier Lecaillon

J'aborde également ce sujet dans la troisième partie de mon livre. Je laisse le soin de traiter la matière correspondante aux intervenants qui suivront dans la seconde partie de ce cycle. Mais je ne vais quand même pas me dérober et, pour amorcer la réflexion sur les mesures de politique familiale qui feront l'objet des séances suivantes, je dirai d'ores et déjà qu'il faudrait réinstaurer le mariage comme institution et non pas uniquement comme quelque chose de patrimonial. Il y a aussi l'environnement dans lequel s'inscrit la famille, c'est-à-dire les mentalités, la communication, etc. Pour en revenir à la question précise de Nicolas, la fiscalité est une composante de cet environnement et à ce titre ne doit pas être négligée. Il y a beaucoup de choses à faire dans ce domaine. Je peux en évoquer quelques-unes au risque de vous décevoir en n'allant pas au fond des choses.

D'un point de vue économique, au-delà de la question sur le revenu parental déjà mentionnée en reconnaissant qu'il existe des difficultés à surmonter, nous pourrions commencer par réinstaurer des mesures qui ont existé, mais qui sont de plus en plus limitées, et mettre en place des choses assez simples. La fiscalité justement, puisque c'est la question posée, offre plusieurs possibilités.

En cette matière par exemple, il y a une mesure qui se justifie totalement d'un point de vue économique, c'est le quotient familial ; il est plafonné aujourd'hui et reste menacé à la suite de confusions régulièrement entretenues. Je suggère de commencer par supprimer ce plafond, et puis de renforcer cette mesure en réaffirmant clairement son objet, à savoir faire en sorte que les foyers soient effectivement imposés, comme la loi l'indique depuis la grande réforme de la fiscalité en 1945, sur leur « capacité contributive ». Certes, l'usage retient l'idée d'un impôt sur le revenu, conséquence d'une regrettable maladresse car l'expression est trompeuse. Le principe est bien d'apprécier avec des moyens plus ou moins adéquats la capacité contributive de chaque foyer fiscal, pour s'assurer que tous ceux qui ont la même capacité contributive payent le même impôt. À l'évidence, le revenu en tant que tel n'est pas un bon indicateur dans la mesure où la ressource correspondante est celle d'un groupe de personnes plus ou moins grand. Aujourd'hui, avec le plafonnement du quotient familial, les familles nombreuses de personnes riches sont plus imposées que les célibataires riches, ce qui n'est pas vraiment juste d'un point de vue fiscal ni justifié d'un point de vue économique. Toujours en matière fiscale, je pense qu'il faudrait aussi s'inspirer des mesures qui permettent à l'entreprise qui investit – je parle sous le contrôle des entrepreneurs ici présents – de procéder à un amortissement permettant de réduire le bénéfice imposable ; c'est parfaitement admis, cela s'explique et se justifie. Par analogie, quand une famille investit dans le capital humain, dans l'éducation de ses enfants, ne faudrait-il pas lui permettre de déduire de son revenu imposable (on ne parle pas de bénéfice) une part de cet investissement ? Pourquoi ne pas permettre aux parents d'amortir l'investissement dans le capital humain ? Voilà une deuxième mesure qui me paraîtrait très simple à mettre en œuvre, et parfaitement cohérente.

Antoine Renard

Il y a sans doute peu de chances d'y parvenir !

Jean-Didier Lecaillon

Pour des raisons idéologiques probablement, mais pas pour des raisons économiques.

Antoine Renard

Vous avez évoqué la fiscalité, et les très injustes abaissements successifs du quotient familial ; ce combat est aussi historique que mal compris ; mais le quotient familial ne concerne que les familles qui paient l'impôt sur le revenu, une minorité, alors que tout le monde paie la TVA, qui est la plus grosse ressource fiscale. N'y a-t-il pas là un champ inexploré ? Avec toutes les possibilités de l'informatique, il devrait être possible de moduler la TVA, certes au prix d'un débat européen, pour réduire la fiscalité sur la consommation spécifique aux familles, par exemple sur les produits liés à l'éducation.

Jean-Didier Lecaillon

Tout à fait ! Cela étant dit, personnellement je serais davantage favorable au fait de réduire globalement les impôts de tout le monde, de redonner du pouvoir d'achat avec moins d'impôts. En particulier, il est bizarre de ponctionner les familles durement, pour ensuite leur donner des aides par le biais d'une politique sociale. Donc, laissons aux parents la responsabilité d'assumer leurs choix, et réduisons un peu la pression fiscale qui est quand même très importante en France. La réduction de la pression fiscale a des avantages d'un point de vue économique.

Joël Templier

Vous avez dit « croissance économique et croissance démographique », est-ce qu'on ne peut pas imaginer un modèle, peut-être un optimum, où on a la croissance économique parallèle à une stabilité démographique ? Est-ce qu'on n'arrivera pas à une certaine stabilité de la population mondiale, tout en maintenant une croissance économique due à l'innovation ?

Jean-Didier Lecaillon

La transition démographique que j'ai évoquée pour commencer conduit en quelque sorte effectivement à un résultat de ce genre : stabilisation de la population mondiale sans remise en cause de la croissance économique. Le problème est que ce modèle semble remis en cause. Les perspectives développées à la fin du XXe siècle, par le Club de Rome par exemple, les thèmes de l'explosion démographique, sont complètement caduques. Les perspectives, établies par les experts des Nations Unies, tablent aujourd'hui sur le fait que la croissance démographique suit, non pas une courbe exponentielle – c'est vrai pendant un certain temps, minime à l'échelle de l'histoire – mais plutôt une courbe logistique. C'est-à-dire qu'il y a des facteurs de freinage internes pour arriver à une stabilisation, et toutes les projections démographiques établies aujourd'hui aboutissent à une stagnation de la population, vous avez tout à fait raison.

Joël Templier

Pas à une décroissance ?

Jean-Didier Lecaillon

Non, si le renouvellement de la population est assuré. La question aujourd'hui, c'est que ce n'est plus le cas dans de nombreuses régions. Votre hypothèse serait probablement vraie avec un strict remplacement des populations, et c'est la raison pour laquelle j'ai plutôt développé les explications économiques de la fécondité post-transitionnelle. D'un point de vue théorique, nous serions dans le cas de ce que les démographes appellent une « population stationnaire », c'est-à-dire non seulement qui n'augmente plus ni ne diminue en nombre mais aussi, et c'est important de le préciser, dont la structure ne se modifie plus. C'est étudié dans la littérature et cela pose un certain nombre de difficultés qu'il m'est difficile d'évoquer maintenant. Il m'a semblé que les perspectives d'implosion devaient plutôt retenir notre attention, non parce que je suis d'un naturel pessimiste mais plutôt parce que j'ai confiance et que pour éviter une situation le mieux est d'en étudier les mécanismes en espérant qu'en informant correctement les décideurs, ils sauront prendre les mesures nécessaires… Je me suis d'ailleurs gardé de vous présenter certaines théories selon lesquelles l'implosion était inévitable désormais. Contrairement à ce que les médias nous disent tous les jours, la science n'est pas univoque ; un scientifique est d'abord quelqu'un qui doute et ce qui est essentiel, c'est de considérer les hypothèses de chaque théorie et surtout de confronter leurs conséquences à la souveraine expérience des faits.

Les faits dans le monde occidental sont les suivants : le remplacement n'est pas assuré. Dois-je préciser que le critère n'est pas la différence entre le nombre de berceaux et celui des cercueils à un moment donné, qui reste aujourd'hui positive dans un pays comme la France. Le remplacement est assuré si une femme donne naissance à une fille à condition que celle-ci atteigne l'âge d'être mère à son tour (nous retrouvons le thème fondamental de la transmission!). Et ce n'est pas le cas aujourd'hui, personne ne peut dire le contraire : un indicateur de fécondité égal à 1,8 enfant par femme signifie, je vous épargne les détails du calcul, qu'une femme met au monde 0,86 fille qui atteindra l'âge d'être mère. C'est insuffisant pour assurer le remplacement. Si rien n'est fait pour contrer un processus qui dure depuis des décennies, l'implosion devient une perspective sérieuse. D'où l'idée, non pas d'aider les familles, mais de reconnaître qu'elles contribuent au développement économique, créent de la richesse et que la moindre des justices serait d'en tirer des conséquences concrètes car il s'agit là aussi d'une réalité objective, mais elle est ignorée. Au-delà de la solidarité, c'est donc aussi une question d'efficacité. Il faut vraiment encourager ceux qui veulent non seulement mettre au monde des enfants mais surtout s'engagent à les éduquer, à passer du temps pour cela, et reconnaître la valeur qu'ils contribuent par là même à créer.

Marie-Joëlle Guillaume

À cet égard j'ai envie de vous interroger sur un point : dans votre bibliographie, je relève que vous avez travaillé à différents moments sur l'économie du don. Aussi, j'aimerais bien que vous fassiez la relation entre économie du don, famille et production. Est-ce que la famille, dans sa manière de produire, n'entre pas justement dans ce type d'économie, et ne serait-ce pas important à mettre en valeur?

Jean-Didier Lecaillon

C'est une question difficile mais tellement intéressante. C'est un sujet en soi, certes lié à celui qui nous réunit ce soir mais tellement plus large. Je vais marcher sur des œufs pour donner quelques éléments de réponse sans pouvoir aller au fond des choses. Pour commencer, je dirai que la gratuité est réservée à Dieu, qui seul est parfait, n'a besoin de rien et n'attend donc rien en retour. J'ai lu sous la plume, peut-être de saint Thomas, que finalement le premier libéral est Dieu, mais au sens de libéralité; et cela me plaît bien, comme économiste!

En revanche, l'analyse du don qui a retenu mon attention d'économiste m'a conduit à distinguer cet acte de la gratuité : en effet le don a une contrepartie, qui peut d'ailleurs être très noble; par exemple, je donne pour assurer mon salut, ou simplement pour le plaisir de voir que le SDF du coin de la rue vit mieux, par sympathie pour l'autre tout simplement et me réjouir qu'il aille mieux parce que c'est pour moi une source de plaisir, de satisfaction, etc. Il doit donc y avoir simultanément une offre et une demande de don dont il s'agit d'analyser les raisons d'être.

Vous me demandez de faire le lien entre cette approche et notre sujet de ce soir. Je le ferai en revenant à ce que j'ai dit tout à l'heure à propos de la société qui est constituée de trois ordres. La difficulté vient du fait que les trois ordres sont complémentaires, qu'ils ne doivent pas être complètement séparés même s'ils ne relèvent pas de la même logique : l'ordre économique ou marchand est fondé sur l'honnêteté, sur le respect du contrat ; l'ordre politique nécessite de la discipline – je dois obéir aux lois, etc. ; et l'ordre communautaire relève de l'amour. Il me semble que nous ne sommes pas loin du don, dans ce cadre. Évidemment la famille appartient à l'ordre communautaire. Les relations familiales sont naturellement, peut-être pas gratuites, mais en tout cas non marchandes, et peuvent être associées à la notion de don. Cela explique sans doute pourquoi certains sont réticents à les aborder d'un point de vue économique, comme j'ai pu en faire l'expérience. J'ai moi-même reconnu que toute quantification est difficile dans ce domaine, tout en m'inscrivant en faux vis-à-vis de ceux qui vont jusqu'à considérer que toute idée de rémunération n'est pas concevable.

Pour justifier ma position, et faire le lien entre mes deux thèmes de recherche, je répondrai que si les trois ordres doivent effectivement être distingués, ils sont bien complémentaires. Je vais même plus loin en disant que le risque est que l'un d'eux prenne le pas sur les deux autres ; c'est une question d'équilibre, et l'équilibre est toujours la position la plus délicate à tenir. Si l'ordre politique prend le dessus, c'est le totalitarisme ; si l'ordre marchand est privilégié, c'est la dictature du matérialisme ; dans l'ordre communautaire, on trouve les religions, et les théocraties ne sont pas d'expérience un modèle à suivre. Il s'agit donc de trouver un équilibre entre ces trois ordres, entre la discipline et l'obéissance d'une part, le respect du contrat et de la propriété d'autre part, et enfin, l'esprit de don et d'amour. C'est dans la recherche de cet équilibre juste que je souhaite que vous inscriviez mes propos de ce soir pour en saisir le sens et la portée. Parce que, certes la famille appartient à l'ordre communautaire, mais elle est également, étant consommatrice et surtout productrice, au cœur de la vie économique. En outre nous sommes tous citoyens dans l'ordre politique et donc la famille qui transmet la vie et forme les citoyens est indispensable à l'ordre politique. Ne dit-on pas qu'elle est la « cellule de base de la société » ? Ainsi ces trois ordres sont imbriqués les uns dans les autres, et il faut arriver à combiner à la fois le côté mesurable, quantitatif et monétaire de l'économie, tout en assurant aussi le bénévolat, l'amour, le don, etc.

C'est la raison pour laquelle je suis conduit à m'interroger sur la définition même de l'économie. J'ai des étudiants qui réduisent l'économie à l'argent, or il y a beaucoup d'actes économiques qui se font sans référence monétaire. Il n'y a rien de monétaire dans ce qui nous intéresse ce soir, et pourtant c'est un échange qui bénéficie à l'économie, etc. Cela signifie, me semble-t-il, qu'il faut réviser nos façons de voir, qu'il faut redéfinir la notion de production, et revoir peut-être aussi nos méthodes d'analyse, notre conception de l'économie, notre façon de faire de l'économie. Faut-il préciser, pour vous convaincre, que le père fondateur de l'économie politique moderne, Adam Smith, était philosophe avant d'être économiste ? Qu'il a aussi écrit, à côté de son célèbre ouvrage consacré à *La richesse des nations*, un livre sur *La théorie des sentiments moraux* ? Dans cette optique, l'économie est d'abord de la philosophie morale puisque l'économiste s'interroge sur la façon d'agir, *L'action humaine*, pour reprendre le titre d'un autre économiste célèbre, Ludwig von Mises. Or cet agir comprend cette dimension du don, de l'amour, de la gratuité peut-être, que l'on introduit à partir du moment où on a compris que l'économie ne concerne pas uniquement le quantitatif, le mesurable, qui donne lieu à un échange d'argent. Mes étudiants ne payent rien pour suivre mes cours, et je les aime beaucoup.

Votre question ouvre de belles perspectives, ma chère Marie-Joëlle. Il faut que je m'arrête sur ces propos mais vous voyez qu'il y a en effet beaucoup à dire…

Pierre Deschamps

Désolé, je vais redescendre à des considérations plus terre-à-terre en prolongeant la question de mon voisin que j'avais comprise ainsi : est-ce qu'il n'est pas souhaitable que la population mondiale cesse de croître – je ne fais pas la distinction entre stabilité et décroissance –, et que parallèlement la production économique puisse néanmoins croître, en particulier pour bénéficier aux populations les plus pauvres ? Est-ce qu'avec moins de monde on peut produire plus, au bénéfice en particulier des plus pauvres ?

Jean-Didier Lecaillon

Moins de monde, donc en réduisant la fécondité, ou en faisant quoi ?

Pierre Deschamps

En réduisant la fécondité de ces populations qui ont aujourd'hui une fécondité très élevée, par exemple.

Jean-Didier Lecaillon

Oui, mais sous l'angle opérationnel, on fait comment ? Monsieur Cousteau en son temps préconisait une diminution drastique de la population mondiale, sans jamais dire comment il fallait procéder. Dans ma réponse précédente, j'ai fait allusion aux études qui se sont intéressées à la possibilité d'atteindre une population stationnaire. Ce serait à un prix tellement élevé que cela reste purement théorique.

Pierre Deschamps

Le « comment » n'était pas ma question, mais est-ce que si on y arrivait…

Jean-Didier Lecaillon

On est plutôt dans le concept purement théorique, celui de la population mondiale stationnaire, qui n'évolue plus en nombre et dont la structure par âge n'est plus modifiée, qui est intéressante en tant que modèle de raisonnement mais bien peu pratique en termes politiques. Une population stationnaire se reproduit à l'identique de génération en génération. Alors dans ce cas en effet, pourquoi pas, je n'ai pas d'objection ; mais les simulations faites dans la perspective d'aboutir à ce résultat (car certains démographes l'ont fait) montrent que cela passerait par des coups d'accordéon en termes de fécondité suscitant probablement plus de difficultés que de solutions. L'histoire n'est pas linéaire. Il faudrait relancer très fortement la fécondité puis la réduire, et recommencer. En termes de gestion des infrastructures, ce serait très compliqué… Votre question n'est en fait pas si terre à terre que cela !

Marie-Joëlle Guillaume

Et cela passerait forcément par des aspects coercitifs qui moralement posent quand même des problèmes.

Jean-Didier Lecaillon

Effectivement ! Il ne m'appartenait pas de me positionner de ce point de vue mais celui-ci doit aussi être pris en compte. Si déjà nous arrivons à faire reconnaître que ce sont les enfants qui nous engagent dans la durée, que c'est la transmission de ce que nous sommes qui permet de dépasser nos limites individuelles pour nous inscrire dans l'éternité, qu'il ne peut y avoir de développement durable, expression désormais galvaudée, qu'en assurant la formation du capital humain et en reconnaissant la réalité de la production domestique, nous aurons progressé et contribué au Bien commun.

Je me suis attaché à vous montrer que c'était nécessaire et possible d'un point de vue économique. J'espère au moins vous avoir ouvert à de nouvelles perspectives positives en vous laissant le soin de compléter avec d'autres références disciplinaires.

Séance du 14 décembre 2023

La révolution sociale-libertaire occidentale, défi pour la transmission de la vie

Marguerite Peeters

Présentation par Marie-Joëlle Guillaume

Notre Académie a beaucoup de chance de recevoir ce soir, pour alimenter son travail d'année sur la transmission de la vie et les obstacles qui se dressent devant elle, une spécialiste des questions de gouvernance mondiale de la qualité et de l'indépendance d'esprit de Marguerite Peeters. Marguerite, si j'en crois le panorama que vous nous avez tracé lors du déjeuner de préparation de cette séance, vous allez nous ouvrir des horizons précis, circonstanciés, certes inquiétants mais nécessaires à connaître, pour comprendre à quoi nous sommes confrontés et comment, en conséquence, nous pouvons réagir.

Quelques mots de votre biographie et de vos travaux avant de vous laisser la parole. Née à New York en 1963, vous avez la double nationalité américaine et belge. Vous avez été d'abord titulaire d'un master d'histoire de l'Art à la Sorbonne en 1987 et d'un diplôme de 3e cycle en journalisme (*summa cum laude*) à l'Institut Robert Schuman de Bruxelles en 1990, tandis que dès 1983 vous poursuiviez des études de philosophie et théologie à Rome, à l'université Angelicum puis à la Grégorienne. Dans la décennie 90, vous êtes journaliste, envoyée en Ukraine, à Lviv, entre 1991 et 1993. Le contexte est celui de la fin de l'URSS et vous vivez alors une expérience très forte. Parallèlement, vous aviez rencontré Irina Alberti, directrice en France de la *Pensée russe* et participé avec elle à des émissions de radio.

Mais le tournant essentiel de votre vie intellectuelle et professionnelle se situe en 1994, quand vous êtes envoyée au Congrès de la Famille organisé cette année-là à Varsovie. Vous y rencontrez Christine Vollmer, Vénézuélienne proche du pape Jean-Paul II et qui est l'un des premiers membres de l'Académie pontificale pour la Vie qu'il crée cette année-là. Elle vous ouvre les yeux sur ce qui est en train de se jouer au niveau mondial : une révolution de la sexualité, à partir de la révolution occidentale dans ce domaine.

Je n'en dirai pas plus, je ne veux pas déflorer la généalogie de la déconstruction que vous allez mettre en évidence. Je dirai simplement que durant dix ans, grâce à des financements indépendants, vous menez une enquête approfondie, d'une conférence mondiale à l'autre, sur l'évolution et le sens des initiatives onusiennes. Autour de l'an 2000, vous êtes en mesure de présenter une première synthèse sous le titre « *La démocratie prise en otage* ». Après 2002 et la conférence de Johannesburg, vous constatez que l'essentiel est joué, et vous avez désormais à cœur de « faire savoir ». Votre rencontre en 2002 avec le cardinal Sarah, qui vous invite à vous adresser à l'assemblée plénière des évêques d'Afrique au Mali en 2003, a pour conséquence que durant une bonne quinzaine d'années vous êtes invitée en Afrique, dans différents cadres ecclésiaux et universitaires, pour expliquer les tenants et aboutissants de la révolution sexuelle mondiale. Parmi la bonne centaine d'interventions académiques recensées dans votre CV pour ces années-là, les divers pays d'Afrique tiennent en effet une place importante, même s'il y a aussi, en bonne position, l'Europe de l'Est, le Liban… et Rome, bien sûr. (Je n'ai pas beaucoup vu la France, en revanche…). Dès 2003, les évêques d'Afrique vous avaient demandé d'écrire un ouvrage à destination de leurs séminaires. Il prend la forme d'un livre publié par l'Institut pour une dynamique de dialogue interculturel établi à Bruxelles, et distribué en 2008 avec l'aide de l'AED dans de nombreux pays, sous le titre : « *The globalization of the Western cultural revolution : key concepts, operational mechanisms* ». Soit, en français : *La mondialisation de la révolution culturelle occidentale, concepts clés et mécanismes opérationnels.*

Parallèlement, en 2007, le même Institut belge publie votre plaquette intitulée « *La nouvelle éthique mondiale, un défi pour l'Église* », qui sera distribuée dans une trentaine de pays, notamment africains. Vos missions éducatives se sont appuyées sur cette étude, traduite en 11 langues.

Je n'indique ici que les titres les plus marquants de vos livres et études, dont plusieurs autres ont paru ensuite dans la décennie 2010. C'est aussi cette deuxième décennie du XXIe siècle qui vous donne une sorte de consécration romaine, puisque vous êtes, de 2014 à 2018, consulteur au Conseil pontifical pour les laïcs, puis au Dicastère pour les laïcs, la famille et la vie créé en 2016 par le pape François par la fusion du Conseil pontifical pour les laïcs avec le Conseil pontifical pour la famille. Vous êtes d'autre part consulteur au Conseil pontifical pour la culture de 2011 à 2023.

Il ne manquait plus que la caution universitaire de haut niveau à vos travaux approfondis et reconnus sous bien des latitudes. Ce fut fait en 2022, avec la soutenance de votre thèse de doctorat de Sciences politiques et d'Administration publique à l'université Cardinal Stefan Wyszynski de Varsovie, sous le titre *The emergence of global Governance as a Political Revolution. New Political Paradigms and the Shift to Postmodern Politics (1945-1996)*. (*L'émergence de la gouvernance mondiale en tant que révolution politique, nouveau paradigme politique, et le passage à la politique postmoderne 1945-1996*). Ce travail académique, à la date où il se situe dans votre parcours, a toute la densité d'un retour d'expériences aux côtés de l'analyse intellectuelle rigoureuse.

C'est précieux, et nous formons des vœux pour qu'une version grand public – en français ! – de votre thèse soit publiée chez nous.

Un mot encore : je sais, Marguerite, qu'avant de nous parler des évolutions onusiennes, vous avez prévu d'exposer en profondeur la généalogie des idées qui, du XVIIIe siècle à nos jours, nous ont menés où nous en sommes. Vous y attachez du prix, et cet éclairage est en effet indispensable. Il ne donnera que plus de poids à votre présentation de la révolution sociale-libertaire dans la gouvernance mondiale.

Communication

Introduction

C'est une grande joie de m'exprimer devant votre Académie. Deux générations se sont écoulées depuis mai 68. En 2018, nous en célébrions le cinquantenaire. Ce fut l'occasion de se remémorer le programme de la « libération sexuelle » et ses conséquences sur notre civilisation. Les slogans, « jouir sans entrave », « faites l'amour, pas la guerre », « il est interdit d'interdire », et les thèmes de la révolution sexuelle, l'amour libre, la dissociation de la sexualité du mariage, de la famille et de la procréation ont été rabâchés *ad nauseam* dans les médias, les milieux éducatifs et intellectuels, nos salons… Mon intention dans cet exposé n'est pas de reproduire un discours déjà bien connu de tous, discours qui nous essouffle d'ailleurs et nous enferme dans une certaine négativité.

La profondeur de la crise anthropologique actuelle nous invite à jeter nos filets en profondeur aussi. Le paysage dévasté de nos sociétés, la crise abyssale de la famille, du mariage et donc de la natalité découlent largement du rejet progressif de la *personne* de la vie sociale occidentale, européenne en particulier, depuis des siècles. Non pas uniquement la personne telle que la concevait Boèce, « substance individuelle de nature rationnelle », mais la personne en tant qu'être en relation, la personne incarnée, la personne faite par et pour l'amour et la communion interpersonnelle et transcendant l'État. Dans *Mulieris Dignitatem* saint Jean-Paul II nous rappelait avec force que l'amour « est une exigence ontologique et éthique de la personne. La personne doit être aimée, parce que seul l'amour correspond à ce qu'est la personne » (MD 29). Il ajoutait : « Seule la personne peut aimer, et seule la personne peut être aimée ».

Depuis leur fondement, certes avec des nuances à établir selon les pays et les époques, les démocraties libérales ont eu tendance à mettre à l'écart l'amour et la personne, centre et fondement de toute société humaine. Les baby-boomers qui ont « fait » Mai 68 étaient eux-mêmes héritiers de cette faille, au destin tragique, de la démocratie moderne. Au nom même de la liberté, de l'égalité et des droits, les démocraties libérales se sont successivement attaquées au père, à la mère, à l'époux, à notre identité filiale. Ces valeurs démocratiques, que l'Église elle-même reconnaît comme universelles, ont, dès le départ, davantage en France d'ailleurs qu'aux Etats-Unis, prêté le flanc à des interprétations idéologiques.

Telle étant ma thèse ou mon angle d'approche, je serai néanmoins fidèle à la tâche qui m'a été assignée aujourd'hui. Sans prétention d'exhaustivité, je parcourrai les grandes étapes de la révolution culturelle d'Occident, du XVIIIe siècle jusqu'à l'avènement de la gouvernance mondiale après la chute du mur de Berlin. L'objectif de ce parcours sera pratique : ouvrir une brèche pour inspirer un nouveau départ. Je me concentrerai davantage sur les idées dominantes ayant exercé leur influence sur le changement social, et sur la minorité d'auteurs les ayant produites, que sur ce changement sociologique lui-même.

Les grandes étapes de la révolution culturelle

Comme toute révolution, la révolution sociale libertaire s'est déroulée en trois temps : un long temps de *maturation*, qui comporte une phase séminale et une phase gestationnelle ; un *éclatement*, de courte durée ; et un temps de *mise en application*. Je distinguerai, au sein de la révolution sociale libertaire, la révolution sexuelle de la révolution du genre, la seconde étant le prolongement conceptuel et programmatique de la première. Il va sans dire que ni l'une, contraceptive et abortive, ni l'autre, se fondant sur les acquis de la première et célébrant, de plus, la diversité des identités sexuelles et de genre, n'ont favorisé la transmission de la vie.

Une fraction importante de nos sociétés et de nos gouvernants en Occident s'est aujourd'hui engagée dans un programme de transformation complète de l'éducation, de la culture, des politiques et des lois en faveur de la perspective du genre. Selon cette perspective, la paternité et la maternité, le mariage entre un homme et une femme, la famille fondée sur un tel mariage seraient des *constructions sociales*, contraires à la liberté, à l'égalité et aux droits du citoyen, et *discriminatoires* pour les femmes et les LGBT+. Comment en sommes-nous venus, précisément dans l'Occident judéo-chrétien, à nier purement et simplement ces réalités humaines universelles, reconnues de tout temps comme vraies et bonnes ?

Aux origines de la rupture civilisationnelle

Je vous propose de remonter à la source de la conception moderne de la citoyenneté. Les philosophes qui ont inspiré la Révolution française, les pères fondateurs de l'Amérique étaient déistes. Dans leur livre au titre éloquent, *Tout est accompli*,[1] Yannick Haenel, François Meyronnis et Valentin Retz ont souligné le caractère laïciste de l'anthropologie qui a sous-tendu « l'avènement de l'*homo democraticus* » en France. À travers la Révolution française, disent-ils, « on assiste au triomphe d'une eschatologie laïque, l'"Homme" se sauvant dans et par l'histoire qu'il fait » (p. 126). « Les Temps modernes, poursuivent-ils, avaient comme projet d'établir l'"Homme" à la place de Dieu, de le diviniser en le mettant au principe et à la fin de toute vie historique » (p. 170).

Prolongeons leur constat. Suffit-il, en effet, de parler de Dieu ? Dieu n'est-Il pas Père, Fils et Saint-Esprit ? Au moment même où naissent les démocraties modernes occidentales, c'est le *Père* que le déisme assassine en Dieu. Le déisme a eu des conséquences politiques dont nous n'avons pas suffisamment pris la mesure. L'Être suprême de la Déclaration des droits de l'homme et du citoyen, le grand architecte instauré à la place de Dieu-Père,

1. Grasset, 2019.

se désintéresse totalement du sort de ses créatures. Le citoyen démocratique moderne issu de la Révolution est donc un orphelin. Si Dieu n'est pas Père, ce citoyen ne saurait être un engendré. S'il n'est pas fils, il ne *reçoit* pas son identité. Il doit se la *construire* par lui-même, de manière autonome. Ne pouvant compter sur la providence d'un Père, il n'a que sa seule raison et son libre arbitre pour se gouverner. Une personne n'est pas construite : elle est engendrée. Il est dans sa nature d'être différenciée : en homme ou femme, père ou mère, époux ou épouse, fils ou fille, frère ou sœur. Le pur individu en revanche est incapable d'amour. Il est *indifférencié*, pourrait-on dire déjà, au risque d'être anachronique, a-sexué, a-genré. La seule chose qu'il ait été dès le départ, c'est un *frère*. Et c'est déjà beaucoup, car la fraternité contient un certain amour. Mais un frère sans père, un frère qui n'est pas d'abord fils, n'est-il pas une insoutenable abstraction ? Des frères qui ne reconnaissent pas ensemble l'ordre du père ne risquent-ils pas de produire rapidement des lois iniques, comme nous en avons fait les frais ? Reconnaissons que l'interprétation individualiste de la citoyenneté héritée de la Révolution française a laissé peu de place à l'amour.

Ce divorce a une origine théologique. Cherchons dans le déisme l'une des racines de l'individualisme occidental, une semence de la révolution sociale libertaire. L'Europe et l'Occident en général ont mené ces derniers siècles un grand combat de civilisation dont Pierre Manent, dans son livre *Pascal et la proposition chrétienne*[1], a reconnu la vraie nature : « La dynamique de l'histoire européenne s'est déployée dans une confrontation incessante entre d'un côté […] l'affirmation de la volonté et de la liberté humaines, et de l'autre […] le choix, suspendu à l'aide d'en haut, d'une vie d'obéissance filiale au Père commun » (p. 7). Beaucoup de citoyens-personnes ont fait ce choix filial, qui a connu sa propre fécondité au sein de notre société depuis le XVIIIe siècle.

Lors d'un voyage au Bénin, j'ai visité les palais royaux d'Abomey, la capitale historique du royaume de Dahomey. Le huitième roi de la dynastie, qui s'appelait Agonglo, commença son règne en 1789, année de la Révolution française. Agonglo voulait avoir beaucoup d'enfants. Il consulta la prêtresse vaudou, qui prononça un oracle selon lequel oui, il aurait beaucoup d'enfants, mais à condition qu'il n'appelle plus jamais aucun de ses citoyens roturiers ou esclaves. Et il en fut ainsi. Le roi Agonglo eut beaucoup

1. Grasset, 2022.

d'enfants, et il fit cette déclaration fantastique : « Désormais, il ne manquera jamais plus d'enfants sur les genoux de mère nature. Tous seront appelés *fils* » (autrement dit, tous les citoyens du royaume seront appelés fils du roi). L'on sait aussi que contre la volonté de sa cour, le roi avait voulu être baptisé. En 1797, quatre ans après l'exécution de Louis XVI, le roi Agonglo fut assassiné par la reine prêtresse. On peut dire de ce roi, martyr chrétien, qu'il est père de la politique africaine. En Afrique en effet, le citoyen des communautés traditionnelles a été jusqu'à ce jour, aussi et fondamentalement, fils et fille, père et mère, frère et sœur. Réapprenons de l'Afrique cette réalité fondamentale.

L'anthropologie laïciste

En France, les leaders déistes de la Révolution ont résolu le problème conflictuel des « privilèges » en proclamant l'égalité, la liberté et les droits de tous les citoyens-individus. Or l'anthropologie laïque a eu tendance, dès le XVIIIe siècle, à considérer la *paternité* comme un obstacle à l'égalité et la liberté individuelles. Paternité et citoyenneté se sont dialectiquement opposées. Jean-Jacques Rousseau a laissé entendre que la paternité était un privilège social contraire à l'égalité, valeur prééminente de son contrat social. Voir la paternité comme un privilège social implique que nous fassions une caricature de la paternité. L'anthropologie laïciste l'a dépeinte exclusivement sous l'angle de l'autorité, du pouvoir et des possessions, éclipsant l'amour du père qui engendre. L'objectif de la Révolution étant l'abolition des privilèges, l'égalité s'est construite pour ainsi dire sur le cadavre du père. En 1841, Honoré de Balzac a reconnu que la Révolution française avait « coupé la tête à tous les pères de famille. Il n'y a plus de familles aujourd'hui, il n'y a plus que des individus, » déclare-t-il dans *Mémoire de Deux Jeunes Mariées*. Remarquons que la Déclaration des droits de l'homme et du citoyen de 1789, à l'inverse de la Déclaration universelle de 1948, ne mentionne pas la famille[1].

Karl Marx a vu juste en considérant le déisme comme « rien de plus qu'une manière commode et aisée de se débarrasser de la religion ». L'histoire nous enseigne que le déisme a déclenché un processus qui a conduit la civilisation occidentale du nihilisme nietzschéen à l'athéisme

1. De même, la Constitution américaine et la charte des droits ne mentionnent pas la famille. La *personne*, en revanche, est davantage mentionnée dans le document américain que dans la Déclaration française.

pratique et avec lui, l'avènement d'un homme nouveau. La semence de la révolution libertaire a germé dans le terreau favorable d'une sécularisation occidentale croissante. Marx et Nietzsche ont tous deux exercé une influence prédominante dans les révolutions féministe et sexuelle, suivies de la révolution du genre. La logique sous-tendant ces révolutions s'apparente à la lutte des classes marxiste, de laquelle on est passé à la lutte des sexes puis à celle des genres, et ce, au nom de l'égalité citoyenne. L'égalitarisme néo-marxiste, prolongeant la logique de la Révolution française, a combattu les « privilèges sociaux » masculins puis ceux des dénommés « hétéros ». Par ailleurs, l'idée nietzschéenne du salut par le pouvoir et celle du surhomme, de l'homme prétendument plus puissant qu'un homme[1], dynamisent la perspective du genre et le transhumanisme qui lui fait suite.

Le surhomme, cependant, s'est révélé un mythe. C'est en effet la mort de l'homme qui a suivi la proclamation de la mort de Dieu. Les attaques contre le père, nous l'avons vu, sont venues en premier. Freud a donné au père le coup de grâce en refondant l'anthropologie sur la *libido* comme motivation première de l'agir humain. Il a identifié le père au répresseur de nos pulsions sexuelles et de notre liberté individuelle. Le père nous empêcherait de donner libre cours à notre vitalité sexuelle. Il serait répressif, et avec lui toute instance normative – la civilisation, ses institutions et ses lois, le système éducatif, les diverses formes d'autorité, le gouvernement, la morale, notre surmoi, et surtout la conscience, la religion, Dieu. Ainsi, pour le pessimiste qu'était Freud, « le bonheur n'est pas une valeur culturelle ».

La révolution sexuelle et la sexualisation de la société

Du principe de *libido* freudien à la sexualisation totale de l'être humain et de la culture, il n'y avait qu'un pas. Freud a posé les fondements de la révolution sexuelle. Le freudisme commence à irriguer la France dans l'entre-deux-guerres. La culture occidentale a déduit de la psychanalyse que notre « libération » passerait par le meurtre du père – thème dominant de Mai 68. Après avoir assassiné le père au nom de l'*égalité* démocratique, la civilisation occidentale le tue maintenant au nom de la *liberté* individuelle et démocratique. Il s'est en fait agi de se

1. Ray Kurzweil, chercheur au MIT et conseiller de Google, annonce l'avènement d'une nouvelle humanité agrandie par fusion avec l'IA.

libérer *du Père* et de ses desseins sages et bienveillants. L'interprétation dominante de la liberté que font les démocraties occidentales, surtout européennes, se fonde sur le meurtre du père.

Un mot s'impose ici au sujet du zoologiste américain Alfred Kinsey (1894-1956), surnommé par ses disciples le « père de la sexologie ». Kinsey avait mené des études sur la sexualité humaine à partir des années 1930 à l'Université de l'Indiana. Il prétendait vouloir établir les paramètres d'une science exacte de la sexualité. Son objectif réel était de provoquer une libération sexuelle de la société et de poser les fondements d'une société permissive. Athée militant, Kinsey voulait déconstruire la moralité judéo-chrétienne, qu'à la suite de Freud il présentait comme répressive. Selon lui, « le seul acte sexuel qui ne soit pas naturel est celui que vous ne pouvez pas faire ». Son point de vue était que tous les actes sexuels, quels qu'ils soient, sont « naturels », et qu'étant naturels, ils étaient « bons » pour autant qu'ils étaient gratifiants pour l'individu. Le naturalisme pervers et radical de Kinsey a mené la culture occidentale à une sexualisation totale de l'être humain. Ses deux publications, *Le Comportement sexuel masculin* (1948), un best-seller, et *Le Comportement sexuel féminin* (1953), donnèrent le coup d'envoi de la révolution sexuelle, aux USA d'abord, puis dans le reste du monde occidental.

Dans *Éros et Civilisation* (1955), le freudo-marxiste Herbert Marcuse établit le programme de la révolution sexuelle : la révolution à travers laquelle adviendrait ce qu'il a éloquemment appelé la *société non répressive* : une société qui célébrerait le principe de *libido* comme valeur culturelle et politique. Pour Marcuse, les perversions sexuelles sont le gage de gratifications plus grandes que la sexualité normale. L'enfant est, selon lui, répressif par les responsabilités qu'il confère aux parents. Il incarne la contradiction vivante du plaisir. La révolution sexuelle a ainsi engendré la mentalité anticonceptionnelle, et avec elle, la mort culturelle de l'enfant. En 1968, les travaux de Marcuse et d'un autre père de la révolution sexuelle, Wilhem Reich, circulent largement dans les milieux intellectuels en France.

Le père, donc, a été la cible numéro un : d'abord Dieu le Père, ensuite le père humain. Ensuite est venu l'assassinat culturel et politique de la mère. Margaret Sanger (1879-1966), fondatrice en 1952 du *Planning familial international*, figure de proue du féminisme occidental et sans conteste l'une des personnalités les plus influentes au XXe siècle, voulait, selon sa propre expression, « *libérer* la femme de l'esclavage de la reproduction ».

Déconstruction de la maternité

Parler de Margaret Sanger, c'est déjà parler de la gouvernance mondiale, car depuis la fondation de l'IPPF, en tout cas très rapidement après sa fondation, s'est établi, à l'ombre de la guerre froide, un partenariat opérationnel entre ce Planning familial international et le secrétariat onusien, les différentes agences, les programmes et fonds onusiens. Et ce partenariat était idéologiquement exclusif, c'est-à-dire qu'il n'y avait pas de place pour d'autres points de vue, le Planning familial ayant vraiment imposé son point de vue à l'ONU à partir des années 60, véritablement depuis la révolution sexuelle. Ce qu'il faut savoir aussi, c'est que cette révolution sexuelle est précisément contemporaine d'un partenariat entre les fers de lance de cette révolution qui s'étaient organisés en ONG, et les agences onusiennes.

Margaret Sanger a combattu toute sa vie pour la mise au point de moyens techniques pour contrôler la fertilité féminine. Elle mourut quelques années après la mise sur le marché américain, en 1960, de la pilule contraceptive inventée par le Docteur Gregory Pincus[1]. La femme s'est mise à revendiquer le *droit* à l'amour *libre*, à disposer *librement* de son corps, à la contraception, puis à l'avortement et finalement, paradoxalement, à l'enfant (fertilisation in vitro, puis gestation pour autrui). Ce processus poursuit sa course, comme en atteste le rêve de l'utérus artificiel permettant à l'être humain de ne plus naître d'une femme, d'une mère. Sanger a été l'une des forces motrices de la seconde vague féministe des années 1960-70, menée par un tandem franco-américain. Cette vague est partie des États-Unis (Women's Lib) mais elle s'inspirait du *Deuxième sexe* de Simone de Beauvoir paru en 1949, près de vingt ans avant mai 68. En France, le MLF est né en 1970.

Je voudrais de nouveau mettre en lumière cette utilisation qui a été faite par les agents de la révolution culturelle occidentale des valeurs de la démocratie : liberté, droit et égalité. Au nom de la liberté, de l'égalité et surtout des droits démocratiques, la femme s'est révoltée contre sa vocation constitutive et son être reçus de Dieu, contre son identité

1. La Food and Drug Administration approuve l'usage de la pilule en 1960.

filiale, contre sa prédisposition à la sponsalité et à la maternité, contre sa vocation à l'amour et au don désintéressé de soi. Le féminisme radical a dialectiquement opposé, d'une part, les droits des femmes, leur liberté et égalité, et d'autre part la complémentarité des sexes, la maternité et l'identité féminine. La femme a recherché le pouvoir pour elle-même, refusé de servir et d'aimer. [...]

Mai 68 a éclaté après la mise sur le marché de la pilule, un an après l'adoption de la loi Neuwirth (1967), alors que la génération des baby-boomers représentait un tiers de la population française. Les soixante-huitards ont absolutisé le plaisir et en ont fait un droit. Leur génération accouchera, pour ainsi dire, d'une société contraceptive et abortive et amorcera le déclin historique de la natalité européenne. En quelques années seulement, entre 1968 et 1975, le programme d'une minorité agitatrice est largement devenu culture. Le mouvement homosexuel est né sur cette toile de fond. L'individualisme occidental, contenu en germe dans la conception fondatrice de la citoyenneté moderne, s'est exacerbé à une vitesse foudroyante. De la fin des années 60 à la chute du mur de Berlin en 1989, de larges pans de la culture, de l'éducation, des politiques et des lois en Occident se sont rangés du côté des agents de la révolution sexuelle. Il est aisé de voir comment « l'amour libre » a abouti à la mort culturelle de l'époux qui aime, et de l'épouse qui « reçoit l'amour, pour aimer à son tour » (MD, p. 97). La révolution sexuelle a culturellement remplacé l'époux, unique, exclusif et pour la vie, par des partenaires multiples et temporaires.

Les programmes d'éducation sexuelle ont été la branche éducative de la révolution sexuelle. Ils ont joué un rôle capital dans l'avènement, extrêmement rapide, de la « société non répressive », hypersexualisée, préconisée par Marcuse. L'éducation sexuelle moderne s'est d'abord institutionnalisée aux USA. En 1964, une certaine Mary Calderone[1], médecin du Planning familial américain, fonda le SIECUS[2] en dépendance du fameux *Kinsey Institute*. SIECUS est rapidement devenu la force motrice de l'éducation sexuelle aux USA[3]. Son objectif était d'utiliser les études

1. Calderone était financée par Hugh Hefner, le fondateur de *Playboy magazine*.

2. *Conseil d'Information et d'Éducation Sexuelles des USA* (*Sexuality Information and Education Council of the United States*).

3. Dans les années 1970, SIECUS a commencé à publier beaucoup de livres et de manuels, tels que les *Guidelines for Comprehensive Éducation : Kindergarten – 12 th*

d'Alfred Kinsey comme base pour l'éducation sexuelle moderne. Kinsey enseignait par exemple que les enfants étaient portés à l'exercice de la sexualité dès le quatrième mois et qu'ils y avaient droit à tout âge. Il estimait vital qu'ils exercent ce droit avant l'âge de 6 ans, avant qu'ils ne soient déterminés par les tabous culturels et religieux. L'objectif d'une certaine éducation sexuelle est dès lors devenu d'enseigner aux enfants qu'ils sont des êtres sexuels et que tous les actes sexuels sont naturels et positifs. Depuis les années 1960, deux générations entières ont été soumises aux influences d'une minorité idéologique. En France, c'est dans les années 70 que l'éducation sexuelle passa de l'éducation au mariage et à la prévention des maladies à l'émancipation sexuelle à travers l'accès à la contraception[1]. L'enfant a fini par être traité comme un citoyen détenteur de droits – un « enfant de la République » – au même titre que tous les autres « citoyens ». L'enfant a ainsi perdu son droit d'être enfant : fils ou fille d'un père et d'une mère.

Ainsi, ce long processus historique, dont nous venons d'identifier quelques jalons, a désertifié les sociétés occidentales des familles[2]. Pères, mères, époux, enfants ont perdu le statut social qui leur était dû. Dans les années 1960, le vide ainsi créé a permis à des ingénieurs sociaux franco-américains d'entreprendre un projet de reconstruction anthropologique et citoyenne sur des bases entièrement laïcistes.

La révolution du **gender**

Au moment où allait éclater la révolution sexuelle, le terreau était prêt pour jeter les semences de la révolution du genre. Il y a un décalage entre ces deux révolutions, mais l'une a conduit à l'autre. Je suppose que vous connaissez l'histoire de la révolution du genre : en 1955, John Money introduit l'idée du « genre » comme construction sociale. Il lance le processus qui rendra le genre totalement indépendant du sexe biolo-

---

grade, qui représentèrent une percée majeure pour « l'éducation sexuelle ».

1. Les cours d'éducation sexuelle relèvent officiellement de l'Éducation nationale depuis la circulaire Fontanet du 23 juillet 1973.

2. La famille est devenue sujette à des interprétations diverses et contradictoires. Un malaise prévaut aujourd'hui lorsqu'il s'agit de la définir dans les documents politiques ou juridiques. En réalité, un nouveau paradigme remplace aujourd'hui celui de « la famille » : la diversité des familles – « diversité » qui est objet de « célébration » de la nouvelle culture.

gique, brisant l'unité de la personne et la divorçant pour ainsi dire d'avec elle-même. Le rôle selon le genre est selon Money ce que l'individu *dit* ou *fait* pour se révéler détenteur d'une identité féminine ou masculine. L'identité sexuelle correspondrait à un choix subjectif, fait par auto-assignation, et non à l'identité donnée par le sexe biologique. Cette idée fait son chemin. À partir des années 1970, le féminisme du genre et les *gender studies* font avancer dans la culture l'idée que les femmes sont censées acquérir liberté, égalité, droits et pouvoir par auto-identification de leur rôle. Judith Butler, référence mondiale en matière de révolution du genre, auteur du bestseller *Trouble dans le genre* (1990), affirmera que sexe et genre sont non pas des noms mais des verbes, autrement dit que l'individu devient ce qu'il ou elle choisit de dire et de faire. Être homme ou femme n'est pas quelque chose que l'on est, mais quelque chose que l'on fait. On le « fait » par le langage performatif, en singeant Dieu Créateur.

Le concept de *gender* s'est nourri de l'existentialisme athée et en particulier de l'idée sartrienne de libérer l'individu de l'*en soi* (en niant ce qui est donné, la réalité) afin qu'il puisse vivre *pour soi*. Les maîtres à penser de l'existentialisme athée voulaient faire sortir (« ex-ister ») l'individu des conditions de l'existence telles que Dieu les a établies pour que l'individu en soit libéré, qu'il puisse choisir « librement » et vivre pour soi. Pour exercer son droit de choisir, l'individu doit, selon la logique de l'existentialisme athée, s'engager dans la négation de ce qui existe en dehors de soi – de ce qui est donné par la nature et la Révélation divine. Il ne s'agit pas de nier passivement la réalité de ce qui est donné, de rester à ne rien faire, mais de s'engager activement dans cette négation. Le *gender* est une éloquente illustration d'un tel engagement dans la négation. Fluide et dépourvu d'un en soi, le genre permettrait à l'individu de vivre pour soi dans le sens sartrien.

La théorie *queer* perce dans les années 1990. Elle prétend recouvrir l'ensemble des activités et identités sexuelles possibles. David Halperin, un militant *queer* américain, a fourni cette définition du *queer* : « une identité sans essence ». C'est la définition même du nouvel homme prométhéen. Un individu qui se déclare *queer* a choisi de vagabonder en dehors de lui-même : il « voyage » en permanence d'un genre à l'autre, au gré des circonstances, du hasard des rencontres, de ses volitions... Même s'il voulait se définir, il lui serait impossible de le faire : il ne sait plus qui il est, s'étant quitté lui-même et semblant décidé à ne pas rentrer chez lui. Le processus d'auto-désignation dénote une volonté de souveraineté absolue de l'individu sur sa propre identité. Je ne reçois mon être et mon existence de personne d'autre que moi. Je refuse d'être fils. J'en suis fier. La société doit se conformer à *mes* choix. Cette philosophie sous-tend ce qui est désormais devenu le mouvement LGBT depuis les années 1990, sigle auquel on ajouta ensuite le + pour indiquer l'ouverture « inclusive » à toute la « diversité » des « identités » pouvant se déclarer ou être inventées. Nous en sommes maintenant arrivés à une diversité immaîtrisable de variantes, ajoutant par exemple bispirituel, queer ou questioning, intersexe, asexuel (2SLGBTQIA+). Et la nouvelle culture dans laquelle nous vivons *célèbre* la diversité de ces choix...

La théorie *queer* est avant tout un projet de refondation sexuelle et sociétale. Elle s'intéresse surtout à la déconstruction de l'ordre social et vise en premier lieu à la déstabilisation identitaire et institutionnelle généralisée. Ses objectifs sont sociopolitiques. Il s'agit de semer le trouble dans les normes de l'ordre sexuel, d'introduire le soupçon quant aux « restrictions de l'hétérosexualité », de changer la culture, même s'il faut le faire à travers l'emploi de ce que Monique Wittig – une lesbienne responsable d'avoir, dans les années 1970, relié le concept de *gender* aux revendications homosexuelles aux USA – a appelé des « machines de guerre ».

La révolution sociale-libertaire et la gouvernance mondiale

Passons maintenant à l'avènement de la gouvernance mondiale après la chute du mur de Berlin et à son rôle dans la mondialisation des révolutions occidentales féministe, sexuelle, culturelle et de genre. Tout d'abord, que faut-il entendre par « gouvernance mondiale » ? Il y a un an, je soutenais une thèse de doctorat sur ce thème en Pologne. La gouvernance mondiale n'est pas un gouvernement mondial. Elle est un régime de partenariats entre acteurs étatiques et acteurs non étatiques gravitant autour de l'ONU. L'avènement extrêmement rapide de ce régime après la chute du mur de Berlin s'est progressivement préparé à l'ombre de la *guerre froide*. La gouvernance mondiale est opérationnelle depuis une trentaine d'années et d'une redoutable efficacité. Elle s'est assigné un « mandat » : celui d'appliquer, du niveau mondial au niveau local, une plateforme politique commune à tous ses partenaires, étatiques comme non étatiques. Cette plateforme s'exprime à travers un langage nouveau, au sens où il est absent des documents fondateurs de l'ONU. Elle se rattache à une éthique mondiale et nouvelle (différant de l'esprit de la Déclaration universelle de 1948, ou la transgressant). Cette plateforme de la gouvernance mondiale a été élaborée à partir des années 60, par une minorité d'experts, de fondations, d'ONG jouissant d'une collaboration privilégiée avec le secrétariat onusien.

Que s'est-il passé durant la *guerre froide*? Les puissances internationales se préoccupaient presque exclusivement de contenir la menace de guerre nucléaire, et pendant ce temps-là on a assisté à la naissance de multiples ONG dans différents domaines comme celui de l'environnement, de la population, des femmes, des droits de l'homme, etc. Ces ONG ont commencé à avoir un rôle très actif au niveau des Nations Unies, en proposant par exemple d'organiser des conférences internationales.

Les droits sexuels et reproductifs de l'ONU

Les gouvernements occidentaux considéraient ces questions comme tout à fait marginales à l'époque. Mais exactement au moment de Mai 68, a eu lieu à Téhéran la première des grandes conférences internationales de l'ONU sur les droits de l'Homme, durant laquelle le Planning familial international ainsi que John Rockefeller sont parvenus à faire intégrer un article qui reliait les droits de l'Homme à la contraception. En fait, ils n'ont pas utilisé le terme même de « contraception », mais parlé du « droit des parents à planifier les naissances ». Mais dans l'esprit de Rockefeller et du Planning familial cela signifiait évidemment le droit à la contraception. Puis, six ans plus tard, en 1974, il y a eu la première conférence de l'ONU sur la population qui s'est tenue à Bucarest. Le langage avait déjà changé : au lieu de parler des droits des parents, on parlait désormais du droit des couples et des individus, manifestant ainsi la victoire de l'esprit de Mai 68. On voit donc la progression de cet individualisme occidental, faisant la promotion du droit des couples et des individus à contrôler la fertilité et les naissances. Depuis la conférence de Bucarest, l'ONU n'a plus jamais référé ce droit aux parents, mais toujours aux couples et aux individus. À la conférence du Caire de 1994, on ne parlera plus des parents, qui ont disparu du langage, on parlera seulement des droits sexuels et reproductifs des couples et des individus.

J'ai donc découvert au cours de mes recherches, en faisant mon doctorat, que tous les grands concepts qui nous gouvernent aujourd'hui proviennent du travail de ces années-là. Par « grands concepts qui nous gouvernent aujourd'hui », je parle notamment du « développement durable », qui est devenu le cadre général de la plateforme de l'ONU. Actuellement, celle-ci met en avant « l'agenda 2030 et les objectifs de développement durable ». Il y a 17 objectifs de développement durable. Le terme de « durabilité » a pénétré quant à lui pour la première fois en 1972 dans un document significatif publié par le Club de Rome, *Les limites de la croissance*. C'était la première fois que ce terme de « durabilité » entrait dans le langage, et il ne fait pas de doute que ce document établit, dès le départ, un lien entre la durabilité et le contrôle démographique, l'accès à la contraception et même à l'avortement. C'est pourquoi ce document est si important, puisqu'il contient aussi en germe toute la nouvelle politique de partenariats ayant conduit à cette gouvernance mondiale.

Ensuite, en 1980, l'ONG environnementale la plus influente au niveau de la gouvernance mondiale, à savoir « l'Union internationale pour la conservation de la nature », qui est une organisation parapluie fédérant des ONG comme le WWF, Greenpeace, etc. et qui avait été créée en 1948 par Julian Huxley, introduit pour la première fois l'expression « développement durable » dans un document stratégique intitulé « Stratégie mondiale pour la conservation » ; or là encore il est très clair que cette expression est liée aux idées de contrôle démographique. Elle apparaît aussi dans le rapport de madame Brundtland en 1987, *Notre avenir commun*. De même, sans discontinuer, le concept de « durabilité » a été associé aux programmes de contrôle démographique.

Les grandes conférences onusiennes de la décennie 1990

En 1992, au Sommet de la Terre de la conférence de Rio, le développement durable est devenu le cadre de la coopération internationale pour le XXIe siècle.

S'est donc développé pendant la *guerre froide* un partenariat opérationnel et idéologique entre un très petit nombre d'acteurs non étatiques et le secrétariat de l'ONU, ainsi que l'intégration de différentes plateformes les unes dans les autres, afin de créer une nouvelle synthèse différant totalement du mandat originel de l'ONU : ce furent un nouveau langage, de nouvelles priorités, etc. Nouvelles priorités, car il s'agissait initialement d'assurer prioritairement le maintien de la paix et de la sécurité ; or à partir de ce moment-là, la priorité s'est portée sur les questions démographiques, socioéconomiques et environnementales, le changement climatique, etc.

Une fois le mur de Berlin tombé, l'ONU a pris l'initiative d'organiser neuf grandes conférences internationales, entre 1990 à 1996, avec l'objectif de construire un nouveau consensus mondial pour le XXIe siècle. En réalité, ce consensus était déjà prêt, puisque le contenu du « développement durable » avait déjà été complètement élaboré avant la chute du Mur par les ONG dont je vous ai parlé. Mais durant ces grandes conférences, le programme politique d'une minorité d'experts de fondations est devenu l'objet d'un consensus intergouvernemental. Puis le mouvement s'est accéléré, c'est-à-dire que ces idées sont très vite descendues au niveau national, et même au niveau local, puisque le propre de la gouvernance mondiale est de ne pas passer exclusivement par les États, mais d'instaurer ce même régime de partenariats avec le monde académique, les mouvements féministes, les entreprises, chaque acteur social devant appliquer le programme de la nouvelle plateforme mondiale jusque dans son langage. C'est très impressionnant, car il s'agit en pratique d'injonctions.

En ce qui concerne la question de la natalité, il faut évoquer deux grandes conférences particulièrement importantes : la conférence du Caire de 1994 sur la population, et la conférence de Pékin de 1995 sur les femmes. Le paradigme principal de la conférence du Caire de 1994 reposait sur la santé sexuelle et reproductive, ainsi que sur les « droits reproductifs ». L'expression elle-même venait du Planning familial international. Deux ans avant la conférence du Caire, le Planning avait organisé une grande réunion en Inde, et avait adopté ce concept proposé par l'OMS alors qu'il n'était pas encore clairement défini. Et les États ont rejoint ce consensus, y compris le Saint-Siège, en interprétant certes différemment le concept de « santé reproductive », mais en l'acceptant tout de même. Or cette « santé reproductive » propose l'accès universel à la gamme complète des contraceptifs, l'avortement dit « sans risque », l'éducation sexuelle purement technique, les préservatifs, – enfin le programme complet de la révolution sexuelle occidentale –, puis le transforme en normes mondiales. Quant au concept de *gender,* il a été adopté à la conférence de Pékin en 1995, après avoir très timidement commencé à s'intégrer dans le langage des conférences internationales au cours des années 1980, en particulier à la conférence de Nairobi en 1985. À cette troisième conférence sur les femmes, le mot *gender* avait été introduit grâce au lobby de lesbiennes. À Pékin le mot « *gender* » domine complètement le document, tandis que le mot « mère » est pratiquement évacué ; et après Pékin le *gender* s'est imposé comme priorité transversale de la coopération internationale. En effet il ne s'agissait plus d'avoir une vue sectorielle des questions féminines, mais d'introduire cette perspective du genre dans tous les domaines, que ce soit la finance, l'agriculture, etc., afin de ne laisser aucune échappatoire à ses adversaires, aucune chance de ne pas appliquer cette perspective. Ainsi la gouvernance mondiale se veut-elle normative.

L'éducation à la sexualité et les Principes directeurs

Deux mots sur la manière, peut-être plus grave encore, dont on applique ce programme à travers les programmes d'éducation sexuelle. En 2018, l'UNESCO a publié un document intitulé « Les Principes directeurs internationaux sur l'éducation à la sexualité ». Ces principes représentent la stratégie actuelle de la gouvernance mondiale en matière d'éducation sexuelle, qui prétend être le cadre pour la communauté éducative mondiale, non seulement pour les écoles, mais pour tout groupe de jeunes au-delà de l'éducation formelle. La déconstruction des stéréotypes de genre en est la pierre angulaire, et l'on retrouve dans ces principes toute la philosophie de Kinsey.

En pratique, l'éthique de la gouvernance mondiale, qui se veut mondialement normative, s'est déjà montrée contraignante aux niveaux national et local. Elle est un facteur de poids dans l'aggravation de la situation sociale, morale, éducative de nos pays. En transformant en normes politiques et culturelles mondiales les objectifs de la révolution sociale libertaire occidentale, la gouvernance mondiale verrouille et consolide les acquis de cette révolution et les fait appliquer dans les pays non occidentaux. Pour assurer l'efficacité de cette mondialisation, la gouvernance mondiale a développé un nouveau paradigme : l'éducation sexuelle dite « complète » (ESC). L'ESC se conçoit donc comme un outil pour parvenir à une libération complète des « choix » en matière de genre. Le qualificatif « complet » a été rajouté pour signifier l'inclusion, désormais prioritaire du reste, de l'éducation à la perspective du genre. « Complète » veut dire « holistique », totalement inclusive, notamment des composantes les plus perverses et controversées, telles que l'avortement, la « prévention » par le préservatif et la contraception moderne, la masturbation, l'identité de genre, l'acceptation de la diversité des styles de vie sexuels, la déstabilisation de la famille, du mariage et de la parentalité.

L'anthropologie sous-jacente à l'ESC est triple. Les enfants et les jeunes sont des citoyens (des citoyens *absolus*), des agents de changement au service de la gouvernance mondiale, et des techniciens. Les *Principes* traitent l'enfant, non comme un fils ou une fille d'un père et d'une mère, mais comme un citoyen (un « mini-adulte ») doté de droits (y compris du droit d'avoir ses opinions propres) et de responsabilités sociales, un citoyen souscrivant à l'éthique mondiale, un citoyen responsable des politiques et des lois de son pays, un citoyen contrôlant ses propres choix, faisant ses propres décisions. En tant que « citoyen », l'enfant est l'égal de ses parents et éducateurs. Les *Principes* traitent aussi les enfants comme des techniciens, des individus devant acquérir une série de compétences : compétences pour prendre des décisions, communiquer, refuser, négocier, critiquer, gérer ses relations, résoudre des conflits. La prise de décision dans le domaine sexuel serait avant tout une question technique (négociations).

Un néo-colonialisme idéologique

Redisons-le : l'anthropologie déiste de la Révolution a divorcé le citoyen de la personne. Après un long parcours, cette anthropologie laïciste en arrive aujourd'hui à déstabiliser l'identité même de l'homme et de la femme. Le rejet du Père, racine de ce mal, a eu pour conséquence de considérer l'*homo democraticus* comme une construction et non comme un engendré. La déconstruction postmoderne, dont la perspective du genre est l'illustration la plus frappante, est l'aboutissement logique de ce long processus remontant sans doute au-delà du XVIIIe siècle. Son horizon actuel, le transhumanisme ou le post-humanisme, est bien, comme ces termes l'indiquent, la fin de l'homme.

Le modèle occidental s'est mondialisé à une vitesse foudroyante après la chute du mur de Berlin. À travers les mécanismes de la gouvernance mondiale, la société non répressive et prométhéenne est en cours de mondialisation depuis plus d'une génération. Une néo-colonisation idéologique mondiale, menaçant l'humanité à des profondeurs jusqu'ici inégalées, semble avoir pris le pas sur la mission évangélisatrice de la civilisation chrétienne. Elle affecte particulièrement l'Afrique; je suis d'ailleurs très attristée de constater l'importante transformation des mentalités des jeunes des grandes villes depuis une vingtaine d'années. Je leur dis toujours qu'il a fallu à l'Occident une génération – la génération de Mai 68 – pour perdre une civilisation, et que l'Afrique est désormais elle-même arrivée à ce point critique de basculement, elle qui s'est jusqu'à présent montré le continent le plus résistant par rapport aux diktats de la gouvernance mondiale. Mais, hélas !, la jeunesse africaine, toujours tournée vers l'Occident, est en train de changer et d'adopter des modes de vie et des styles de vie sexuelle occidentaux. Nous constatons donc un double phénomène, horizontal (la propagation mondiale des effets de la révolution sexuelle occidentale), et vertical, à savoir un approfondissement abyssal des défis anthropologiques, inimaginables il y a encore quelques années : de la contraception à l'avortement, à l'homosexualité, au phénomène trans, au post- ou transhumanisme…

Conclusion

Cela dit, je pense aussi que ce temps de très grands combats est aussi un temps d'opportunités pour les chrétiens. D'ailleurs, en remontant jusqu'au XVIIIe siècle, j'ai voulu montrer que cette crise est un *kaïros* et que son origine vient du processus de divorce entre le citoyen et la personne faite pour l'amour reçu du père et de la mère. Il me semble que cette analyse éclaire la façon dont nous pouvons réfléchir à la promotion d'un nouveau modèle de citoyenneté qui corrigerait ce problème, et réintroduise l'amour dans la cité. D'ailleurs les derniers papes depuis le Concile ont, je crois, tous insisté sur l'importance de réintroduire l'amour dans la vie publique. La tâche qui nous incombe est de réconcilier le citoyen et la personne faite par et pour l'amour après des siècles de rébellion. De réconcilier fraternité et filialité, fraternité et paternité, fraternité et maternité. Ce n'est pas impossible.

En effet, inconsciemment et souvent en le niant, la démocratie moderne a hérité de nombreuses valeurs évangéliques et chrétiennes. La doctrine sociale de l'Église, à la différence de l'éthique laïque qui attribue la liberté, l'égalité et les droits à *l'individu*, rattache ces valeurs à la *personne*. Jean-Paul II en particulier, conscient de la dérive des droits dérivant de l'individualisme occidental, a insisté sur l'attribution des droits *à la personne*. Lorsque la personne est au centre de la société, il n'y a pas d'opposition entre liberté, égalité et droits d'une part et famille, religion et cohésion sociale d'autre part. Ce ne sont pas les valeurs démocratiques qui ont été responsables de la dérive de notre civilisation, mais l'interprétation rebelle qu'on en a faite. Ces valeurs ont été abusées par le refus de l'*homo democraticus* d'être un engendré, d'être fils : rien de très original à vrai dire, depuis la chute du jardin d'Eden.

Échange de vues

Marie-Joëlle Guillaume

Il était important que vous nous montriez la généalogie de la révolution sociale-libertaire à partir du déisme. Votre insistance sur le refus de la paternité, tout ce qui s'est passé sur le « cadavre du père », sur notre absence de filiation, etc., tout cela est essentiel, car c'est effectivement ce qui a nourri la dérive occidentale et nourrit la dérive mondiale. J'ai été frappée par votre mise en évidence du fait que cette gouvernance mondiale n'est pas un gouvernement mondial passant par les États mais davantage par les ONG, et que ce type de gouvernance s'étend maintenant à l'ensemble des continents.

Bernard Vivier

Vous avez montré comment cette révolution sociale libertaire est née aux États-Unis et en Europe, et vous l'avez décrite comme étant une révolution devenue aujourd'hui mondiale. Vous avez indiqué combien l'Afrique est en train de s'ouvrir ou de se dégrader – même si ce n'est pas le mot que vous avez utilisé – en s'ouvrant à cette révolution sociale libertaire occidentale. Mais qu'en est-il de l'ensemble de la planète ? Il est des régions du monde, pour ne pas dire des continents du monde (la Chine, l'Inde), il est aussi des pays de culture musulmane qui doivent très certainement appréhender différemment cette révolution sociale libertaire. Où en sont ces régions du monde par rapport à ce mouvement ?

Marguerite Peeters

Depuis les années 2000, j'ai eu une série d'étudiants chinois venant de Chine continentale, et certains d'entre eux ont fait leur thèse avec moi, ce qui m'a ouverte à une certaine connaissance de l'état de la société chinoise, qui est en réalité très délabrée. En effet il y a une crise terrible de la famille en Chine, quantité de divorces, un taux élevé de suicides même des personnes âgées, abandonnées à la fois par l'État et par leurs propres enfants, et on connaît bien les politiques chinoises concernant l'avortement. La Chine est désormais passée à l'application de la conférence du Caire, visant notamment à octroyer un accès universel à la contraception. L'ONU publie un rapport sur la démographie mondiale tous les deux ans. Il montre, hélas !, le niveau extrêmement élevé de pratique contraceptive en Asie, dépassant même le niveau occidental. Alors, qui résiste aux programmes de la gouvernance mondiale ? En effet on peut citer l'islam, mais aussi la Russie, qui a été aux côtés du Saint-Siège dans les grands débats à l'ONU sur l'avortement, l'homosexualité, les droits des LGBT, etc. Quand on va à Beyrouth, on constate une réelle différence entre la partie chrétienne et la partie musulmane : du côté chrétien, de gigantesques publicités à l'occidentale ; du côté musulman, on a l'impression d'une société plus traditionnelle ou conservatrice, sans que l'on puisse dire néanmoins que la société musulmane soit totalement imperméable à ces idéologies.

Les agents de la gouvernance mondiale sont en effet déterminés à pénétrer dans toutes les cultures. Ils travaillent avec des anthropologues et des personnes qui étudient les différentes cultures afin d'analyser les points d'entrée possibles, les points faibles de chaque culture et essayer de convaincre du bien-fondé de leur cause. D'ailleurs, en 2004, les promoteurs mondiaux de la santé reproductive ont changé de stratégie par rapport aux cultures et aux religions. À la conférence du Caire de 1994, ils s'étaient très ouvertement confrontés au Saint-Siège et aux musulmans. Jean-Paul II a publiquement exprimé son mécontentement, sa colère même, quelques mois avant la conférence, et les musulmans s'étaient dès lors ralliés à l'Église pour combattre le programme du Caire et en outre la volonté d'instaurer un droit universel à l'avortement. Le Saint-Siège a vraiment joué un rôle de leadership, grâce notamment à Jean-Paul II qui avait été informé, notamment par Madame Vollmer, de ce qui se préparait.

Dix ans plus tard, en 2004, l'ONU a changé de stratégie à l'égard des religions. Un slogan circulait alors : « D'ennemis à partenaires ». Or ce mot de « partenaire » contient une charge à laquelle nous devons vraiment prêter attention. En effet, « partenaire » signifie qu'on entre dans le cadre normatif de la gouvernance mondiale, qu'on est d'accord pour appliquer un programme commun. Dans leur partenariat avec les religions, les agents de la santé reproductive flattent les communautés religieuses, en magnifiant par exemple leur rôle dans le soin des malades du sida, tandis qu'ils se présentent à elles comme des spécialistes des techniques de prévention, de l'éducation sexuelle, etc. D'ailleurs, beaucoup d'évêques africains m'ont témoigné du fait que des agents du FNUAP – le Fonds des Nations Unies pour les Activités de la Population – sont venus frapper à leur porte pour leur demander de collaborer avec eux.

Pour ce qui est de l'Amérique latine où je ne suis allée qu'une seule fois, j'ai été effarée de constater à quel point les populations obéissaient sans questionnements aux normes mondiales… Nulle part ailleurs je n'ai constaté une telle dominance sociale, éducative, politique, du langage de la gouvernance mondiale. Il est vrai que la résistance vient davantage de l'islam, mais au niveau politique la Russie a joué un rôle notable depuis un certain nombre d'années. En tout cas ce n'est pas de l'Union européenne ni du gouvernement américain, dans l'état actuel des choses, que l'on peut attendre une résistance.

Marie-Joëlle Guillaume

La puissance du lobby LGBT au sein du Parlement européen, par exemple, est impressionnante. L'Union européenne serait plutôt un relais de ce genre de propagande.

Joël Templier

Je suis plutôt Français de culture latine, et ce qui m'étonne beaucoup c'est que cette révolution libertaire et sociale provienne aujourd'hui surtout des pays anglo-saxons, des États-Unis, de l'Angleterre, voire des pays du Nord qui sont des pays de tradition démocratique, de liberté, de réussite intellectuelle. Je pense par exemple à la position récente des grandes universités américaines où l'on rêve que nos enfants soient un jour admis ; elles ont l'air d'être moteurs dans ce mouvement qui nous heurte en tant que chrétiens latins. Comment expliquer que ce mouvement semble provenir aujourd'hui avant tout de ces milieux-là ?

Marguerite Peeters

Mon analyse est que cette révolution a un moteur essentiellement franco-américain et qu'en réalité beaucoup de ces idées sont venues de France avant de parvenir aux États-Unis ; ensuite il y a eu un va-et-vient entre les deux. Mais par exemple Simone de Beauvoir est une pionnière et ce sont ses idées qui sont appliquées aujourd'hui, les idées mettant souvent très longtemps à être appliquées (Karl Marx a écrit le *Manifeste* en 1848 et la révolution bolchevique a eu lieu en 1917, c'est-à-dire 70 ans plus tard). Les révolutions mettent donc du temps à advenir mais tout vient toujours des idées, or dans le cas que nous étudions on ne peut pas nier l'importance du rôle de la France dans l'élaboration de ces idées. Certes on doit aussi signaler le rôle de l'école de Francfort, donc des Allemands, avec Herbert Marcuse et Willem Reich qui sont partis aux États-Unis, avant que leurs idées ne reviennent ici. Pour répondre à votre question, il est vrai aussi qu'il y a un dynamisme d'origine protestante aux États-Unis, un dynamisme vraiment remarquable et même assez séduisant, entraînant, lié à l'exaltation de la liberté, sacro-sainte aux États-Unis, quand la France se bat davantage pour l'égalité. Or je pense que ce sont les deux valeurs démocratiques principales. Ainsi les deux pays ayant été les plus influents sont vraiment la France et les États-Unis, même si actuellement c'est en Amérique du Nord et au Canada que le mouvement homosexuel a pris une ampleur énorme.

Jean-Luc Bour

Ma question porte sur l'objectif final de ces groupes; vous avez dit que ces groupes n'avaient pas d'objectifs politiques au sens classique; vous avez en revanche rappelé que Karl Marx parlait à l'inverse d'une libération pour les pauvres et pour ceux qui sont soumis d'un point de vue économique.

Ma question vise à comprendre les raisons de ce mouvement : vous avez indiqué que son origine tient à la reconnaissance de l'individualisme et la défense de la liberté, ce qui peut expliquer l'importance des intellectuels américains, et plus généralement du monde anglo-saxon. Vous avez indiqué que le monde des intellectuels français se rattachait à la notion d'égalité, par exemple sur la question du traitement égalitaire de l'homme et de la femme, alors que cette dernière paraissait effectivement beaucoup plus esclave de son corps en matière de reproduction que ne l'était l'homme. Mais une fois que ce mouvement avait démarré, qu'est-ce qui les a poussés à contourner volontairement les États, en entrant comme vous l'avez dit dans les universités, dans les entreprises, dans différents groupes pour insuffler cette idéologie ? Pourquoi font-ils cela, au juste ? Vous avez parlé tout à l'heure de durabilité ; est-ce qu'ils étaient tellement en avance qu'ils anticipaient des problèmes d'équilibre planétaire et prévoyaient grâce à ce contrôle du droit de la reproduction, une réduction de la population qui permette de sauver la planète ? Ou bien est-ce qu'ils étaient mus uniquement par la défense de la jouissance portée par Mai 68 ?

Une suite de ma question est de savoir comment tout ce mouvement entraîne aujourd'hui au sein des universités l'interdiction de penser autrement, et donc une certaine dictature qui semble contredire l'esprit libéral de ce mouvement initial. Avec le rejet prévisible de cette « dictature », pensez-vous que l'on est à l'apogée de ce mouvement et qu'il va retomber, justement parce qu'il ne sait plus où aller et qu'il se raidit sans plus pouvoir répondre aux demandes ?

Marguerite Peeters

Je crois personnellement qu'on ne peut pas comprendre ces évolutions sans un éclairage chrétien sur le mystère du mal et le mystère du combat. Votre question est complexe, parce qu'il faudrait prendre chaque cas individuel pour y répondre. Par exemple, quels étaient les objectifs de Margaret Sanger – qui a évolué, d'ailleurs ? Je pense profondément que le moteur est lié à ce mystère du mal, car les objectifs n'étaient pas des objectifs positifs et les protagonistes de ce mouvement étaient mus par un esprit de rébellion.

Nicolas Aumonier

Permettez-moi d'intervenir sur ce point précis. Margaret Higgins est née dans une famille ouvrière catholique d'origine irlandaise, sixième enfant d'une fratrie de onze enfants. Elle pense que les dix-huit grossesses de sa mère ont nui à sa santé. Elle fait des études d'infirmière, épouse en 1902 l'architecte William Sanger. Ils s'installent en 1910 à Manhattan dans Greenwich Village. Infirmière dans le Lover East Side habité par des immigrés pauvres, Margaret Sanger (1879-1966) s'occupe de femmes qui connaissent grossesses à répétition, fausses couches et avortements clandestins, faute d'information, interdite par la loi Comstock de 1873. En 1914, elle lance un mensuel féministe, *La Femme rebelle*, qui promeut la contraception, affirme que le corps de la femme n'appartient qu'à elle seule, et invente le terme de *birth control*. Après quelques ennuis avec les autorités, elle crée en 1921 l'*American Birth Control League*, qui devient en 1942 la *Planed Parenthood Federation of America*, à l'origine des mouvements de planning familial dans le monde. Tout en affirmant comme eux que le monde est déjà surpeuplé, elle est beaucoup plus radicale que les eugénistes, qui œuvrent à la suite de Galton pour améliorer la race humaine – notamment par la stérilisation des handicapés, des fous et des syphilitiques. Pour elle, les mesures des eugénistes sont trop superficielles et n'atteignent pas les grandes masses dont les nombreux enfants ne font qu'ajouter la pauvreté à la pauvreté. Pour lutter efficacement contre cette immense pauvreté, il faut, selon elle, que le contrôle des naissances soit la base de l'eugénisme et mette à la disposition des femmes les informations et les méthodes contraceptives[1]. Le militantisme de Margaret Sanger est puissamment aidé par son remariage en 1922 avec l'homme d'affaires militant James Noah Henry Slee (1861-1943), président de 3-in-1 Oil Co (Huile 3 en 1). La Fondation Brush de son amie Dorothy Brush (héritière de General Electric) finance l'organisation de l'*International Planed Parenthood Federation*. Son amie Katharine McCormick, héritière de International Harvester, finance les recherches de Gregory Pincus à partir de 1953, aux côtés de la Fondation Macy et de la Fondation Ford. Ce rappel historique semble montrer, pour répondre à la question de Jean-Luc, la convergence, dès l'origine, entre la lutte contre la misère de masse et la lutte contre ce qui est appelé *surpopulation*.

Marie-Joëlle Guillaume

Quand vous parlez du mystère du mal, je pense qu'en tant que chrétien, on peut voir effectivement les choses sous cet angle. Mais un non-chrétien peut constater de son côté qu'il y a, dans toute l'évolution dont vous nous avez parlé, la volonté de construire un homme nouveau, qui s'affranchisse des limites humaines. On le voit à travers cette espèce de rouleau compresseur que vous avez mis en évidence quant à l'évolution des idées, les concepts nouveaux, la déconstruction, l'être humain asexué, etc. Il s'agit bien de la volonté, après avoir déconstruit, de reconstruire quelque chose qui ne soit pas l'humanité, me semble-t-il. Je constate que la gouvernance mondiale veut nous imposer le fait

1. Margaret Sanger (1919), « Birth control and racial betterment » (« Contrôle des naissances et amélioration de la race »), *Birth Control Review*, février 1919, tr. fr. A. Durand-Vallot, *in* Angeline Durand-Vallot (éd.) (2012), *Margaret Sanger et la croisade pour le contrôle des naissances*, Lyon, ENS Éditions, 2012, p. 104-107, §3, https ://books.openedition.org/enseditions/7661

qu'il n'y ait plus d'hommes, plus de femmes, mais des êtres asexués. Je lisais récemment des articles traitant d'une accélération des programmes de santé reproductive à l'échelle mondiale, c'est une réalité qu'on veut imposer au monde, dans le but manifeste – je répondrai un peu à la question de Jean-Luc – de faire une nouvelle humanité.

Nicolas Aumonier

C'est une forme de nouvelle colonisation.

Jean-Didier Lecaillon

Vous avez évoqué beaucoup de questions dont nous avons certes déjà entendu parler, mais vous les avez reliées, et vous avez donné, enfin pour ce qui me concerne, un fil directeur très utile. Il faudrait sans doute parler plus longuement de ce qu'il faut faire, mais je voudrais revenir sur votre intervention, non pas pour la compléter, je m'en garderai bien, ni même pour la critiquer, mais pour essayer de mieux comprendre. En effet, que des philosophes, des sociologues – voire pourquoi pas des ONG – s'interrogent, inventent de nouveaux concepts, cela se comprend, mais la question reste entière de savoir comment tout cela peut toucher, convaincre le monde en général, les responsables politiques en particulier. Il n'y a pas que des idéologues en politique, même s'il y en a beaucoup ; il y a aussi des gens rationnels qui font de la politique, et également dans le monde économique, dans le monde de l'entrepreneuriat, le monde de l'entreprise, etc. Or ce qui me surprend beaucoup depuis quelques années par rapport à tout ce que vous avez dit, – on pourrait dire la même chose à propos de la crise climatique, parce que là aussi, il y a des mots d'ordre, des affirmations qui devraient être nuancées, discutées alors qu'elles sont présentées comme une « doxa » imposée –, c'est que tout cela est soi-disant fait au nom de la science, alors que justement les scientifiques doutent, confrontent arguments et contre-arguments, débattent… C'est le propre de la science : questionner ! Aujourd'hui, on ne s'est jamais autant référé à la science tout en récusant l'attitude scientifique ; on refuse toute rationalité, comme j'ai eu l'occasion de le montrer à propos des questions démographiques.

Toutes les affirmations avancées par les tenants de la déconstruction que vous avez mentionnées pour illustrer fort à propos votre démonstration, celles en particulier qui concernent la reproduction, la croissance démographique, etc., sont démenties par de nombreux experts, et pourtant, malgré cela, les responsables politiques se soumettent (et nous soumettent) à cette nouvelle vision et surtout, les entreprises financent. Certes, vous dites qu'il s'agit d'un petit nombre de personnes, mais ce petit nombre trouve des financements ! Je ne peux pas croire qu'on puisse avoir cet impact mondial avec si peu d'arguments sans campagnes de communication savamment orchestrées (et financées...). J'aimerais comprendre comment il peut y avoir un tel aveuglement autant dans le monde politique qu'économique. La situation me semble d'autant plus grave qu'elle échappe désormais à toute raison.

Marguerite Peeters

Je suis tout à fait d'accord avec vous, et je crois que l'heure est peut-être venue justement pour la foi de prendre d'une certaine façon la défense de la raison. Je pense en effet que le fait qu'on ait quitté la raison – je rejoins tout à fait ce que vous dites – est aussi une conséquence de la perte de la foi ; je crois que les deux vont ensemble et qu'en réalité on ne cherche plus la vérité ; on vit dans la post-vérité. Mais ce ralliement des entreprises et des gouvernements a quand même une explication historique, ce dont justement je traite dans ma thèse de doctorat, qui retrace et analyse l'histoire de ce régime de partenariats. N'oubliez pas qu'en 1989, on a proclamé la « fin des idéologies » et la « fin de l'histoire ». On a déduit de la fin des idéologies que l'on se trouvait désormais dans un « état de consensus ». Les problèmes de l'humanité et de la planète n'étant plus d'ordre idéologique mais purement technique ou pragmatique, ce dont on avait besoin pour les résoudre, c'était de techniciens, d'experts, non plus de débat démocratique. Or ces experts, souvent autoproclamés, avaient élaboré une plateforme pour l'humanité durant la *guerre froide*. Ils occupaient des positions stratégiques lorsque le mur de Berlin est tombé. Les gouvernements se sont purement et simplement ralliés au langage, aux paradigmes forgés par ces experts en rejoignant le « consensus » des conférences post-guerre froide.

Jean-Didier Lecaillon

Quant au monde économique qui apporte de fait son soutien, j'ai l'impression qu'il finance sa propre mort. Je ne comprends pas ce côté suicidaire. Avez-vous un commencement d'explication à cette séduction généralisée ?

Marguerite Peeters

En fait, oui. Ce régime de partenariats de l'ONU avec les entreprises a lui aussi une histoire : en 1999 Kofi Annan, alors secrétaire général de l'ONU, est allé à Davos, et y a lancé son Pacte mondial avec les entreprises. Ainsi, ce régime de partenariats provient tout d'abord du partenariat entre le secrétariat onusien et certaines ONG, il s'est ensuite étendu à d'autres ONG, et puis lors de ces grandes conférences, aux États : des gouvernements souverains sont eux-mêmes devenus partenaires de la gouvernance mondiale en rejoignant ce consensus. La machine n'a dès lors jamais cessé d'avancer dans ce sens.

Davos est l'exemple même de ce régime de partenariats : en 1999 a été forgé le partenariat entre les entreprises et l'ONU, et à partir de ce moment-là les entreprises ont commencé à produire leurs rapports annuels sur le développement durable, qui intégraient notamment la perspective du genre. Tout cela n'est qu'un effet de mode d'une certaine façon, et les entreprises sont tout simplement « entrées dans la danse » pour soigner leur image. Il restait cependant un dernier bastion à faire tomber, c'était celui de l'Église catholique ; or comme je vous l'ai dit, en 2004, l'ONU a décidé d'élargir ses partenariats aux cultures et aux religions. L'Église catholique ne semble pas avoir toujours vu le piège. Le document *Laudate Deum* (sorti le 4 octobre 2023) propose un nouveau multilatéralisme qui consisterait précisément en un partenariat accru avec les ONG, comme si ce partenariat n'existait pas déjà, n'était pas déjà opérationnel et ne contribuait pas déjà, avec une efficacité redoutable, à répandre mondialement les programmes idéologiques que l'Église combat.

Il est vrai qu'on ne sait pas comment va évoluer cette gouvernance mondiale, parce que la situation géopolitique est extrêmement complexe, mais on ne peut pas exclure la possibilité d'un durcissement : on l'a vu lors de la crise du Covid, on le voit aujourd'hui avec l'OMS, qui a lancé un processus devant aboutir à l'adoption d'une convention ou d'un autre instrument international pour renforcer la prévention, la préparation et la réponse aux pandémies. En réalité n'importe quelle prochaine crise pourrait être utilisée par la gouvernance pour renforcer son assise.

Marie-Joëlle Guillaume

Un mot d'espoir, tout de même ?

Marguerite Peeters

Le mot d'espoir, vous allez considérer qu'il est trop spirituel, mais je pense que c'est l'heure de Dieu. À vue humaine la crise est tellement grave que nous ne pouvons faire autre chose que de repartir de la base, de la personne humaine, petitement, en répandant amour et vérité dans nos rapports interpersonnels. Même si l'expression « civilisation de l'amour » a été galvaudée, je suis convaincue qu'elle est ce vers quoi nous tendons, ce à quoi nous devons tous travailler.

Monseigneur Brizard

Le Cardinal Lustiger disait : « Quand la raison s'absolutise, elle devient folle. » Il y a donc un double combat à mener : d'une part le combat de la critique rationnelle, c'est la grandeur de notre esprit ; et d'autre part, il faut se servir de notre raison pour affirmer et étayer nos positions. Ainsi, récemment, je réfléchissais avec un groupe d'enseignants qui m'ont étonné, car ils entraient dans la politique que vous avez décrite sans discuter : relativement à l'éducation sexuelle des adolescents, ils ne voyaient plus de raison d'enseigner l'anthropologie chrétienne (qui sous-tend les perspectives de cette éducation).

Séance du 18 janvier 2024

L'immigration, du travail au peuplement : l'économie contre la société ?

Pierre Vermeren

Présentation par Marie-Joëlle Guillaume

Chers confrères et chers amis, j'ai deux points importants à préciser au sujet de notre thème d'année, avant d'avoir le grand plaisir de vous présenter le professeur Pierre Vermeren. La première, c'est que l'effondrement de la natalité française en 2023, qui fait la une des journaux ces dernières semaines, montre à l'évidence, comme l'ont déjà souligné devant nous les professeurs Gérard-François Dumont et Jean-Didier Lecaillon, que la question de la transmission de la vie, avec ses enjeux démographiques, anthropologiques et sociaux, est bien au cœur du destin de notre pays, qu'il y a urgence à traiter cette question dans toute son ampleur, et que les solutions seront courageuses ou ne seront pas. Ensuite, la communication du professeur Vermeren se situe au tournant de la réflexion de notre année. Les premières séances ont été celles du diagnostic sur la crise de la transmission de la vie, et à partir du mois de mars nous tenterons d'inventorier des solutions politiques pour la natalité et pour la famille. Mais il y a une « solution » que les autorités politiques cherchent à nous faire admettre, en France comme au niveau de l'Union européenne : l'idée que l'immigration de masse serait LE remède à l'hiver démographique. Avec quelles arrière-pensées économiques ? À quel prix culturel et humain ? C'est pour répondre à ces questions que nous sommes heureux d'avoir recours ce soir à la compétence et à l'indépendance d'esprit du professeur Pierre Vermeren.

Cher Monsieur, vous êtes né le 20 janvier 1966 à Verdun, vous êtes historien, professeur d'histoire contemporaine des sociétés arabes et berbères contemporaines à l'Université de Paris1 – Panthéon Sorbonne depuis 2012. Vous êtes normalien, agrégé d'histoire, docteur en histoire contemporaine. Vous avez vécu neuf années en Égypte, au Maroc et en Tunisie, dont six en tant que professeur d'histoire et géographie économique en classes préparatoires économiques et commerciales au lycée Descartes de Rabat entre 1996 et 2002. En 2020-2021, vous êtes affecté en délégation CNRS auprès de l'IRMC, l'Institut de recherche sur le Maghreb contemporain, à Tunis. Depuis 2012 vous encadrez des thèses sur le monde arabe contemporain; vous êtes membre du laboratoire SIRICE, Sorbonne Identité Relations Internationales et Civilisation de l'Europe (Paris I, Paris IV et CNRS), et directeur du master professionnel Coopération internationale en Afrique et au Moyen-Orient (CIAMO), que vous avez contribué à fonder à Paris I en 2014. Vous êtes enfin codirecteur de la collection « Bibliothèque des pays d'Islam » aux éditions de la Sorbonne.

Vous êtes par ailleurs président de la Société française d'histoire d'outre-mer (SFHOM), directeur du conseil scientifique de la Fondation pour la mémoire de la guerre d'Algérie et des combats du Maroc et de Tunisie (FM-GACMT), et président du conseil scientifique du LAIC (Laboratoire d'analyse des idéologies contemporaines), qui combat au sein de l'université les idéologies de type wokiste.

Vous êtes éditorialiste au *Figaro* et à *Sud-Ouest*, et vous intervenez souvent dans les divers médias sur les problématiques de l'Afrique du Nord, de la colonisation et de la France contemporaine. Vous avez publié une vingtaine d'ouvrages sous votre nom et une dizaine en sous-direction ou codirection. Vous publiez des ouvrages sur les sociétés arabes et berbères contemporaines et sur la France.

Parmi vos titres récents dans la première catégorie, donc sur les sociétés arabes et berbères : *Le Maroc en cent questions : Un royaume de paradoxes* chez Taillandier en 2020 (2024) ; *Histoire de l'Algérie contemporaine*, Nouveau Monde éditions, Paris, juin 2022 ; *Comment peut-on être berbère ? Amnésie, renaissance, soulèvements (dir.)*, Riveneuve, Paris, 2022 ; et *Les Frères musulmans à l'épreuve du pouvoir. Égypte-Tunisie, 2011-2021*, chez Odile Jacob en 2024. Dans la seconde catégorie, c'est-à-dire sur la France, je citerai *Déni français : notre histoire secrète des liaisons franco-arabes* chez Albin Michel en 2019 ; *On a cassé la République : 150 ans d'histoire de la nation*, Taillandier, 2020 ; *L'impasse de la métro-*

polisation, Gallimard, 2021 ; enfin, *La France qui déclasse : de la désindustrialisation à la crise sanitaire*, Texto, 2022. Je m'arrête là, mais vous comprenez, chers confrères et amis, qu'une telle expertise est précieuse quand on veut aborder sans chimères les problèmes que pose un mélange programmé des populations. Vous avez la parole, monsieur le Professeur.

Communication

Je vous remercie de cette invitation à l'Académie et de votre accueil. L'immigration, une fausse solution à un vrai problème ? Le sujet est d'une actualité permanente puisque les faits migratoires, les récits ou les discours sur l'immigration occupent l'espace public depuis une bonne quarantaine d'années. Mais la question de l'immigration en France, qui a fait irruption dans le débat public par étapes, est aussi une question ancienne, remontant à la fin du XIXe siècle : elle a donc une histoire.

Du XIXe siècle à la Seconde Guerre mondiale, des politiques de natalité et d'immigration en alternance

En effet la France, comme ses voisins, était un pays d'émigration jusqu'au XVIIIe siècle, avant de faire face, progressivement, à une réduction de la croissance de sa population au cours du XIXe siècle : le phénomène a commencé dès la fin du XVIIIe siècle dans l'aristocratie, puis il est descendu dans la société et a gagné toutes les classes sociales. La colonisation a été un événement contemporain de la décroissance démographique française, ce qui explique pourquoi la France ou en tout cas les dirigeants français, en dépit de leur volonté, n'ont jamais réussi à créer de véritables colonies de peuplement comme l'a fait la Grande-Bretagne. Les Français au demeurant n'avaient pas envie de partir, et la population française n'était plus du tout dans une phase de croissance accélérée. Pour compenser cette décroissance, il a même fallu, à partir de la deuxième moitié du XIXe siècle, faire venir des étrangers européens. Ce fut d'abord une décroissance de la croissance, si j'ose dire ; puis la France est entrée, à partir de 1870, dans un long régime de stagnation.

Sous la Troisième République, la population française est passée en 70 ans de 40 millions d'habitants à… 40 millions d'habitants ! Or ce chiffre intègre l'apport de l'immigration, ce qui implique que la population était en décroissance. Bien sûr, il y a eu la guerre de 1914, événement traumatique s'il en est ; mais le mouvement était déjà engagé, et en réalité les Français avaient déjà connu dans les années 1880 les faibles taux de natalité que l'on connaît aujourd'hui, puisque déjà à cette époque la mortalité l'emportait sur la natalité. C'est donc une question ancienne, c'est même un peu un mystère, ou du moins une vraie question pour les historiens. Mais en réalité, ce n'est pas un mystère, parce que la France a été historiquement le premier pays engagé dans cette transition démographique, et le plus durablement. Cela s'explique peut-être d'un point de vue global par la Révolution.

En effet, la Révolution a distribué la terre aux paysans, lesquels n'avaient ensuite aucun intérêt à avoir beaucoup de fils et à diviser leur terre. Ils sont donc entrés dans un cycle de contrôle de la natalité, pour lequel ils n'avaient pas besoin de médicaments ou de techniques particulières, car ils savaient contrôler leur natalité, à tel point qu'on est entré, je vous le disais, depuis les débuts de la Troisième République, dans un cycle de décroissance, ou en tout cas de stagnation. C'est d'ailleurs un des échecs de la République qui finalement, au cours des 150 ans de sa très longue histoire, n'a connu qu'un vrai moment d'euphorie démographique, au lendemain de la Deuxième Guerre mondiale, pendant vingt ou vingt-cinq ans. Mais à chaque fois que la France est en déclin démographique, ou plus exactement qu'elle connaît une baisse de la natalité, elle se pose la question de l'immigration. Ce fut le cas à la fin du XIXe siècle, ce fut également le cas pendant l'entre-deux-guerres, puisque la guerre aggrave considérablement cette tendance du fait non seulement de la hausse de la mortalité mais aussi des non-naissances. C'est aussi le cas à partir des années 1980. Auparavant, on entendait Michel Debré s'inquiéter de cette question dans des discours alarmistes. Or cela n'a guère changé aujourd'hui, puisque le président de la République s'est alarmé lui aussi de circonstances qui sont évidemment toujours les mêmes, à savoir que les Français rechignent à avoir des enfants.

L'immigration s'avère donc être, depuis la Troisième République, un substitut de la natalité. Elle n'a pas toujours été présentée comme telle, mais elle répond de fait à des demandes, ce qui est vrai partout, même en Algérie où la population européenne était à plus des deux tiers d'origine espagnole ou italienne, sans que les Français n'aient jamais réussi à la peupler. L'Algérie était en réalité une colonie de peuplement dérisoire, faite de 300 000 ou 400 000 Français installés qui ont fait souche. Mais ces Français sont restés un ensemble modeste à l'échelle du pays. La majorité des Français de Tunisie était italienne ; au Maroc, ceux qu'on appelait les Français du Maroc étaient majoritairement d'origine immigrée européenne, notamment espagnole, voire algérienne. Là où les Français étaient tout seuls, c'était en Afrique noire ou en Indochine, qui comptaient 50 000 Européens chacun. En Indochine, ils étaient à 90 % Corses. Par conséquent, les Français ne sont jamais allés s'installer ailleurs, et en réalité la colonisation a été une affaire de démonstration nationale, politique et militaire, beaucoup plus qu'une émigration de peuplement. Ainsi la grande nation très féconde et très puissante de la fin du XVIIIe siècle est-elle devenue une petite nation démographique. Et les pouvoirs publics se sont assez vite saisis de la question de l'immigration, en en faisant une question nationale, précisément à l'occasion de la colonisation de l'Algérie, où l'on a inventé la transmission de la nationalité française aux enfants d'immigrés nés sur le sol algérien, à l'époque sol français, c'est-à-dire dans les années 1880. La Troisième République a appliqué cette loi algérienne à la métropole en 1889, date à laquelle le droit du sol y a été rétabli, rendant Français par la naissance les enfants d'immigrés. La République est donc mêlée de près à cette histoire, puisque le Parlement de l'époque – nous étions dans une République parlementaire – s'intéressait à ces questions.

Pendant la Première Guerre mondiale, l'immigration devient une affaire très importante, puisque 8 millions d'hommes sont mobilisés au front, lesquels subissent un taux de mortalité considérable de 17 %, et un taux de blessés similaire. Il faut bien sûr tenir face à l'Allemagne, qui est beaucoup plus dynamique et a beaucoup plus de réserves humaines. Il s'ensuit que la métropole organise un flux migratoire considérable pour suppléer les femmes et les vieillards à l'arrière, où tout le monde est obligé de travailler à la ferme ou à l'usine. Ainsi, la France fait venir pendant la guerre 5 à 6 millions de travailleurs européens, ainsi que, peut-être, 150 000 travailleurs coloniaux divers (hors soldats), ce qui est absolument considérable. Et elle le fait sans beaucoup de scrupules, puisqu'une grande partie de ces travailleurs sont invités à rentrer chez eux après la guerre. En réalité beaucoup resteront en France, notamment les Italiens qui sont mis à contribution à tous les niveaux : ils font les chemins de fer, les ponts, les viaducs, ils reconstruisent la France de l'Est après la Première Guerre mondiale, font la ligne Maginot, le mur de l'Atlantique, et enfin reconstruisent la France après la Deuxième Guerre mondiale. Dans le secteur du bâtiment, ce sont principalement les Italiens, en tant que maçons, qui participent à ces travaux de force. Ils sont progressivement rejoints par les Espagnols au XXe siècle, ainsi que par d'autres groupes de population comme les Polonais, qui à partir de la Première Guerre mondiale viennent en grand nombre, surtout dans les mines.

La politique migratoire officielle a ensuite été abandonnée dans la deuxième moitié des années 1930, c'est-à-dire en pleine crise mondiale, notamment par le Front populaire qui a raccompagné *manu militari* des centaines de milliers de Polonais et d'Italiens chez eux, du fait qu'ils n'avaient plus de travail. Il faut rappeler qu'à l'époque la question de la migration coloniale était extrêmement marginale. Une petite fenêtre, rapidement refermée, avait été ouverte pendant la Première Guerre mondiale, mais c'est au lendemain de la Seconde Guerre mondiale que commence une véritable immigration coloniale : il existe bien un petit filet migratoire algérien à partir de 1904/1905, mais le phénomène reste marginal et le fait de faire venir quelques dizaines de milliers de travailleurs, Kabyles pour l'essentiel, ne correspond pas à une perspective d'installation de population. Il s'agit davantage de ce qu'ils appelaient alors « la noria migratoire algérienne », par laquelle les hommes venaient travailler un ou deux ans avant de repartir chez eux et d'être remplacés par un frère ou un cousin.

Après la Seconde Guerre mondiale, politique nataliste et politique d'immigration

C'est après la Deuxième Guerre mondiale, notamment pendant les Trente Glorieuses, que la France va progressivement et durablement mener de front des politiques jusque-là toujours menées alternativement : politique nataliste et politique d'immigration. À noter que la politique nataliste ne vient absolument pas du gouvernement de la Libération, mais d'abord du Front populaire sous Daladier en 1939 : il s'agissait de répondre, bien tardivement, au besoin d'hommes de la France face à l'armée allemande, dont le pays comptait 80 millions d'habitants en 1939 contre 40 millions de Français (en 1870, c'était 40 millions d'Allemands contre 40 millions de Français, en 1914, 60 millions d'Allemands contre 40 millions de Français, et 80 millions d'Allemands en 1939 !). Ces chiffres permettent de comprendre pourquoi le système a craqué et a conduit à l'effondrement de 1940, lequel pousse alors les autorités politiques à mener désormais une double politique, de natalité et d'immigration. Ainsi, tous les gouvernements, de Daladier à celui de la Libération, en passant par le gouvernement de Vichy, et en n'oubliant pas le soutien des communistes, ont mené des politiques natalistes par nécessité. Puis à la Libération ils ont progressivement rouvert les portes de l'immigration abandonnée dans les années 1930, et cette fois-ci avec une ampleur coloniale, mais qui reste modeste jusqu'à la guerre d'Algérie. En effet, quand celle-ci éclate en 1954, il y a en France 180 000 travailleurs algériens, essentiellement des hommes, et peut-être 80 000 travailleurs marocains, ce qui fait 260 000 personnes d'immigration coloniale, mais dans une population migratoire beaucoup plus nombreuse, constituée d'Espagnols, d'Italiens, de Portugais, de Méditerranéens en général, et autres.

Il s'agit donc d'une affaire d'État, comme cela, en réalité, l'a toujours été. Par conséquent il n'est pas très étonnant qu'Emmanuel Macron s'occupe de l'immigration et parle en même temps, désormais, de la natalité – certes sans agir vraiment. Mais il en parle parce que c'est une tradition républicaine de s'intéresser à ces deux problèmes, notamment pour des raisons économiques. Cela a été longtemps le cas pour des raisons militaires, mais aussi pour des raisons économiques, des raisons coloniales également, etc. Face à la mauvaise volonté ou à la mauvaise fécondité des Français, le pouvoir s'empare donc de cette question. Il faut avoir cela en tête pour le sujet qui nous occupe ce soir. En effet, ce n'est pas Jean-Luc Mélenchon qui fait la politique migratoire de la France, ce n'est pas l'extrême gauche, ce sont les pouvoirs publics, c'est-à-dire les dirigeants politiques, les plus hauts dirigeants. Quand la France vit sous un régime parlementaire, c'est le Parlement qui dirige, quand c'est le gouvernement ou l'Élysée qui détient le pouvoir, ils sont les responsables de cette politique migratoire, ainsi que les dirigeants économiques, qui font constamment pression pour demander la main-d'œuvre dont ils ont besoin.

À la fin du XIXe siècle ou pendant les deux guerres mondiales, comme on l'a vu, les besoins sont tout à fait considérables. Après la Deuxième Guerre mondiale, ce besoin est encore accru, puisque la population française est tombée de 40 millions à 39 millions, elle est donc moindre que trois quarts de siècle auparavant. La politique nataliste s'impose donc, je n'y reviens pas, vous la connaissez. La politique migratoire prend alors quant à elle une importance tout à fait essentielle. Et soixante-quinze ans plus tard, soit à l'issue de la deuxième période de vie de la République qui a alors 150 ans, le visage démographique et migratoire de la France et des Français a complètement changé : de 39 millions d'habitants en 1945 on est passé aujourd'hui à 67 ou 68 millions d'habitants. On peut donc dire que sur la longue durée la France a repris sa croissance démographique, même si sa population n'est pas encore au niveau de celle de l'Allemagne, qu'il n'est d'ailleurs pas exclu qu'elle rattrape. Or cette croissance démographique est essentiellement due à l'immigration. Pourtant cette croissance a longtemps été présentée, notamment par les démographes français, comme le produit en premier lieu du *baby-boom*. En réalité la France de 1939 était un pays non seulement peu peuplé, mais également vieux, le plus vieux pays du monde, et cela depuis la fin du XIXe siècle. Ensuite, comme le voulait l'état-major allemand, la population avait été « saignée à blanc » par la Grande Guerre, avant de connaître un hiver démographique dans l'entre-deux-guerres du fait des « classes creuses ». Cette saignée s'accroît hélas pendant la Deuxième Guerre mondiale, car même si l'on présente souvent un chiffre de 600 000 morts pendant cette guerre, une analyse démographique précise montre qu'il y a eu, en réalité, autant de morts en plus pour des raisons économiques, ou à cause de l'accroissement des maladies, sans parler de la chute de la natalité en 1939-1940. Il ne faut pas oublier non plus l'impact de la crise économique des années 1930 qui a tiré la population française et la démographie vers le bas. C'est pourquoi la France de la Libération est une France âgée, que va considérablement rajeunir le *baby-boom*. Dans les années 60, elle n'aura d'ailleurs jamais été aussi jeune depuis longtemps, ce qui explique entre autres Mai 68, porté par cette jeunesse nombreuse. Le *baby-boom* représente 16 millions de naissances entre 1941-1942 et 1962-1963, c'est-à-dire en 20 ans, soit en une génération. C'est un résultat exceptionnel, mais qui ne fait que compenser, hélas, les dégâts hérités des périodes précédentes, en particulier du début du siècle.

De 40 millions de Français, on est donc passé à 67-68 millions aujourd'hui. L'analyse de cette population montre d'abord son rajeunissement, ce qui est évidemment positif, mais il y a aussi en même temps un vieillissement du fait qu'on meurt moins vite, dans des proportions très importantes. On peut donc considérer que sur les 67 millions d'habitants, l'allongement de la durée de vie a permis d'augmenter la population de 7 millions par rapport à celle de 1945. Il y a aujourd'hui en France 17 millions de retraités. Ce nombre est si considérable que cela le rapproche de plus en plus de celui des travailleurs, puisque ce sont des générations nombreuses qui partent désormais en retraite.

Le *baby-boom* a commencé en pleine guerre mondiale en 1941-42, c'est-à-dire dès que les hommes rentrent du front. Est-ce la politique de Vichy, et le fait que la France a failli disparaître en 1940, qui a provoqué une forme d'électrochoc durable, puisque ce sursaut s'est poursuivi pendant une vingtaine d'années ? Certes il a été appuyé par une très forte politique des pouvoirs publics. Notez que dans les chiffres ont été intégrés les DOM-TOM, notamment les DOM devenus des départements français en 1945-46, ce qui n'est pas négligeable dans le tableau démographique. En effet au début les DOM pesaient très peu, mais désormais le million ou le million et demi de Domiens qui habitent en métropole constitue avec eux un ensemble de 4 millions d'habitants. Ajoutés aux 7 millions de personnes âgées, on obtient déjà la moitié du gain de population. Il est vrai qu'entre-temps la France est redevenue un pays d'émigration, puisque depuis les années 1980, le nombre de Français de l'étranger a été presque multiplié par 5. Il y a donc 2 millions et demi de Français, aujourd'hui, qui habitent à l'étranger, qu'il faudrait intégrer dans le calcul général de la population française, mais qu'on ne comptabilise pas. Mais disons qu'ils compensent les deux millions de Français rentrés de l'Empire colonial dans les années 1960 et 1970 (dont la moitié d'Algérie). J'attire votre attention sur le fait que dans les 67 ou 68 millions de Français, on intègre d'office les 5 millions d'étrangers qui vivent en France, nationalisés autoritairement en quelque sorte, alors qu'on ne compte pas les Français vivant à l'étranger. Comme pour le PIB et le PNB. Donc, en réalité, 62 millions de Français vivent en France, ainsi que 5 millions d'étrangers, et une quinzaine de millions d'immigrés ou de personnes d'origine immigrée sur trois générations. Mais ce dernier chiffre est sujet à controverse.

Cela dit je pense qu'au total, sur trois générations, comme le dit d'ailleurs l'INSEE, il y a à peu près 16 millions d'immigrés, dont les 5 millions d'étrangers. Si l'on croise tous ces chiffres, on aboutit au fait que la population française d'origine est, elle, toujours à peu près la même qu'en 1945, exception faite des 7 millions de personnes qui bénéficient de l'allongement de la durée de la vie. On peut donc dire que la République n'est pas un régime très fécond, et que les Français républicains, depuis le départ, n'ont pas beaucoup d'enfants. Certes cette faible natalité a déjà été observée au XIXe siècle et dans l'entre-deux-guerres, mais cette tendance s'est aggravée aujourd'hui. Par conséquent la véritable cause de l'augmentation de la population, observable dans ce tableau, est bel et bien la politique migratoire, qui peut être masquée par de savants calculs qui nous échappent : ainsi celui de l'intégration des DOM-TOM (anciennes colonies jusqu'en 1945 non comptabilisées, comme l'Algérie d'ailleurs), dont je viens de vous parler. Je rappelle que l'INSEE, il y a encore une quinzaine d'années, comptait les habitants des DOM-TOM comme des immigrés, à l'instar de ceux qui vivent en métropole ; or soudainement, d'un trait de plume, 1 million de personnes ont été sorties de l'immigration. Je me souviens du moment où Nicolas Sarkozy a intégré Mayotte dans le calcul, cela a permis d'éviter de révéler la baisse de la natalité. On a prétendu que cette baisse remontait à 2011, en réalité elle datait de 2009, mais comme, entre-temps, la natalité de Mayotte avait été intégrée, celle de la France est apparue temporairement plus élevée. Ainsi, ces chiffres produits par l'INSEE sont en réalité le reflet de la politique et leur périmètre varie régulièrement, ce qui embrouille leur analyse. Cela dit, on est sur des masses telles qu'il est difficile de cacher complètement ce qui se passe.

De l'immigration de travail au regroupement familial : le tournant majeur de 1975

La nature de l'immigration a quant à elle effectivement évolué : depuis la fin du Second Empire jusqu'en 1975, l'immigration était associée au travail. On faisait venir des Français pour travailler en Algérie, où l'immigration revêtait une double dimension puisqu'il fallait à la fois peupler le territoire et travailler. Mais en métropole, l'immigration était exclusivement liée au besoin de main-d'œuvre. Elle commence sous le Second Empire et le phénomène s'accentue sous la Troisième République, même s'il est inégal et se déploie par vagues successives liées aux deux guerres mondiales. Il culmine bien sûr pendant les Trente Glorieuses avec un pic au début des années 1970, même si l'on en repère déjà un au début des années 1930.

L'immigration est donc pratiquement considérée comme une politique économique : en effet il faut des producteurs mais aussi des consommateurs, même si à l'époque la France ne se présente pas comme le pays de la consommation. Aujourd'hui en revanche, les économistes font de la consommation le point fort de la France, idée qui aurait certainement paru absurde aux Français des années 1960, *a fortiori* à ceux des années 1950, qui s'appuyaient sur une belle capacité de production – production agricole, production minière, production énergétique, production industrielle, etc. Les Français étaient des producteurs. Au sortir de la Deuxième Guerre mondiale, au début des années 1950, il y a encore presque 40 % d'agriculteurs et 40 % d'ouvriers dans la main-d'œuvre, ce qui fait de la France un pays de producteurs. Mais les pouvoirs publics, et notamment le général de Gaulle, se sont efforcés d'en finir avec la paysannerie française, qui gênait le système économique : il y avait en effet des millions de travailleurs cantonnés dans de petites exploitations privées, que les Français avaient reçues à la Révolution et qu'ils étaient très contents d'exploiter. Ces terres les avaient d'ailleurs retenus en France, en les empêchant de se projeter en Amérique, en Algérie ou ailleurs. Ces Français représentaient tout de même deux millions et demi d'agriculteurs-exploitants tenant des fermes avec leurs familles et des ouvriers agricoles (5 millions d'actifs en plus en 1950). Pour casser ce système paysan et en finir avec cette petite polyculture familiale, l'État a conduit la grande politique du remembrement, de la spécialisation et de la modernisation de l'agriculture par sa mécanisation à outrance. Le résultat est sous nos yeux : tous, nous connaissons les chiffres relatifs aux conséquences de cette politique, et notamment celui du nombre de paysans qui a été divisé par 6 depuis la guerre. Quant au nombre d'actifs agricoles, il a été divisé par 16 ou 17 – je n'ai pas en tête le nombre exact ; mais le nombre d'agriculteurs exploitants a été divisé par 6, ce qui a permis de faire venir en ville les enfants de paysans et parfois les paysans eux-mêmes et leurs femmes, devenus d'abord salariés de l'industrie, puis, dans un deuxième temps, des services.

Donc, les Trente Glorieuses s'expliquent par un afflux de main-d'œuvre des campagnes mais aussi par l'immigration, la hausse de la natalité et l'entrée de plus en plus massive des femmes sur le marché de l'emploi. Tous les facteurs favorables à l'abondance de main-d'œuvre, notamment urbaine, se sont conjugués à ce moment-là. Si bien qu'à la fin des Trente Glorieuses, le taux d'emploi des femmes a considérablement augmenté, la paysannerie s'est effondrée, les services sont devenus, de loin, le premier secteur d'emploi et l'immigration a pris une ampleur telle que plusieurs millions d'immigrés sont au travail. Ils sont notamment européens, c'est-à-dire italiens, espagnols ou portugais ; il y a moins d'un million d'Algériens au milieu des années 1970 en France, qui sont des travailleurs. Les Italiens sont venus au XIXe siècle sans leur femme, puis ont finalement été rejoints par leur famille, constituant donc une immigration familiale ; les Espagnols ont suivi. Les Italiens sont repartis pour la moitié d'entre eux, après avoir fait tous les grands travaux dont j'ai parlé tout à l'heure, mais ils ont été remplacés par d'autres populations. Mais – j'insiste –, jusqu'en 1975 l'immigration postcoloniale est relativement modeste, puisque sur les 5 millions d'immigrés on compte à peu près 1 million d'Algériens et de Marocains ; quant à l'immigration africaine, elle n'existe encore pour ainsi dire pas. J'ai trouvé un chiffre assez amusant l'autre jour en feuilletant de vieux journaux ; ils disaient qu'en 1958 il y avait, je cite « 40 000 Noirs en France ». C'était écrit comme cela, parce que les Domiens n'avaient pas non plus immigré. C'est d'ailleurs Michel Debré qui va favoriser l'immigration des jeunes habitants des DOM-TOM en métropole. Or cette politique a eu de fortes conséquences, puisqu'on est passé de zéro à 1 million et demi de personnes aujourd'hui pour les seuls Domiens.

L'immigration de travail prend fin en 1975, année qui marque aussi le début de la crise et la prise de conscience qu'il y a du chômage. D'ailleurs il faut rappeler que Mai 68, quelques années auparavant, avait été une crise du chômage – avec 200 000 chômeurs à ce moment-là. Mais en 1975 on arrive à des niveaux de chômage un peu supérieurs, ce qui conduit les pouvoirs publics, considérant que l'immigration est liée au travail, à stopper l'immigration, exactement comme l'avait fait le Front populaire, et même à proposer à ces travailleurs immigrés une prime au retour. C'est d'ailleurs pourquoi, s'agissant de ses ressortissants, le gouvernement algérien a refusé. Mais l'idée était de reproduire ce qu'on avait déjà fait dans les années 1930, en bloquant essentiellement l'immigration du travail, ce sur quoi d'ailleurs on n'est jamais revenu. Jusqu'à la dernière loi, votée en décembre 2023, qui était explicitement favorable au fait de régulariser des travailleurs en réalité clandestins, privés du droit de travailler, il n'y avait pas eu depuis longtemps de mesure associant aussi explicitement immigration et travail. L'année 1975 représente donc vraiment un tournant majeur, qu'il faut retenir, parce qu'il correspond officiellement à la fin de l'immigration de travail – sur laquelle aucun gouvernement n'est jamais revenu avant celui d'Emmanuel Macron. Et pourtant, on a vu le pays se transformer profondément depuis, la nature de l'immigration évoluer, et la population immigrée croître très fortement. Je vous le disais tout à l'heure, 16 millions de personnes sur trois générations, ça n'est pas rien dans un pays d'environ 67 millions d'habitants. Que s'est-il donc passé ?

Le regroupement familial a été offert aux travailleurs immigrés hors CEE dès 1976. Jusque-là, l'immense majorité des travailleurs hors CEE, notamment maghrébins, n'avait pas fait venir femmes et enfants ; comme à l'époque coloniale de la « noria », ces travailleurs immigrés retournaient dans leur pays où femmes et enfants étaient restés, c'est-à-dire au Maroc, en Algérie ou en Tunisie. Mais à partir de 1976, le gouvernement décide d'établir le regroupement familial, qui déclenche immédiatement un mouvement massif d'installation de population en France, à tel point que Raymond Barre s'en inquiète et tente en 1977 de mettre fin au regroupement familial ; l'affaire est portée devant le Conseil d'État, qui deux ans plus tard décide de légaliser et entériner définitivement le regroupement familial. Or ce regroupement familial n'est pas seulement un regroupement des enfants et des épouses, il va devenir petit à petit le regroupement de la famille au sens large, c'est-à-dire des enfants adoptés, des conjoints, des cousins ou en tout cas des frères et sœurs, voire des parents, etc. Et ce mouvement est intervenu alors même que le chômage continuait d'augmenter très régulièrement. Rappelez-vous François Mitterrand qui faisait campagne en 1981 en reprochant à Valéry Giscard d'Estaing le million de chômeurs. L'observation des courbes de croissance des années 1960 jusqu'aux années 2010 montre bien que la croissance perd 1 % chaque décennie, tandis que le chômage augmente d'un million de personnes par décennie. Le chômage augmente ainsi parallèlement jusqu'à des niveaux très hauts comme celui d'aujourd'hui. Quoi qu'on en dise, il y a à peu près six millions de personnes qui d'une manière ou d'une autre pourraient travailler, souhaiteraient apparemment travailler mais ne le peuvent pas... D'ailleurs on constate aussi ce phénomène de stagnation de la main-d'œuvre, qui avait énormément augmenté pendant les Trente Glorieuses, mais que l'on n'arrive plus, en France, à dépasser. On a d'ailleurs un taux réel d'emploi beaucoup plus faible qu'en Allemagne par exemple, puisque sur le papier on compte 27 ou 28 millions de travailleurs, alors qu'en réalité les chômeurs sont comptés parmi les actifs, ce qui est déjà un peu étrange, et les stagiaires également, ainsi que toutes sortes de gens qui en réalité ne sont pas en situation d'emploi.

La France dispose donc réellement d'environ 23 à 24 millions d'emplois stables, ce qui est peu pour un pays riche de 67 millions d'habitants. Son taux d'activité est faible par rapport à celui de l'Allemagne, c'est très net, et si on rapporte la démographie des deux populations à leur taux d'emploi, il y a 10 millions de travailleurs actifs de moins en France qu'en Allemagne, parmi lesquels certains sont chômeurs, d'autres mères ou pères de famille, ou en stage ou sans activité pour les jeunes (dont trois millions de NEET) ; bref il y a tout un groupe de personnes qui certainement travaillent, mais ne sont pas intégrées à une économie proprement formelle, statutaire. Et puis il y a aussi toutes sortes de trafics et de gens qui ne sont pas dans l'emploi.

L'immigration, moteur structurel de la société de consommation

La question est dès lors de savoir pourquoi l'on voit croître l'immigration à chaque décennie. Les chiffres pris sur quarante ou cinquante ans montrent bien l'augmentation de l'immigration parallèlement à l'augmentation du chômage et à la décroissance économique – la croissance est de 6 % dans les années 1960,5 % dans les années 1970,4 % dans les années 1980,3 % dans les années 1990,2 % dans les années 2000, 1 % dans les années 2010. Ces chiffres montrent bien ce qu'est le *trend* de la croissance française, qui est aujourd'hui à (presque) zéro ! Quant au chômage il n'augmente plus, mais il a quand même atteint des seuils très élevés et il peine à diminuer. Officiellement, pour l'INSEE, il y a 5,8 millions de personnes dans les six catégories d'inactifs en âge de travailler, et souhaitant apparemment le faire. C'est pourquoi, ayant de moins en moins de croissance ainsi qu'un chômage très élevé, on a stoppé l'immigration du travail ; mais la population continue de croître globalement, sans l'immigration de travail, ce qui signifie que l'immigration a une autre fonction.

En effet, en réalité, si depuis 1975 l'immigration a cessé de se nourrir du besoin de main-d'œuvre, elle est devenue un moteur structurel de la consommation. Confrontés à une croissance économique déclinante sur le long terme du fait de la chute des emplois productifs, nos dirigeants ont imaginé, selon une vision finalement quelque peu soviétique de l'économie, que la multiplication des facteurs (ici le nombre de consommateurs) allait pallier la stagnation de l'emploi et le ralentissement de la productivité (autrement dit, le progrès technologique). La consommation s'est imposée comme le maître du jeu en France, et l'immigration fournit chaque année de nouveaux consommateurs ; les immigrés qui viennent en nombre croissant au cours de chaque décennie depuis 45 ans permettent d'accroître mécaniquement la consommation, d'autant qu'ils font plus d'enfants que les natifs. D'ailleurs, depuis plusieurs décennies, les pouvoirs publics expliquent que la consommation est le moteur français de la croissance. Mais cela n'est ni économiquement très vertueux ni très efficace, et ne fonctionnerait d'ailleurs pas sans un endettement symétrique croissant.

Cela nous a conduits à la situation actuelle : le système économique très concurrentiel et très internationalisé dans lequel nous vivons engendre la lutte pour les prix les plus bas, et par voie de conséquence, des crises comme la crise agricole actuelle. En effet, la production et l'emploi en France ont décliné, d'abord dans l'agriculture puis dans l'industrie, les mines, la pêche, enfin dans tous les secteurs productifs. C'est la raison pour laquelle on remplace petit à petit nos productions par des importations de produits ou de services moins coûteux. Ce qui intéresse nos dirigeants depuis 40 ans, ce n'est plus la production mais la consommation.

Certes la France reste très forte dans les services, elle est même le pays champion d'Europe des services, mais elle est de moins en moins productive, car elle a fait le choix de faire progressivement travailler les pays étrangers à sa place et de développer les importations. Si bien qu'aujourd'hui, presque les deux tiers de ce que l'on consomme – 63 % d'après Nicolas Baverez – sont fabriqués à l'étranger, ce qui est considérable : ainsi, les voitures, le fer, les produits agricoles, les ordinateurs, les vêtements, les chaussures, les meubles, les matériaux de construction, etc. Par conséquent le système économique, qui a renoncé à produire, a totalement changé, en développant énormément le secteur des services, notamment les services liés à la consommation, la grande distribution et tous les services liés à la personne ou aux entreprises.

On est vraiment dans une économie de services, et la France est le pays le plus « tertiarisé » d'Europe ; elle a d'ailleurs abandonné en cours de route une grande partie des classes populaires, largement investies autrefois dans l'industrie ou l'agriculture. Au lendemain de la guerre, 80 % des actifs travaillaient dans l'industrie ou dans l'agriculture ; mais ces secteurs ont été largement sacrifiés, ce qui explique le fait que notre niveau d'emploi demeure faible, notamment par rapport à l'Allemagne qui compte 10 millions d'actifs de plus, à population égale évidemment.

Or ce modèle est encouragé par les organisations patronales, dont on sait qu'elles ont une action déterminante sur la politique migratoire, au point qu'on peut dire que c'est davantage le patronat qui fait la politique migratoire qu'un Jean-Luc Mélenchon. Mélenchon fait retentir un certain discours qui criminalise le refus de l'immigration et idéalise la figure de l'immigré, quasi christique ; mais ce n'est pas lui qui tient les cordons des consulats à l'étranger, ce n'est pas lui mais bien le ministère de l'Intérieur qui tamponne les dossiers ou valide la croissance de la population. Dans les années 1970, le flux migratoire se situait autour de 100 000 habitants par an, il est aujourd'hui de 4 à 500 000.

Alors, qu'y a-t-il derrière tout cela ? Sans doute l'idée que pour maintenir un flux d'activités constant face à une croissance toujours plus menacée d'affaiblissement, il faut augmenter les facteurs de production, en particulier la consommation. Prenons l'exemple d'un jeune enfant africain (dit « migrant mineur isolé » en Europe) dont *économiquement* la vie ne vaut rien, puisqu'il n'a droit bien sûr à aucune allocation dans son pays, n'a pas nécessairement de travail, etc. Ainsi, d'un point de vue strictement économique, il a une valeur très faible. Une fois arrivé en France, sa valeur économique passe à 50 000, 40 000 ou 45 000 € par an, puisqu'il reçoit de son département d'accueil une allocation d'installation en France, créée d'ailleurs par l'endettement, puisque l'État est impécunieux. Pourtant les pouvoirs publics attribuent à cette personne qui arrive un capital d'installation, qui ne constitue certes pas un enrichissement mais lui permet de disposer d'une carte téléphonique, d'une paire de baskets, d'une carte bleue avec laquelle il pourra se faire soigner, trouver un logement, faire ses courses, etc. Bref ce sont 45 000 € ou 50 000 €, sans parler de la prise en charge médicale, qui vont rentrer dans le circuit économique, représentant une création nette de valeur, bien que totalement fictive. Il s'agit en effet de crédits qui entrent dans l'économie réelle, et sont investis dans le supermarché du coin, l'immobilier local, etc. Ensuite, si ce jeune immigré, plus tard, a des enfants, cela bénéficiera à la machine distributive qui fabriquera de la valeur en distribuant des aides nouvelles.

Si l'on voulait vraiment aider les Africains, il vaudrait mieux attribuer cette somme à un pays comme le Sénégal : à Dakar (ville chère), un étudiant en licence peut étudier correctement pour 1500 à 2000 euros par an en licence... Soit 25 années d'études en Afrique pour le coût annuel d'un seul mineur migrant isolé. Mais cela n'améliorerait pas la croissance française…

On voit donc comment l'individu consommateur devient, en fait, un but en soi, et pourquoi la valeur de l'immigré a complètement changé. Bien sûr, il y a toujours des immigrés qui travaillent, mais d'après les dernières statistiques sorties avant la dernière loi sur l'immigration, sur 10 immigrés qui entrent en France, un seul travaille, les autres sont étudiants, parents ou refugiés. Et, à la limite, tout fait ventre : les étudiants dont on sait très bien qu'ils vont rester ici pour la plupart deviennent à leur tour des consommateurs, qui sont aidés, logés et envoyés à l'Université – il faut construire des cités U –, ce qui au passage abîme un peu plus la situation de notre université sans moyens supplémentaires pour les accueillir ! Cette conception de l'immigration explique la contradiction selon laquelle un immigré est présenté comme un travailleur, ce qui était vrai dans les années 1970, mais a cessé de l'être officiellement en 1975, sans que cela change l'idée que les gens en ont. C'est pourquoi, dans cette perspective, il devient évidemment parjure de dire que l'immigration coûte très cher, puisque l'immigré est censé travailler, gagner sa vie, payer des cotisations, des impôts, etc. Or cette définition ne concerne en réalité qu'une frange tout à fait mineure des nouveaux immigrés. Il est donc important de comprendre qu'on a complètement changé de modèle, et surtout, comme souvent en France, sans le reconnaître publiquement, ni même en réalité le penser, puisqu'on le découvre une fois le fait accompli depuis bien longtemps.

Le prix humain et culturel du modèle actuel de l'immigration

Évoquons maintenant le prix humain et culturel de cette immigration. Le prix humain existe, en effet, et il n'est pas négligeable. Tout d'abord, on leurre les immigrés : on prétend les accueillir par amour ou amitié, mais on ne leur parle pas de notre besoin d'agents économiques, ni du fait qu'ils viennent à l'université française parce qu'elle est gratuite et que les meilleurs vont ailleurs.

Il y a en fait un manque de considération problématique dans la pensée républicaine, qui a mis ses pas d'une certaine façon, depuis l'origine, dans ceux de la politique d'expansion territoriale de l'Ancien Régime, laquelle faisait des Français à partir des territoires successivement conquis. La Révolution a poursuivi ce travail de conquête, et l'Empire, avec la

France des 130 départements de Bonaparte, a représenté une apothéose de cette politique. La colonisation a continué à faire des Français en Algérie et ailleurs, parfois au nom de l'assimilation, idée véhiculée depuis très longtemps, mais en réalité assez peu mise en œuvre à l'époque coloniale. Et aujourd'hui, où il n'est plus question d'aller envahir un quelconque territoire, on peut en revanche franciser des gens en les faisant venir ici, par l'immigration. Selon moi il s'agit d'une idée très profondément enracinée, qui relève du messianisme à la fois catholique, royal, et républicain français. Je pense qu'on a besoin de se dire qu'il faut faire des Français d'une manière ou d'une autre ; or le dernier moyen qu'il nous reste est cette immigration, qui a comme premier inconvénient, au fond, de nier l'autre dans sa liberté et son identité propre.

Cette politique est pourtant paradoxale, puisque, officiellement, la politique d'assimilation a été rejetée ; en réalité, il s'agit d'un refus de penser la différence de ceux qui passent la frontière et deviennent ainsi mécaniquement des Français comme les autres. Je le disais tout à l'heure, on compte 68 millions de Français, alors qu'il y en a 62 millions ; on ne pense donc pas la différence culturelle, ce qui est d'ailleurs très étrange après un XXe siècle qui a tant développé la connaissance des cultures, l'anthropologie, la sociologie, l'ethnologie, l'histoire, avec Lévi-Strauss et beaucoup d'autres. On est allé très loin scientifiquement dans la connaissance de l'autre, des différentes civilisations, des systèmes de parenté, des systèmes linguistiques, des systèmes culturels, etc., et en même temps – peut-être parce qu'il est trop compliqué de penser tout cela à la fois –, une fois que les gens arrivent en France, on oublie leur culture. Je vous renvoie à ce sujet au livre paru il y a quelques années de Hugues Lagrange, sociologue au CNRS : *Le Déni des cultures*[1]. La thèse de ce livre était précisément ce qu'on ne veut pas penser ni affronter, la différence culturelle. L'immigré est en réalité pensé comme une entité indifférenciée, qu'il soit Tchétchène, Polonais, Japonais, Belge, Italien ou Congolais. Certes ils sont tous des individus, et aux yeux des croyants, des personnes égales en dignité ; du point de vue de la pensée économique, ils sont tous des agents économiques interchangeables ; mais du point de vue de la vie sociale et des interactions, du point de vue de leur langue, de leurs modèles culturels, de leurs références, ou de leurs allégeances multiples, ils sont tous très différents. Et pourtant ils sont indifférenciés

1. Éditions du Seuil, 2010.

par l'État français, ce qui conduit à cette forme d'*invisibilisation*, dans la population française comme dans la citoyenneté.

Or cela implique à mon sens un prix humain très important à payer.

Les jeunes de banlieue ne se sont pas soulevés en juillet 2023 au nom de l'intégration, ils n'ont pas réclamé davantage d'assimilation, mais ils étaient mus par des formes de colère extrême qui les ont conduits à piller, brûler, cracher, mépriser, etc. Certes, ils étaient manifestement très mal, à la fois dans leur tête et dans leur vie, n'ayant pas accès à l'emploi, et souffrant d'un très mauvais accès à la langue. C'est d'ailleurs une des conséquences du fait de ne pas penser la différence dans les classes en France : on n'apprend pas correctement le français aux gens qui arrivent ! En Allemagne, les immigrés ont 1000 heures de cours d'allemand, en France ce sont quelques dizaines d'heures de stage qui ne sont même pas obligatoires s'ils s'en dispensent. On ne prend donc pas en considération l'identité des personnes qui entrent sur notre territoire, parfois avec des systèmes culturels très différents, ce qui accroît les difficultés et conduit même à des phénomènes de régression. L'école de la République française assimilait encore dans les années 1970, par la langue notamment, les enfants de l'immigration comme les Algériens ou les Marocains. Aujourd'hui, avec le système des ghettos culturels, communautaires, familiaux, les jeunes Maghrébins à l'école sont beaucoup plus en difficulté, notamment du point de vue linguistique. En réalité, ils sont pour certains comme des étrangers, alors que non seulement ils sont souvent eux-mêmes nés là, mais parfois aussi leurs parents. Mais ils parlent un français d'étranger, ce qui signifie qu'ils ne pourront pas réussir d'études supérieures, dont la langue reste de fait le critère déterminant.

Mais comme il y a invisibilisation de cette population d'origine étrangère, c'est comme si ce phénomène n'existait pas. On ne trouve plus de professeurs aujourd'hui, parce que les jeunes Français ne veulent plus aller enseigner dans les quartiers d'immigration forte des banlieues où ils vont être envoyés systématiquement, avec de petits salaires et beaucoup d'ennuis. Pourtant, quand je suis arrivé à la Sorbonne il y a dix-huit ans, sur un groupe de 50 étudiants, 40 voulaient devenir professeurs ; aujourd'hui, sur un groupe de 50 il y en a 2. Il y a donc un effondrement évident de l'attrait de la profession. Mais le fait que les jeunes professeurs ne veulent pas aller dans ces quartiers qu'ils considèrent non pas tout à fait comme étrangers mais du moins comme susceptibles de les mettre en danger, cela est un non-dit. Les candidats au Capes préfèrent donc passer les concours du secteur privé, ou bien faire tout simplement autre chose, puisque les gens alphabétisés de bon niveau ont de fait peu de problèmes d'emploi. En revanche, pour les millions de gens qui ont un niveau culturel et linguistique très faible, l'accès à l'emploi est plus compliqué et les choses ont plutôt tendance à empirer.

On est d'autant plus dans le déni qu'on refuse aux enfants de l'immigration toute autre attention que l'octroi automatique de la nationalité française par l'application du droit du sol. Je pense notamment aux Maghrébins, parmi la dizaine de millions de musulmans en France, ou plus exactement de personnes d'origine musulmane, puisque beaucoup sont devenus athées ou indifférents. En effet, quand les sondages disent qu'il y a à peu près 4 millions de musulmans en France, il s'agit en fait du noyau d'affirmation revendiquée s'identifiant à l'islam. C'est pourquoi il faudrait plutôt parler de 9 ou 10 millions de musulmans ou de personnes d'origine musulmane, car beaucoup ont en réalité abandonné leur religion d'une manière ou d'une autre. Sur ces 10 millions de musulmans, il doit y avoir probablement 8 millions de Maghrébins d'origine, sur trois voire parfois quatre générations (l'Algérie à elle seule en revendique d'ailleurs 6 millions sur 4 générations).

Par ailleurs, le Maghreb applique le droit du sang. En France, on explique à cette population qu'elle est française; mais quand ils rentrent pour les vacances dans leur pays d'origine, ils y sont considérés comme des Algériens ou des Marocains. On prétend que cette bi-nationalité n'est pas gênante, mais en réalité la question de l'identité devient ingérable : quand ils passent la douane en Algérie ou au Maroc, ils ont intérêt à respecter certains codes, sinon on leur fait comprendre qu'ils s'exposent à des problèmes; les États du Maghreb, notamment le Maroc et l'Algérie, mais aussi la Turquie, exercent en effet un droit de suite sur cette population qu'ils regardent comme étant la leur. Je pense en particulier au Président turc, qui n'a pas eu peur de venir prêcher dans une mosquée qu'il avait fait construire préalablement en Alsace, ni de demander aux jeunes Turcs de ne pas s'assimiler, de ne pas devenir Français, de rester fiers d'être Turcs et de porter les couleurs de la Turquie et de l'Islam !

Donc la question de l'allégeance a des conséquences très visibles. Il y a quelques années il y avait des Zidane, des joueurs algériens dans l'équipe de France, or il n'y en a plus aucun, alors même que l'immigration maghrébine devient de plus en plus ancienne. Il n'y a plus que des joueurs noirs africains, mais il n'y a plus aucun joueur maghrébin, puisque désormais, dès qu'ils ont du talent, ils sont invités à rejoindre l'équipe d'Algérie et du Maroc (ce qui a d'ailleurs permis au Maroc d'atteindre le quart de finale). Cette politique n'est pas menée seulement en France, mais aussi en Belgique, en Espagne, aux Pays-Bas, en Angleterre. Mais le fait qu'il n'y ait plus du tout de Maghrébins dans l'équipe de France n'interroge pas, puisque l'indifférenciation demeure la règle, tout individu en valant un autre ; c'est ainsi que l'on continue de s'aveugler.

Avec l'islam c'est la même chose : en 1962 la France a délégué cette question à l'Algérie sur son propre sol, en lui confiant la Mosquée de Paris, devenue l'ambassade *bis* de l'Algérie. D'ailleurs son budget, qui représente plusieurs millions d'euros par an, est directement payé par l'Algérie ; ainsi le grand imam de France de la Mosquée de Paris, qui contrôle 700 mosquées en France, est en quelque sorte un ministre-bis des Affaires étrangères algériennes en France, et c'est tout à fait officiel ! Évidemment, tout cela est très perturbant pour les enfants de l'immigration, pour les petits-enfants voire pour les arrière-petits-enfants qui peinent à cerner leur identité. La question n'est pas résolue, et pourtant on refuse de la penser en s'abritant derrière le droit du sol. Or les implications sont considérables. Comme les Marocains et les Turcs contrôlent aussi respectivement 700 et 200 mosquées, le Président Macron a décidé d'interdire les imams consulaires, c'est-à-dire que ces trois pays n'ont plus le droit de nous envoyer leurs imams résidant à l'année ou pendant le ramadan. En fait cette mesure était plus spécifiquement dirigée contre les Turcs qui formaient des militants de l'islam politique révolutionnaire et les renvoyaient en France au bout de quatre ans. On avait totalement perdu le contrôle. Mais comme on n'a pas voulu stigmatiser les Turcs, l'État a décidé de ne plus avoir d'imams venus de l'étranger en France. Il reste que je ne sais pas comment on va faire appliquer cette mesure, parce que la République est laïque et ne peut pas former d'imams. Or on leur dit qu'ils sont pauvres, qu'ils ne peuvent pas non plus financer de « séminaires » comme les catholiques ; par conséquent nous sommes dans une nouvelle impasse, et l'on va voir proliférer des imams auto-proclamés qui seront évidemment des gens non formés, parfois radicalisés… Encore faudrait-il oser faire ce constat.

Une fausse solution au vrai problème de la chute de la natalité

Pour revenir, en terminant, à la question de la natalité, il faut souligner que le nombre annuel de naissances en France est passé de 900 000 à 750 000 en quelques années, ce qui explique pourquoi l'on parle de chute de la natalité. Reprenons le calendrier des années 1970 : 1975 est l'année qui marque à la fois la fin de l'immigration du travail et la loi sur l'avortement. Or cette loi sur l'avortement se traduit immédiatement par 200 000 avortements. La même année, alors qu'il y avait à peu près 100 000 immigrés par an, on arrête l'immigration – une immigration de travail à ce moment-là. La chute démographique est brutale ! Dès l'année suivante, en 1976, Jacques Chirac propose le regroupement familial, dont l'effet est immédiat : ce sont des centaines de milliers d'enfants et de mères qui commencent à arriver en France où elles auront des enfants. En effet les hommes vont faire venir leurs femmes, ce qui n'aurait sans doute pas été le cas dans les années 1950 ou 1960, parce qu'au lendemain de l'indépendance, il y avait une fierté nationaliste qui attachait ces populations à leur territoire ; seule la misère les poussait à venir travailler en France. Mais à partir des années 1970, le Maghreb entre dans une crise structurelle et les populations comprennent assez vite qu'il vaut mieux fuir quand c'est possible ; l'immigration est encore relativement libre à ce moment-là.

Le regroupement familial, à mon sens, est lié dans l'esprit de nos dirigeants politiques, obsédés par la croissance démographique, à une sorte de politique nataliste migratoire. Ce n'est bien sûr pas justifié officiellement comme cela, je n'ai d'ailleurs pas trouvé d'articles appuyant cette théorie. Mais la démographie est entravée par deux fois cette même année, tandis que le regroupement familial va permettre de remplacer les gens qui ne viennent plus pour le travail, voire qui ne naissent pas, par de nouveaux habitants – je ne dirai pas par de nouveaux consommateurs, car ce n'était pas encore la façon de penser de l'époque (illustrée alors par les discours de Michel Debré, qui appelait de ses vœux une croissance démographique forte pour la France, afin de rattraper l'Allemagne un jour).

On a tendance à oublier cet aspect-là, il a pourtant vraiment marqué la politique française : après avoir été loin derrière l'Allemagne du point de vue démographique, la France était sur le point de la rattraper ; mais le mur de Berlin s'est effondré, et l'écart s'est de nouveau creusé au profit de l'Allemagne, qui pouvait comptabiliser 17 millions d'habitants de plus, ce qui est toujours à peu près le cas.

Dans les résultats démographiques, c'est bien la surnatalité de la population immigrée notamment musulmane, africaine ou turque qui a permis de compenser et d'invisibiliser, à la fois la question de l'avortement, mais aussi une vraie chute de la natalité endogène. Aujourd'hui sur 750 000 naissances en France, un tiers est probablement d'origine immigrée assez récente.

Il est convenu de se baser sur les chiffres publics pour prétendre qu'il y a à peine plus d'immigrés ou d'étrangers que dans les années 1930, mais en réalité la population a beaucoup changé, son visage n'est plus le même à tous points de vue, justement parce que la natalité est devenue une composante structurelle très importante de la démographie française. Donc je pense qu'il faut faire ces liens, même si je suis bien conscient qu'il est difficile de le faire dans le débat public.

J'ai longtemps vécu au Maghreb : il faut savoir qu'aujourd'hui encore, en Algérie, au Maroc, ou en Tunisie (cette dernière est en train de sombrer dans la misère), une grande partie de la population ne bénéficie pas de couverture sociale. Il y en a pour les fonctionnaires ; et l'élite, quant à elle, est suffisamment riche pour assurer sa sécurité. Mais ces catégories de populations sont minoritaires, et la masse de la population n'a ni allocation chômage, ni allocation familiale, ni retraite, ni évidemment congé maladie ; elle se fait soigner comme elle le peut, si elle en a les moyens, et sinon il faut attendre ou mourir. La moitié des personnes atteintes d'un cancer au Maroc en meurent. Il faut donc se rendre compte de ce que représente pour ces populations l'arrivée en France : c'est fascinant, pour eux qui viennent d'un pays rongé par la pauvreté et la pénurie, d'entrer dans un système qui non seulement vous donne de l'argent pour vivre sous la forme d'allocations sociales diverses, mais qui en même temps vous donne accès à une gratuité de soins à vie… C'est merveilleux ! Mais il y a une situation de déséquilibre qu'on mesure mal et l'on finit même par penser (notamment chez les jeunes) qu'il s'agit d'un système normal. En réalité, on vit dans une bulle sociale.

Il y a quelques années, on disait que la France représentait presque le tiers des dépenses sociales mondiales, et de fait ce sont quand même environ 1700 milliards d'euros qui sont distribués par l'État, dont 850 milliards pour la politique sociale en 2023, ce qui est phénoménal ! C'est cela qui permet de faire vivre des populations pauvres, puisqu'actuellement par exemple, les immigrés maghrébins de France ont plus d'enfants qu'au Maghreb, où le fait d'avoir des enfants conduit inexorablement à un appauvrissement, le travail étant rare, et l'enfant inutile pour toutes les familles qui ont quitté la ferme. Il faudra donc diviser la pitance par le nombre d'enfants… En France en revanche, les conditions pour avoir des enfants sont positives, puisqu'on vous donne de l'argent pour les élever, même si cela nous paraît peu ! Mais cela n'est pas pensé non plus, on refuse de voir ce qui se passe de l'autre côté de la Méditerranée, même si je constate qu'on accueille souvent les réfugiés ou clandestins comme des rescapés de l'enfer, puisqu'on leur donne des couvertures, on les met dans des canots, on leur donne des gilets de sauvetage, on les soigne, alors que pour beaucoup ils viennent de pays qui ne sont ni en guerre ni en révolution et qui ne connaissent ni la famine ni les épidémies. Le fait que la natalité différentielle soit très forte entre ces pays d'émigration et les pays d'Europe devrait être pris en compte.

Quand le Président Macron est arrivé au pouvoir, il a nommé le démographe François Héran au Collège de France – Collège qui, je le rappelle, a été créé par François Ier pour faire contrepoids à la Sorbonne alors aux mains de l'Église. C'est donc toujours le pouvoir politique présidentiel qui nomme les professeurs au Collège de France en fonction de ses impératifs divers, et François Héran, certes connu et auteur d'ouvrages, a été élu pour porter la bonne parole sur la question migratoire, expliquer qu'il n'y a en réalité pas plus d'immigration qu'avant, et que d'ailleurs l'immigration est sans conséquences, puisqu'il y a de plus en plus de mariages mixtes, et donc que l'intégration fonctionne très bien. Or effectivement, à l'heure actuelle, à peu près un quart des mariages en France sont des mariages mixtes. Mais que représentent ces mariages mixtes ?

Ce sont en fait des mariages intra-maghrébins, unissant des garçons maghrébins à des filles venues de l'autre côté de la Méditerranée dans le but d'épouser un Français. Ainsi ces 50 000 mariages mixtes dont François Héran prétend qu'ils sont la preuve de l'intégration, en réalité révèlent son échec, voire une sorte d'assimilation à l'envers pour cette population. Car ces femmes qui arrivent maintenant des écoles publiques du Maroc, où l'enseignement arabisé est de médiocre qualité, ou d'une Algérie culturellement très hostile à la France (les rares cours d'histoire véhiculent une image méprisable de la France, pays colonisateur, assassin, etc.) stabilisent les hommes qu'elles épousent en France en leur donnant des enfants – deux fois plus que si elles étaient restées dans leur pays. Mais, élevés par des mères fraîchement immigrées en France, ces enfants seront finalement encore moins francophones que leur père.

Ce phénomène explique d'ailleurs aussi la chute scolaire et linguistique depuis quelques années des enfants de l'immigration maghrébine. Ces femmes courent en outre le risque de se retrouver enfermées dans leur appartement, contraintes de porter le voile, leur porte de sortie résidant finalement dans le seul fait d'avoir des enfants. Il s'agit donc d'une sorte de mécanique infernale, d'un processus de désassimilation ! Si on ajoute le fait que ces familles vivent dans des quartiers et des villes homogènes, on perçoit mieux le drame de cette mécanique, totalement invisibilisée puisqu'il s'agit officiellement de Français. Et pourtant, personne ne va habiter dans ces villes comme Bobigny, ou celles de toute la banlieue nord, dans ces quartiers qui existent par centaines en France. Marseille Nord est très largement immigrée, mais c'est aussi le cas de tant de villages des vignobles du Médoc, du Bordelais ou de la vallée de la Garonne… En réalité, le problème se pose partout en France et c'est le produit d'une histoire, d'une idéologie, certes parfois généreuse. En effet, on accueille les immigrés au nom de l'amour de l'autre, de la tolérance, de valeurs positives, mais il s'agit en réalité d'une forme de détournement de la charité puisque l'immigration nuit d'abord à une grande partie de la population qui est sur place et se voit déclassée, écartée par le système économique. C'est la raison pour laquelle, alors que mon métier est de travailler et publier sur le monde arabe, j'ai souhaité m'intéresser à la société française, en particulier depuis la crise des Gilets jaunes. J'ai souhaité aller plus loin dans l'étude de cette population qui traverse la Méditerranée pour venir en France. Il y a tant d'interactions et de conséquences qu'il me semble urgent de s'intéresser à cette crise globale et complexe. L'immigration telle qu'elle est advenue et qu'elle fonctionne est donc selon moi une fausse solution au vrai problème que constitue la chute de la natalité dans la France d'aujourd'hui.

Échange de vues

Marie-Joëlle Guillaume

Nous ne nous étions pas trompés en faisant appel à votre compétence ; je vous remercie pour la mise en perspective historique de notre sujet. Je suis de ceux qui pensent qu'il est indispensable de s'appuyer sérieusement sur l'histoire, si l'on veut se donner les moyens d'une réflexion réaliste. Je vous remercie notamment de nous avoir fait saisir que la date de 1975 a marqué un tournant majeur.

Pierre Deschamps

J'ai une question un peu technique : vous avez expliqué que l'immigration avait été dans un premier temps une immigration de travail liée au fait que nous cherchions des producteurs, et vous avez dit que la France était devenue un pays de consommateurs. Mais quel intérêt un pays a-t-il à avoir davantage de consommateurs pour des produits qu'il ne produit plus ? Ma question ne porte pas du tout ici sur l'invasion migratoire, mais sur ce point un peu technique.

Pierre Vermeren

J'aurais dû compléter ma phrase, quand j'ai parlé des facteurs de production. En fait, nous raisonnons selon une pensée économique quelque peu soviétique, basée sur l'accroissement des facteurs de production. Sous Staline, on considérait que plus il y avait d'ouvriers, plus on pouvait augmenter – tripler, quadrupler, quintupler – la production d'acier, de locomotives, de tracteurs et par conséquent la richesse. Mais on fait l'impasse sur le progrès technologique. Non que l'on ne s'y intéresse pas et que nous ne soyons pas un pays par ailleurs technologique, mais nous avons quand même laissé filer énormément de technologies : je pense par exemple à la révolution informatique, que nous avons complètement ratée puisque tout est fabriqué ailleurs... Considérons les 50 000 ou les 45 000 € donnés à un migrant mineur isolé qui arrive. Qui en profite ? Selon un calcul très arbitraire, 10 000 € iront au logement, donc au BTP, 10 000 € à la grande distribution, 5 000 € aux compagnies de téléphone mobile, puisque l'essentiel de son activité sera de téléphoner et d'être sur son téléphone portable, etc.

Pierre Deschamps :

Donc... d'importation ?

Pierre Vermeren

Oui, d'importation, mais il y a des abonnements incontournables. Par ailleurs, une partie importante de la somme va à la médecine, le dentiste aura vingt clients au lieu de dix, les profs devront également accepter davantage d'élèves et accueillir des primo-arrivants. En Allemagne, on les met dans des classes à part, mais en France on les mêle aux autres. Il y a deux ans, ma femme a fait passer le bac et a eu pour candidat un grand Africain très sympathique qui ne parlait pas français, à qui elle devait faire passer un oral sur Baudelaire ! Eh bien, il a quand même fallu lui mettre une note... Il venait d'arriver, on l'avait mis dans la classe de son âge sans aucun égard pour sa situation réelle ni pour celle des professeurs. Tout le monde bénéficie de ce système, économiquement j'entends, puisqu'il faut compter avec 100 000, 200 000 ou 300 000 immigrés de plus par an – qui auront des enfants – ce qui fait tourner la machine. On s'inquiète de l'explosion des familles monoparentales, mais leur contour est assez simple, il s'agit très souvent d'une jeune Française, de quelque origine que ce soit, qui rencontre un immigré lui faisant un enfant pour obtenir des papiers, ou pour une autre raison d'ailleurs ; puis il l'abandonne, la laissant seule avec l'enfant... Il reste que celui-ci représente toujours un consommateur de plus. Évidemment, il s'agit d'un système très médiocre et même absurde, puisque nous sommes précisément dans une situation de décroissance.

Joël Templier

Vous avez eu un propos extrêmement français, est-ce que le fait de faire partie de l'Europe change quelque chose ?

Pierre Vermeren

Non, je dirai que nous avons une politique sociale très généreuse. L'immigration en France est à l'image de l'immigration des étudiants, c'est-à-dire que les meilleurs vont en Angleterre ou aux États-Unis, où c'est le plus cher ; ensuite ils vont en Allemagne, et puis viennent en France ceux qui restent…

Pourquoi les universités françaises sont-elles dans la misère ? Je ne parle pas du problème des salaires lié au manque de budget – de fait, chaque étudiant paye ses études au prix de deux paires de chaussures par an ! On n'a donc pas les moyens d'enseigner correctement en France. Certes, dans certains domaines, cela n'a guère d'importance : si vous faites de la littérature ou de l'histoire, vous n'avez besoin que de votre langue et d'un stylo, mais enfin il reste d'énormes problèmes de locaux, notamment pour les étudiants qui sont dans des situations économiques difficiles, étant donné le prix du logement en Île-de-France ou dans les grandes villes… En ce qui concerne l'immigration, très souvent les gens qui veulent travailler vont de préférence en Allemagne qui a besoin de travailleurs. Les réfugiés ou ceux qui cherchent à bénéficier d'un statut migratoire vont essayer d'aller en Europe du Nord, et puis, si ça ne marche pas, ils viendront pour une part en France, comme les Algériens par exemple. D'ailleurs, l'ancien ambassadeur Xavier Driencourt[1] a rappelé dans un discours très intéressant que, de toute manière, l'Algérie bénéficiait d'un régime particulier qui la plaçait en dehors des lois migratoires françaises. C'est pourquoi un Algérien entré en France est inexpulsable, quel qu'il soit. Or cela reflète un peu l'idéologie générale selon laquelle tout individu parvenu en France peut y rester. C'est plus compliqué dans certains autres pays européens, et puis surtout la France ne va rien demander à cet immigré en contrepartie ! Il est probable qu'il vivra modestement, et même souvent dans des quartiers peu hospitaliers, mais il bénéficiera d'avantages non négligeables comme la prise en charge de sa santé et un haut niveau de protection sociale, toutes choses égales par ailleurs. Mais pour des gens pauvres, voire très pauvres, cela représentera un niveau de protection sociale très élevé. En Espagne, il n'y a pas d'allocation pour les jeunes migrants mineurs, c'est pourquoi ils viennent en France où ils reçoivent 45 000 euros, et ce d'autant plus

1. Ambassadeur de France en Algérie à deux reprises, de 2008 à 2012 et de 2017 à 2020.

facilement qu'il n'y a plus de frontière entre la France et l'Espagne. Donc cela a des conséquences.

Joël Templier

Mais n'y a-t-il pas une politique européenne qui change quelque chose à la politique française ?

Pierre Vermeren

Non, la seule chose qui change est qu'il n'y a pas de frontière intérieure dans l'Union européenne, puisque l'espace européen est un espace de libre circulation pour tout le monde, y compris pour les immigrés illégaux, du fait de l'absence de contrôle. C'est pourquoi les gens qui sont dans une situation difficile ou illégale vont très logiquement là où la situation et la prise en charge sont les meilleures. Ce sont des acteurs rationnels, et ils ont tout intérêt à venir ici.

Marie-Joëlle Guillaume

N'y a-t-il pas tout de même, de la part de la Commission européenne, une volonté très claire d'accroître l'immigration ?

Pierre Vermeren

Si, mais elle concerne tous les pays de l'UE ; la volonté migratoire de l'Union européenne n'est pas d'envoyer des gens particulièrement en France, elle est générale. L'UE fait en réalité le même calcul à partir du constat de décroissance démographique de la population européenne, et le seul moyen qu'elle prend pour l'empêcher est d'augmenter le volant migratoire. Il faut qu'il y ait actuellement trois millions d'immigrés chaque année pour maintenir la population, quelle qu'elle soit, dans une légère croissance.

Marie-Joëlle Guillaume

Ou bien il faut mettre en place des politiques de natalité !

Pierre Vermeren

Non ; cela est une façon de penser très française. Certes désormais les Russes ont mis en place une politique nataliste, les Hongrois aussi, les Italiens en parlent, mais pour les Anglo-Saxons c'est une hérésie. Or ils représentent toute l'Europe du Nord, y compris l'Allemagne. Les Pays-Bas, eux, n'ont guère de politique nataliste ; les Suédois en ont eu une, à un certain moment, dans le cadre de la social-démocratie, mais cela ne correspond pas du tout à l'esprit de la Commission européenne.

Dans la salle

Pourquoi les immigrés de Calais veulent-ils aller en Angleterre ?

Pierre Vermeren

Pour des raisons familiales et linguistiques : ce sont généralement des Afghans, des gens d'Asie du Sud, des Pakistanais qui y ont souvent déjà leur famille. En outre, l'Angleterre permet à quiconque de travailler immédiatement, quand en France vous êtes mis dans un sas, avec de l'argent, mais sans le droit de travailler pour longtemps, c'est-à-dire le temps que l'on examine votre dossier. Et puis il y a beaucoup de travail en Angleterre, davantage qu'en France, notamment dans les services. Enfin, il y a aussi ce qu'on appelle l'*ethnic business* : des secteurs entiers de l'économie sont tenus par des réseaux pakistanais, afghans, qui permettent aux immigrés d'entrer dans des groupes communautaires. Le communautarisme existe de fait en France, mais il est officiel en Angleterre, et il vous permet d'être pris en charge par la communauté.

Claude d'Harcourt

Cher Monsieur, vous êtes intervenu au mois d'octobre auprès des fonctionnaires du ministère de l'Intérieur. J'ai été quant à moi pendant deux ans directeur général des étrangers en France, je voudrais donc apporter quelques compléments. Vous avez dit des choses très intéressantes, mais je suis un peu gêné par votre intervention qui donne l'impression soit que l'on est impuissant, soit que l'on est dans le déni. Or ce n'est pas vrai, il y a bien une volonté des pouvoirs publics face à un mouvement d'immigration inéluctable, car il y aura toujours de l'immigration du fait de dramatiques situations humanitaires, souvent nées de conflits. Cette volonté s'exprime en décidant d'une part de réguler cette immigration, d'autre part de renvoyer chez eux ceux qui ne doivent pas être en France. Ainsi, il y a bien des Algériens renvoyés dans leur pays. D'autre part les chiffres de 2011, fournis par Michèle Tribalat, indiquent la présence en France de 5,3 millions de Maghrébins, deuxième génération comprise mais pas la troisième.

Pierre Vermeren

Douze ans plus tard, je considère qu'il y a en France 8 millions de musulmans d'origine maghrébine en comprenant les 2e et 3e générations.

Claude d'Harcourt

Sur un autre sujet, vous avez mentionné des coûts. Un demandeur d'asile qui arrive en France – il y en a à peu près chaque année 130 000, dont 30 000 acceptés, et 100 000 qui devraient repartir mais ne repartent pas – bénéficie de ce qu'on appelle l'allocation pour demande d'asile, soit l'ADA, qui oscille entre 15 et 21 € par jour. L'AME qui dans certains cas s'ajoute à cette allocation coûte à la France un milliard d'euros par an. Cela ne correspond pas au chiffre de 45 000 euros que vous avez indiqué.

Pierre Vermeren

Le chiffre de 45 000 euros par an que j'ai mentionné correspond à autre chose, c'est le coût par migrant mineur isolé, payé par les départements.

Claude d'Harcourt

Enfin je constate que la France est un pays dont la culture l'a toujours portée à accueillir les immigrés ; et je le dis d'autant plus que le pape François prend Marseille en exemple, la qualifiant de ville-monde. Or il y a un certain nombre de milieux, pas tous catholiques, qui sont attentifs à la parole du pape François. Ainsi, il y a une forte dimension culturelle en France en faveur de cette position, ce qui fait que contrairement aux socio-démocrates danois, ou à la Grande-Bretagne, nous n'avons pas l'idée de traiter les demandes d'asile au Rwanda, par exemple, et d'y laisser ceux qui veulent immigrer en France. C'est la société française qui souhaite cela, ce qui explique une partie des difficultés.

Face à une approche culturelle qui fait la générosité de notre pays, mais qui permet l'existence de structures militantes comme JRS par exemple (qui soutient des associations comme Utopia 56, lesquelles objectivement cassent l'action de l'État), il y a une volonté politique toujours plus affirmée de renvoyer chez eux ceux qui ne doivent pas rester dans notre pays et de faire des efforts pour intégrer ceux qui sont là – par exemple vous ne pouvez plus avoir votre carte de séjour pluriannuelle si vous ne passez pas un examen de français, ce qui atteste de certaines évolutions par rapport à ce que vous avez décrit – ; et enfin une volonté de mieux intégrer, en donnant à tous les réfugiés une garantie sur un emploi.

Pierre Vermeren

Je vous répondrai rapidement, si vous le permettez, étant obligé de partir sans tarder. Pour l'Algérie, j'ai repris les propos de l'ambassadeur de France Xavier Driencourt en Algérie, où il a été ambassadeur pendant sept ans. On sait très bien que les Algériens sont en réalité toujours dirigés par les accords d'Évian et la transformation de ces accords sur le plan migratoire selon l'accord franco-algérien de 1968, lui-même révisé trois fois. Je ne nie pas que certains criminels, certains islamistes prosélytes ou autres soient renvoyés en Algérie. Je rappelle simplement que quand le président Macron a décidé, il y a trois ans, de diviser les visas par plus de deux avec l'Algérie, c'était justement parce que l'Algérie n'acceptait pas les OQTF, et qu'il a fallu un bras de fer. Par rapport au nombre de clandestins algériens, sous une forme ou sous une autre, le nombre de personnes renvoyées chaque année est, me semble-t-il, infime, quand bien même cela représenterait quelques milliers, ce qui n'est pas toujours le cas.

Concernant les 45 000 € dont je parlais, effectivement ils concernent une population minoritaire d'enfants dits « migrants mineurs isolés ». Ils posent un problème depuis moins d'une dizaine d'années, c'est-à-dire depuis peu, mais cette question me paraît extrêmement symptomatique. En effet, on sait très bien que beaucoup ne sont pas des enfants, mais qu'ils se font passer pour tels ; ils sont certes minoritaires dans le flux global, mais il est intéressant de constater qu'ils bénéficient quand même d'une aide des départements très conséquente, au point que l'aide à l'enfance est complètement débordée dans de nombreux départements auxquels tout cela coûte très cher. Les Français et les départements sont effectivement très généreux, comme l'État, dont toute la politique vient d'un fond de générosité, et je dirais même de bons sentiments de toute la société. D'ailleurs, quand le gouvernement essaie de renvoyer un immigré, cela provoque très souvent des manifestations d'hostilité de ses voisins français.

Mais cette très grande générosité n'empêche pas de regarder les choses d'un peu plus près. Ces 45 000 €, hors prise en charge médicale – laquelle en général pour des enfants est assez faible, mais peut tout de même augmenter parfois cette somme de façon conséquente, notamment si ces jeunes sont handicapés ou souffrent de problèmes psychiatriques – révèlent l'offre qui a été mise en place et va intéresser des acteurs économiques. À la limite, on ne peut pas accuser l'État de donner de l'argent, même si c'est de l'argent en partie à crédit, du fait du fonctionnement général des pouvoirs publics en France ; mais c'est une autre question. En revanche il y a beaucoup d'acteurs économiques qui à mon avis sont intéressés par ce système, ce que je voulais mettre en évidence en présentant ce cas exceptionnel. Or en même temps ces personnes, qu'elles soient réfugiées ou autres, si elles ont plus tard des enfants, et même si elles ne travaillent pas, déclencheront des aides sociales très conséquentes, qui les aideront tout simplement à vivre, et à vivre comme des Français. Ce qui alimentera le mirage, évidemment, pour les populations très pauvres des autres continents.

J'ajoute deux choses : vous avez parlé de la question culturelle ; elle est évidemment essentielle, puisqu'en effet, notamment au lendemain de la guerre d'Algérie, toute la société catholique française est entrée dans un processus de culpabilité. De fait, ce sont très souvent des membres du clergé qui ont accueilli les musulmans de France, les ont encadrés et protégés. Nous nous souvenons tous de ces communautés de religieuses qui vivaient dans les quartiers populaires, dans ce qu'on appelait à l'époque les HLM de l'immigration. On sait aussi ce qu'a fait la Marche des Beurs, inventée par un prêtre de Lyon, etc. Je ne m'étendrai pas là-dessus, j'ai en partie décrit cela dans le *Déni français*. Il est évident que c'est la société française qui l'a voulu. Cela n'empêche pas les conséquences difficilement maîtrisables d'être bien là.

Vous avez commencé votre propos en considérant l'immigration comme un phénomène inexorable. Or c'est aussi un choix politique, car l'État est souverain. Il peut évidemment être débordé, surtout quand il n'a plus de frontières, mais il peut aussi contrôler l'accès à la nationalité, par exemple. Certes il le fait un peu, mais dans des proportions qu'on n'est pas obligé de considérer comme une fatalité. Bien sûr que la pression migratoire ne va pas cesser de s'accroître, les pressions sont énormes ! Mais la politique, c'est aussi la volonté de *faire.*

Mais de faire quoi ? Là est tout le problème. Il se peut qu'on engage une action apparemment positive, mais qui aura des conséquences pouvant être très défavorables. Je repense à ce que je disais tout à l'heure sur le processus de désassimilation dans l'école et dans l'enseignement supérieur. Ce processus est extrêmement inquiétant par ses conséquences : aujourd'hui, l'école fabrique pour partie des populations d'un très faible niveau intellectuel, qui ne leur permettra pas de s'en sortir, ni en particulier de trouver un emploi. D'autant que l'agriculture n'emploie plus, ni les travaux publics, ni même les usines qui n'ont plus besoin de manœuvres, à l'inverse d'autrefois. Alors que vont faire ces gens ? Ils risquent d'être définitivement en dehors de l'emploi, et dépendants à vie de l'aide sociale. Je ne pense pas que ce soit un idéal de vie à souhaiter à des millions de personnes pour qui c'est en fait déjà le cas, et cela risque d'aller en s'accentuant.

Séance du 8 février 2024

L'anthropologie chrétienne au service de la vie et de l'espérance sociale

Gabrielle Vialla

Marie-Joëlle Guillaume

À ce stade de nos travaux, et avant d'en arriver à des politiques précises de natalité ou à des politiques familiales, il nous a paru important de réfléchir sur ce que nous dit l'anthropologie chrétienne, dans le prolongement du propos d'Olivier Rey en début d'année : « *Qu'est-ce qu'une vie humaine*? » Merci à Gabrielle Vialla d'avoir accepté de nous faire part de sa réflexion sur ce thème. Je laisse Rémi Sentis vous présenter notre intervenante, avec laquelle il a des liens de famille proches.

Présentation par Rémi Sentis[1]

Gabrielle, tu es mère de famille nombreuse. Tu as été pendant une dizaine d'années présidente de l'Association Billings France. Cette association rassemble des couples formateurs de la méthode Billings de régulation naturelle des naissances (basée sur l'observation du cycle féminin), le but étant de former les femmes et les couples qui désirent découvrir et pratiquer ces méthodes naturelles. Cette responsabilité était assez importante, elle t'a fait découvrir tout un monde très divers, en particulier les milieux de l'écologie (puisque les femmes du mouvement écologiste avaient découvert que la pilule contraceptive n'était pas très « écolo » et se tournaient vers les méthodes naturelles). Tu as aussi été amenée à parler de ces méthodes à des prêtres qui étaient en contact avec les couples désirant utiliser ces méthodes naturelles. Ce qui t'a conduite à écrire (avec ton mari) un premier livre : *Confidences Billings à un frère prêtre* (2014),

1. Secrétaire général de l'AES.

qui a connu un certain succès puisqu'il a été réédité en 2015. Ensuite, tu as fait publier en 2018 *Recevoir le féminin*, et les éditions Artège vous ont demandé à toi et ton mari de faire une réédition commentée de l'encyclique *Humanae vitae*, avec le Père Bruno Bettoli, à l'occasion du 50e anniversaire de l'encyclique. Ont suivi quelques ouvrages courageux et éclairants : *La chasteté, Un don qui rend sa beauté à la sexualité* (Artège, 2020), *Bien vivre le cycle féminin* (Artège, 2020), *Éduquer la conscience dès l'enfance* (Artège, 2023). Je citerai aussi une contribution intitulée *Chasteté et état de grâce*[1]. On voit que les questions d'anthropologie chrétienne te passionnent depuis longtemps ; c'est pourquoi nous t'avons invitée à venir aujourd'hui nous en parler.

Communication

Le titre de mon intervention eût pu être « L'altérité de l'homme et de la femme dans l'anthropologie chrétienne au service de la vie et de l'espérance chrétienne ». C'est plus long, mais plus précis. Car je ne vais pas être exhaustive sur l'anthropologie chrétienne.

> Au commencement, Dieu créa le ciel et la terre. La terre était informe et vide, les ténèbres étaient au-dessus de l'abîme et le souffle de Dieu planait au-dessus des eaux. Dieu dit : » Que la lumière soit. » Et la lumière fut. Dieu vit que la lumière était bonne, et Dieu sépara la lumière des ténèbres. Dieu appela la lumière, » jour », il appela les ténèbres, » nuit ». Il y eut un soir, il y eut un matin : premier jour.

Les premiers mots de la Genèse nous sont peut-être devenus trop familiers. Ils nous rappellent nos premières leçons de catéchisme, ou ils évoquent dans nos âmes la beauté de la Vigile Pascale au début de laquelle ils sont lus solennellement. Ces premiers mots de la Bible sont insérés dans notre existence, ils se sont inscrits dans notre imagination, notre mémoire. Comme chrétiens, nous avons à les recevoir dans une perspective plus vaste qui s'accompagne d'une façon renouvelée de lire la Parole de Dieu : non dans l'étroitesse de sa littéralité mais bien dans la richesse inspirée de l'ensemble des livres de la Bible que nous avons appris très simplement à aimer. Pour ma part, j'entends immédiatement, en écho à ce tout premier verset de la Bible, celui qui inaugure l'Évangile de saint Jean : « Au commencement était le Verbe… » et mon cœur est

1. Dans un ouvrage collectif, *Les sacrements en question*, Artège, 2024.

déjà fixé sur le Christ, qui nous a aimés avant même la Création du Ciel et de la Terre.

Oui, la puissance évocatrice de ce texte nous laisse entrevoir la toute-puissance de Dieu. « Que la lumière soit », et la lumière fut… Seulement, nous comprenons aussi que la simplicité de ce texte cache une immense réalité qui nous dépasse. On est alors en droit de se demander : « Ces mots sont-ils vrais ? » ou plus précisément : « Comment sont-ils vrais ? » Nous savons que la Bible n'est pas un livre d'astrophysique, de géologie, de physiologie… Et déjà nous sommes sur la défensive.

Alors qu'au bout du compte, une seule chose importe : ce Dieu qui a créé le ciel et la terre est celui qui a entrepris de nous sauver. L'Ancien Testament est pour les chrétiens une progression vers le Christ. Si on perd cela de vue, on ne comprend plus rien. « Au commencement était le Verbe… » répond parfaitement à ces mots : « Au commencement, Dieu créa le ciel et la terre. »

« Voici comment vous reconnaîtrez l'Esprit de Dieu : tout esprit qui proclame que Jésus Christ est venu dans la chair, celui-là est de Dieu » (1 Jn, 4, 2).

Je vais développer mon propos en trois ou quatre temps : la nécessité d'une anthropologie biblique de l'altérité ; le défi de présenter cette anthropologie à notre époque ; l'exigence de la fécondité, avec le drame particulier de l'IVG.

La nécessité d'une anthropologie biblique de l'altérité

Il n'est pas possible de négliger les questions que pose concrètement le récit de la Création, questions qui sont posées aux théologiens en dialogue avec les scientifiques, les experts en sciences humaines. Et tout en admettant que cela dépasse ma compétence, j'ose affirmer aussi que ces questions sont également incontournables, sur une autre échelle plus petite, à la mère de famille que je suis, et à tous ceux qui, comme moi, ont reçu la mission d'enseigner ou d'éduquer. Je suis donc reconnaissante envers ceux qui mettent leurs découvertes et leurs analyses à ma portée. Mais ce que je veux dire, c'est qu'au cœur de ces questions exégétiques et scientifiques concernant le récit de la Création, se situe la question cruciale d'un véritable choix anthropologique. À quelle anthropologie adhérons-nous ? Quelles sont les prémisses anthropologiques de notre pensée et de la vie qui en découle ? Avons-nous réellement donné le primat à l'anthropologie inscrite dans le texte biblique, ou bien préférons-nous une conception autonome de la conscience qui refuse de se laisser former par l'Écriture et prétend se suffire à elle-même ?

Le récit de la Création est génial dans le sens où il nous délivre de la confusion et du chaos. L'unique vrai Dieu crée et distingue le jour et la nuit, les eaux des eaux, la terre des mers, les luminaires, la lumière des ténèbres. Des théologiens nous enseignent, et nous pouvons le comprendre aisément, qu'en bien des endroits, si ce n'est presque partout dans les religions primitives, l'homme était soumis à la tyrannie de toutes sortes de dieux en conflit les uns avec les autres, suivant chacun ses caprices, imposant ses exigences et entraînant l'humanité dans une incohérence néfaste, au plan physique comme au plan moral.

Le texte de la Genèse, mais on peut le dire de toute la Parole de Dieu, et des psaumes notamment, nous parle de la Création, et dans sa simplicité solennelle, nous ouvre la possibilité d'une recherche de Dieu qui exige le travail de la raison. La première lettre de Pierre nous exhorte en ce sens : « Soyez prêts à tout moment à présenter une défense devant quiconque vous demande de rendre raison (logos) de l'espérance qui est en vous » (1 P 3, 15).

Benoît XVI, dans son discours aux Bernardins, rappelle que « de fait, les chrétiens de l'Église naissante ne considéraient pas leur annonce missionnaire comme une propagande qui devait servir à augmenter l'importance de leur groupe, mais comme une nécessité intrinsèque qui dérivait de la nature de leur foi. »

Quoi qu'en dise la modernité arrogante, le récit de la Création ne nous enseigne pas seulement le *pourquoi* des choses, mais il nous prédispose et nous invite à chercher le comment de tout ce qui est inscrit dans le réel. En introduisant des distinctions entre les éléments et en nous manifestant un ordre dans la Nature, il nous oblige intellectuellement.

Un verset des Proverbes décrit ainsi la femme forte : « Elle sait choisir la laine et le lin, et ses mains travaillent volontiers. » (Pr 31, 13) Saint Augustin voit dans cette femme forte une analogie avec l'Église. Le docteur de l'Église explique qu'il voit dans la laine le charnel de nos existences, ce qu'aujourd'hui nous pourrions appeler l'anthropologie ; et dans le lin ce qui concerne notre vie spirituelle. Il précise : « Cette laine et ce lin mystérieux sont dans les Écritures, beaucoup les y trouvent mais ne veulent pas travailler eux-mêmes à les employer utilement[1] ».

L'enseignement de saint Augustin me semble très important. Nous avons à lire les Écritures pour y découvrir tout ce qui concerne notre anthropologie, aussi bien que notre vie spirituelle.

Mais quel défi anthropologique cela représente-t-il pour nous aujourd'hui ?

Dans son livre posthume, *Ce qu'est le christianisme*, Benoît XVI décrit ainsi notre société : « l'État moderne du monde occidental [...] se voit comme une grande puissance de tolérance qui rompt avec les traditions insensées et pré-rationnelles de toutes les religions. En outre, avec sa manipulation radicale de l'homme et la déformation des sexes par l'idéologie du genre, il s'oppose particulièrement au christianisme. Cette prétention dictatoriale à avoir toujours raison par une apparente rationalité exige l'abandon de l'anthropologie chrétienne[2] ». Notre époque a fait le choix de refuser qu'il y a, de fait, un ordre établi par Dieu. Ce choix est assorti d'un certain nombre de prémisses arbitraires. Par exemple : le récit biblique ne peut concerner que notre vie privée et un pourquoi hypothétique des choses, tandis que la science nous explique le comment et elle le fait avec certitude. Que des athées acceptent ces prémisses, soit, mais le problème vient du fait qu'une large majorité des chrétiens les admettent également sans discuter, sans en mesurer les immenses conséquences sociales.

Le pape émérite explique aussi qu'une société qui se dresse contre la vérité est totalitaire, et donc profondément intolérante. « Dans la culture postmoderne qui fait de l'homme le créateur de soi et qui conteste la donnée originelle de la Création, il y a un désir de recréer le monde contre la vérité. Mais en ce qui concerne la relation entre la vérité et la tolérance, la tolérance est ancrée dans la nature même de la vérité[3] ». Origène le disait déjà : « Le Christ ne remporte aucune victoire sur ceux

1. Saint Augustin, *Sermons sur l'Écriture*, éd. Bouquins, 2023. Sermon 37, p. 304.
2. Benoît XVI, *Ce qu'est le christianisme*, éd. du Rocher, p. 51.
3. *Ibid.*, p. 54.

qui ne veulent pas. Il ne gagne que par la persuasion. Ce n'est pas pour rien qu'il est la Parole de Dieu[1] ».

D'où la nécessité pour nous de retrouver la vigueur des premiers siècles, celle d'un saint Augustin, et de travailler non seulement le lin, en découvrant les différents aspects spirituels de notre existence dans les Écritures, mais aussi la laine, afin d'en dégager les aspects anthropologiques, et tout particulièrement la question de l'altérité de l'homme et de la femme. Il nous revient d'employer cette laine pour le service de la vie, de la tisser dans l'espérance pour le Bien commun. La tâche est aujourd'hui immense.

Notre époque s'enfonce et nous enfonce dans la confusion. Pour beaucoup de contemporains, les plus jeunes, il ne s'agit même plus d'accéder à l'état d'homme augmenté, mais plus dramatiquement encore de disparaître, de renoncer au destin, à la part tragique de toute existence humaine, au défi de donner la vie. Tous ces renoncements n'ont comme profit apparent que le bien-être d'une nature, présentée naïvement comme innocente. Comment ne pas être attristé par l'ampleur et l'impact des peurs écologiques qui paralysent toute notre jeunesse ? Quelle régression ! Avant la Révélation, l'être humain se trouvait englouti dans la nature. Par certains aspects, non plus par ignorance, mais cette fois par rejet, l'homme contemporain semble vouloir retrouver cet état de confusion anthropologique. La jeunesse devrait pourtant sentir toute la vitalité du récit de la Genèse, en profonde harmonie avec la sienne. Mais souvent, on lui apprend davantage à soupçonner les affirmations de ce texte magnifique que de chercher à les comprendre. Il est bien difficile aujourd'hui de trouver quelqu'un qui prenne à cœur de nous faire comprendre et aimer les premiers chapitres de la Genèse. Pourtant, encore une fois, ce texte nous préserve de la confusion ou nous en guérit. Je ne remets pas en cause la nécessité de prendre soin de la maison commune ni l'urgence d'une sobriété évangélique… Je constate simplement que lorsque les éléments ne sont plus à leur place, l'être humain perd son goût de vivre, il n'accepte plus de participer à l'œuvre de Dieu. Or ce texte de Genèse 1 *ordonne*. Dans les deux sens du terme.

1. *Idem.*

Dieu dit : « Faisons l'homme à notre image, selon notre ressemblance. Qu'il soit le maître des poissons de la mer, des oiseaux du ciel, des bestiaux, de toutes les bêtes sauvages, et de toutes les bestioles qui vont et viennent sur la terre. »Dieu créa l'homme à son image, à l'image de Dieu il le créa, il les créa homme et femme. Dieu les bénit et leur dit : « Soyez féconds et multipliez-vous, remplissez la terre et soumettez-la. [...] Et Dieu vit tout ce qu'il avait fait; et voici : cela était très bon. Il y eut un soir, il y eut un matin : sixième jour. »

On n'a pas manqué de souligner qu'à chaque étape de la Création Dieu savoure son œuvre en constatant que « cela était bon ». Mais à la fin, englobant toute la Création dans son regard, et considérant surtout son dernier ouvrage, à savoir l'altérité de l'homme et de la femme, ainsi que leur fécondité et leur domination sur le reste de la Création, le texte nous dit : « Dieu vit tout ce qu'il avait fait; et voici : cela était très bon ». Jean-Paul II nous fait remarquer que "le Créateur semble faire une pause avant d'appeler [l'homme] à l'existence, comme s'il rentrait en lui-même pour prendre une décision : » Faisons l'homme à notre image, selon notre ressemblance' [1] ». Les animaux, eux, ont été créés seulement selon leur espèce. « Bien que l'homme soit si étroitement lié au monde visible, le récit biblique ne parle pas de sa ressemblance avec le reste des créatures, mais seulement avec Dieu[2] ».

Si l'on veut comprendre le sens de la sexualité et de la fécondité humaines, le texte biblique nous indique que ce n'est pas du côté des animaux mais bien du côté de cette ressemblance mystérieuse avec Dieu qu'il faut se tourner. « Ce premier récit définit une réalité objective, nous dit Jean-Paul II. Il parle de la création de l'homme – mâle et femelle – à l'image de Dieu, et Dieu ajoute une bénédiction : "Dieu les bénit et Dieu leur dit : Soyez féconds et multipliez-vous, emplissez la terre et soumettez-la '. »[3] Sommes-nous conscients que cette bénédiction est aussi pour nous, aujourd'hui ? Désirons-nous recevoir l'altérité homme-femme et sa fécondité comme venant de Dieu ?

En lisant cet appel divin à la générosité, nous pouvons redouter – à juste titre – une lecture fondamentaliste, nataliste du texte de la Bible. Ce

1. Catéchèses sur la théologie du corps, audience générale du 12 septembre 1979, n° 3.
2. *Ibid.*
3. *Ibid.*

n'est pas ainsi qu'il nous faut le recevoir. Dieu nous a fait le don d'une Création magnifique. Ce premier récit nous la fait contempler dans sa genèse avec poésie. (Le pape François insiste beaucoup sur l'importance de recevoir la Création avec gratitude). Dieu, par sa Création, se manifeste généreux, provident. Il a prévu dès l'origine de nous faire participer à sa propre générosité. Il a lié cette générosité à l'altérité de l'homme et de la femme, qui est une richesse, si nous consentons à la recevoir. Cette générosité passe, pour certains d'entre nous, par le fait de donner la vie à des enfants. Tous ne vivent pas physiquement cette générosité. Mais tous sont appelés à se donner, à avoir une fécondité spirituelle, qui, comme la fécondité physique, est liée à l'altérité.

La fécondité est déterminée par la féminité dans son lien avec la masculinité, et réciproquement, quoiqu'en dise la culture de mort. Or cet ordre de la fécondité est devenu l'un des plus grands tabous, l'un des silences les plus symptomatiques, à mon sens, de la crise de l'Église. Ici, je voudrais donner un exemple. J'affectionne particulièrement le *Dictionnaire Jésus* de l'école biblique de Jérusalem : c'est une mine sur l'Écriture sainte, avec des index, des renvois, des bibliographies par thème. On y trouve énormément d'entrées : théologiques (par exemple consubstantialité, ou expiation…) ; onomastique (Joseph, Marie, Pierre, Luc…) ; thématiques (brebis perdue, bergers, banquets ou même psychologie de Jésus). Or si l'on cherche les mots femme, fécondité, fruit, altérité, don… sur tous ces thèmes, on ne trouve rien. Étonnamment rien. Il y a juste une petite entrée pour *enfants*, pour souligner la tendresse de Jésus pour les enfants, attitude plutôt rare chez les maîtres de l'Antiquité. J'ai fait quelques années d'études de médecine. Lors d'un cours de psychiatrie, le professeur nous avait dit : « Interrogez toujours les silences ». Pour ma part, je constate juste un silence assourdissant sur l'altérité féconde, source de fécondité naturelle mais aussi surnaturelle. Rappelons-le, pour le Christ, chaque âme représente le féminin. L'Écriture dans son ensemble déploie l'analogie des noces pour nous parler de l'Amour de Dieu, l'alliance du Christ et de l'Église. Dieu nous a créés pour que nous portions du fruit, que nous soyons féconds. Et nous ne pouvons l'être qu'en nous recevant de Lui, comme il l'a voulu, dans notre pleine féminité ou masculinité. Alors oui, aujourd'hui en Occident, nous pouvons dire que nous sommes malades. Parce que nous avons renoncé à la Création, à la procréation, et aux fruits spirituels qui découlent de l'altérité. Mais nous ne nous habituons pas à ce renoncement, et nous cherchons à tâtons, malheureusement sans référence à la Parole de Dieu dans son unité, comment donner une juste place aux femmes. On pense résoudre de profondes tragédies interpersonnelles, des crises existentielles et spirituelles à coups de concessions sans profondeur théologique, sans vision à long terme des conséquences mêmes que portent en elles ces concessions.

L'exigence de la fécondité

La vérité est que créés à l'image de Dieu, de ce Dieu trinitaire qui donne la vie en nous, il y a cette nécessité de nous donner à notre tour, d'être féconds. Encore une fois, il y a là un ordre dans les deux sens du terme ! Un ordre qui précède et surpasse celui de soumettre la terre, ce dernier posant lui aussi de multiples questions, mais ce n'est pas le sujet de cette conférence !

Le premier chapitre de la Genèse ordonne en nous indiquant un rapport linéaire au temps

Dans ce récit, il y a clairement un début : « Au commencement… », mais aussi une fin qui est le jour du sabbat, jour de repos, de liberté, de paix en Dieu. Le Cardinal Ratzinger écrit à ce sujet que « la Création tend vers le sabbat, signe de l'Alliance entre Dieu et l'homme. La Création est faite pour s'approcher de l'heure de l'adoration. La Création existe pour l'adoration. Saint Benoît dit dans sa Règle : "Rien ne doit être préféré au service de Dieu." Ce n'est pas l'expression d'une piété exaltée, mais la sobre et pure transposition du récit de la Création, de son message pour notre vie[1] ».

Chacun d'entre nous possède une date d'anniversaire, celle de notre naissance, indice du tout début de notre vie, date qui fait écho à celle de notre conception, à ce premier instant où nous fûmes tirés du néant pour accéder à l'existence. Nous entrons ainsi dans une histoire, notre histoire qui est aussi celle de notre relation personnelle avec Dieu, que nous en ayons conscience ou non.

---

1. Sermon du cardinal Ratzinger, in *Au commencement Dieu créa le Ciel et la Terre*, Fayard.

La Genèse introduit un rapport cyclique au temps

Le texte du premier récit de la Création introduit également un autre rapport au temps qui survient juste après ce 6e jour avec le sabbat qui devient hebdomadaire : c'est un rapport cyclique au temps. Ce septième jour n'est pas comme les autres. À partir de ce jour, en effet, et de l'ordre primordial du repos sabbatique, va se développer toute la législation de l'alliance mosaïque : le sabbat revient chaque semaine, l'année sabbatique est instituée tous les sept ans, l'année jubilaire tous les sept fois sept ans, comme une année de retour au point de départ : toutes les dettes sont remises, les dispositions d'oppression sont supprimées, etc. Cette année jubilaire, nous dit-on, ne fut probablement jamais vécue ! On se retrouve au point de départ, où d'après Ratzinger « l'univers est régénéré des mains par le Créateur[1] ». On trouve ici une nécessité humaine et notamment spirituelle d'un rapport cyclique au temps. De la même manière, dans l'Église, et pour la santé de notre vie spirituelle, nous avons besoin d'un temps de pénitence qui revient chaque année avec le carême, comme nous avons besoin de méditer sur les fins dernières et le jugement dernier, ce qui nous est offert à la fin de l'année liturgique. Mais on peut bien dire que c'est toute l'année liturgique qui est cyclique.

Sur le plan physiologique également, pour notre bien-être même simplement corporel nous avons besoin de ces deux rapports au temps. Un rapport linéaire : nous naissons, nous vivons et nous mourons. Un rapport cyclique : nous respirons selon un cycle qui comprend inspiration et expiration. Notre sang circule dans notre corps et de nombreux organes nécessitent des cycles de fonction, dont celui, extérieur à nous, du jour et de la nuit.

Ces deux rapports au temps sont inscrits dans l'homme et dans la femme. Mais en ce qui concerne la transmission de la vie, le rapport linéaire au temps est plus spécifiquement inscrit dans l'homme. On peut l'observer dans la physiologie masculine. On peut parler (lorsqu'il n'y a pas de pathologie) d'une fécondité disponible. Alors que chez la femme, la physiologie qui permet de donner la vie est cyclique depuis sa puberté jusqu'à sa ménopause. Ce cycle est si profondément inscrit en elle qu'il a des incidences et des répercussions sur toutes les dimensions de son

1. *Ibidem.*

existence[1]. Ce cycle dans son intégralité est au service de la conception et de la maternité qui devient elle-même un cycle. Et chaque période de ce cycle rend celui-ci fertile. De nombreuses contraceptions hormonales participent à détruire les périodes abusivement dites infertiles.

… le drame de l'IVG

L'IVG, comme l'euthanasie d'ailleurs, est une mainmise délibérée sur la vie d'une personne. Ce choix du terme IVG, euphémisme pour désigner l'avortement est à mon sens signifiant. Comme le terme d'interruption volontaire l'indique sobrement, c'est d'abord dans son rapport linéaire au temps que la personne *in utero* est éliminée. Par-là, on lui enlève la vie. Par la même occasion on lui supprime le fait d'avoir un père. La responsabilité propre du masculin dans la protection de la vie est niée arbitrairement et symboliquement, jusque dans le terme d'interruption. Il est intéressant de lire les témoignages bruts de partisanes de l'IVG. Dans un article du *Monde* de 2014, on trouve le témoignage d'une femme prénommée Géraldine, sous le titre « Une épreuve vécue sans légèreté ni regret » : « L'infirmière lui tend le formulaire, qui atteste qu'elle est consentante. Elle signe. Un coup de tampon avec la date. Elle signe. 6 mai 2005, ce papier prouve qu'elle a voulu avorter. Lui n'a rien à signer. Pourtant c'est lui qui a décidé de le dégager, ce bébé, pas tellement elle, juste une signature et un coup de tampon. Elle pleure toujours. Il ne la regarde toujours pas. Elle s'assoit. La sage-femme lui explique la marche à suivre. Elle va avaler ces trois cachets ». En conclusion d'un texte finalement assez réaliste, l'auteur conclut : « … Reconnaître que l'avortement est un droit, purement et simplement, sans condition ni jugement, quelle que soit la condition de la femme, est la moindre des choses que l'on puisse faire pour toutes celles qui un jour ou l'autre de leur vie, y ont été ou y seront confrontées. Pour une femme sur deux en France. »

La moindre des choses, c'est l'injonction à ne rien regretter. L'IVG est un symbole fort. Le totem de la loyauté envers la mère féministe. Oh, pas n'importe quelle mère. La féministe. Il y a bien quelques femmes inconséquentes, dont je fais partie, qui comprennent la maternité dans son altérité avec la paternité, et qui par cohérence refusent

1. Cf. Gabrielle Vialla, *Bien vivre le cycle féminin*, éd. Artège, 2020.

aussi la contraception. Grand bien vous fasse, nous disent les féministes, vos choix ne sont pas remis en question. Cependant, la bonne féministe, quant à elle, a une dette. Laissez-moi vous redire très simplement quelle est cette dette. Des femmes ont subi dans des conditions abominables des avortements clandestins, elles se sont vidées de leur sang, elles ont été condamnées. Heureusement il y a eu Simone Veil. Puis, il a fallu se battre au sujet des délais, contre les « fondamentalistes »... Voilà donc le scénario terrible, devenu mythique, d'une lutte continue, qui engendre une dette de loyauté qui se transmet de génération en génération de féministes.

Cette année, sur Instagram, la même Géraldine salue la constitutionnalité de l'IVG par ces propos : « Je ne peux pas m'empêcher de penser que la vraie victoire sera que les jeunes filles puissent avorter, si un jour elles le décident, sans lutter. Libres et conscientes. » Elle écrit cela en mars 2024. Au futur. On aimerait demander à Géraldine en quoi, il y a près de 20 ans, en 2005, trente ans après la loi Veil, elle a eu à lutter pour avaler ses cachets ! Le témoignage n'indique pas d'autre lutte finalement que contre elle-même. L'indicible, l'impensable, l'intolérable serait que la pauvre, elle n'aurait peut-être pas dû avorter. Cela remettrait en cause la lutte des féministes précédentes. L'impératif étant que les suivantes perpétuent cette dette. Souffrir peut-être, mais regretter, jamais. Parce que c'est un droit pour lequel d'autres femmes ont lutté. La lutte des aînées devient une servitude éternelle...

Le 8 mars, la présidente de l'Assemblée nationale, Yaël Braun-Pivet, s'est félicitée : « On est un maillon d'une chaîne de femmes qui se sont battues, qui ont œuvré ou qui ont subi cette IVG. Cette chaîne n'a pas fini d'être constituée. » Sur le plan anthropologique, la confusion est la plus complète. La gratitude d'être soi-même en vie, d'avoir reçu cette vie gratuitement d'un père et d'une mère – c'est-à-dire l'évidence – doit être tue. À jamais. Imaginez donc. Si j'en viens à dire que je suis heureuse de ne pas avoir été avortée, et d'être là !

Au milieu de cette confusion d'un féminin enfermé en lui-même, une des actions les plus pérennes, à mon sens, est de travailler à l'altérité du féminin et du masculin. La contraception, en séparant dans l'exercice de la sexualité le masculin et le féminin, fera toujours le lit de l'avortement.

Le moyen de guérison le plus sûr est de revenir au premier chapitre de la Genèse, à ces deux rapports au temps, féminin et masculin, avec un moment clé qui est celui de la bénédiction de Dieu. Benoît XVI parle d'un « espace de la bénédiction, qui implique une responsabilité pour celui qui la reçoit ». Le pape émérite décrit admirablement, sans le nommer, le travail de la conscience face à ce don de la bénédiction : « Être bénis impliquait pour nous de ne pas quitter l'espace de la bénédiction[1]. »

Nous appuyer sur une anthropologie biblique ne signifie pas résoudre toutes les difficultés concernant le texte biblique lui-même. La récente polémique, à l'occasion d'un livre de Michel Onfray sur Jésus, illustre parfaitement qu'il y a tout un travail nécessaire pour défendre sans caricature, le plus finement possible, le texte biblique lui-même face à ses détracteurs.

À l'instar d'un Lewis ou d'un Tolkien, il ne s'agit pas pour nous de réduire ni de nier ce qu'il peut y avoir de mythique dans les Évangiles ; il ne s'agit pas de nier les idées ou les images qui ont pu venir des religions primitives. Le *Dictionnaire Jésus* de l'École biblique de Jérusalem nous dit, à propos de ces éléments mythiques susceptibles de se trouver dans les Écritures :

> Il faut les caractériser comme des mythes vrais, non pas créés par des hommes, mais par Dieu. Comme le Verbe qui se fait chair, l'Évangile c'est le mythe fait chair. Dans le monde qu'il a créé en sagesse, Dieu peut en revanche faire résider où il lui plaît la plénitude de sa divinité. La doctrine de la Création, qui reconfigure radicalement la métaphysique de la Bible, entraîne la rédemption du mythe ; il ne s'oppose plus à la vérité, mais en signifie la visibilité dans le domaine du récit et de l'histoire[2].

Conclusion

Le sujet de la fécondité naturelle n'est pas étranger à la Parole de Dieu, ou plus exactement nous devrions nous laisser déranger et même pénétrer par la Parole de Dieu afin qu'elle nous enseigne sur l'altérité du masculin et du féminin, jusque dans la réalité des blessures concernant la masculinité et la féminité. Blessures qui sont telles qu'on peut dire que l'altérité du masculin et du féminin, comme la fécondité naturelle et surnaturelle, sont certainement le plus grand défi de chaque exis-

1. Joseph Ratzinger – Benoît XVI, *L'esprit de la liturgie*, dans *Théologie de la liturgie*, Parole et Silence, 2021, p. 133.
2. *Dictionnaire Jésus*, École Biblique de Jérusalem, éd. Bouquins, 2021, p. 728

tence, comme de notre époque présente. Nous ne pouvons prétendre, dans le domaine de l'anthropologie, à la vérité plénière sur ce qu'est l'être humain, dans son altérité homme-femme, car une part de mystère demeurera toujours. Mais nous devons sans cesse chercher à atteindre une vérité qui soit la plus droite, la plus juste possible.

La recherche de Dieu en toute chose, telle que la concevait saint Benoît, ne saurait être une option discutable. Certes, nous autres chrétiens vivons dans une société sécularisée, et nos savoirs nous sont de plus en plus transmis, désormais, sans lien avec la révélation sur la Création. Nous avons pu nous laisser convaincre qu'il s'agissait d'ailleurs d'une nécessité méthodologique stricte. En réalité, cette nécessité méthodologique n'est que relative, car notre être est radicalement désireux d'une unification, à un niveau qui ne récuse ni l'intelligence ni le cœur. Cette unification est personnelle. Je la nommerais volontiers, avec l'Église, la chasteté. La chasteté réalise l'intégrité de notre personne en vue d'une intégralité du don. Initialement, elle concerne l'intégration d'une sexualité équilibrée dans la personne humaine, mais la chasteté nécessite tout autant l'intégration de l'affectivité au sens large, et même de l'intelligence dans cette même personne. L'un des fruits de la chasteté est un regard neuf, ou plus exactement renouvelé, qui découvre dans le réel une occasion d'espérance[1]. Chacun peut faire l'expérience, dans son domaine propre de compétence, que rien n'entre en contradiction avec la vérité que propose le texte biblique. Bien au contraire. Certes, trouver le lin et la laine, afin de tisser d'autres ouvrages au service du bien commun, nécessite une recherche exigeante, constante et personnelle. Mais cette recherche de Dieu en toutes choses s'avère une urgence pour nous-mêmes ; elle est même la seule possibilité de rendre compte de la beauté de l'espérance qui est en nous. Nous n'avons pas à convaincre, mais à proposer une alternative face à des choix contemporains de notre société qui se révèlent mortifères. Nos compétences, nos intelligences se mettent alors joyeusement au service d'un témoignage qui n'a rien de zélote mais qui découle très simplement de la foi.

Comme l'explique admirablement le cardinal Newman, c'est au plus profond de notre cœur, au sens biblique du terme qui signifie la

1. « Bienheureux les cœurs purs, car ils verront Dieu » (Matthieu 5, 8).

personne, dans notre conscience dirions-nous aujourd'hui, que nous sommes invités à donner notre assentiment au Christ Sauveur, vrai Dieu mais aussi vrai homme. C'est bien de cette union effective avec Lui, le Christ, que nous saurons à la fois accepter la réalité d'un combat anthropologique qui nous dépasse, et recevoir du Seigneur le rôle personnel que nous pouvons tenir dans ce combat.

Échange de vues

Marie-Joëlle Guillaume

Quelle belle méditation, Gabrielle, à partir de la Genèse ! Je retiens ce mot qui est revenu à plusieurs reprises dans votre exposé : « l'ordre », aux deux sens du terme, celui du cosmos, et puis l'ordre que l'on donne, qui dès le départ fait sortir le monde de la confusion, du tohu-bohu originel, et le fait reposer sur l'altérité. Votre méditation sur l'altérité, en particulier au sujet du temps, du temps linéaire comme du temps cyclique et de leur complémentarité, montre à quel point nous avons joué les éléphants dans le magasin de porcelaine avec notre façon de traiter l'altérité aujourd'hui, ou plutôt de ne plus la traiter comme il faut.

Père Jean-Christophe Chauvin

Rémi faisait allusion, avant que vous ne parliez, au fait que votre travail au sein de l'association Billings vous avait rapprochée des milieux écologiques, qui ne sont pas spécialement chrétiens. Est-ce que vous pourriez nous parler un peu de cette expérience et de ce que vous avez retiré de ces relations avec des personnes qui ne sont peut-être pas très chrétiennes, mais qui d'un certain côté militent en faveur d'une véritable écologie, puisqu'elles en arrivent à refuser la contraception chimique ?

Gabrielle Vialla

J'y ai mis beaucoup d'énergie. En fait mon mari et moi avons été présidents de l'association Billings pendant 10 ans, mais nous sommes moniteurs depuis 25 ans. J'ai donc surtout fait ce travail auprès des écologistes avant d'être présidente. Je mettais des papiers dans les Biocoop et autres magasins bio ; cela a donné lieu à des rencontres étonnantes, parfois mémorables. Je pense par exemple à un médecin ou un ancien médecin qui était devenu, peut-être pas charlatan, mais très versé dans toutes sortes de médecines parallèles ; il était arrivé à des conclusions sur certains points très proches des nôtres. Après avoir analysé tout l'historique de ses patientes il avait montré une corrélation entre, par exemple, le fait qu'elles avaient un stérilet et qu'elles prenaient des antidépresseurs. Il en était arrivé à dire que le stérilet conduisait à la dépression. Ensuite il faisait des manipulations, par lesquelles il sentait des nœuds particulièrement chez les femmes qui avaient avorté. Il était donc arrivé, simplement de façon empirique, à constater que les contraceptions proposées médicalement étaient mauvaises. Il était en fait passionné par la physiologie, au sujet de laquelle il avait finalement très peu reçu par ses études de médecine. La difficulté venait quand même du choix de la continence, et puis aussi de la fidélité. Il n'avait pas du tout la même conception du mariage que la nôtre. Et puis un jour, en partant de chez nous il passe devant le grand crucifix de notre entrée, et là il devient livide ; en réalité j'ai vraiment vu le visage de quelqu'un qui voyait le supplice de la Croix. Il n'avait pourtant aucune culture chrétienne, c'était un jeune, mais en partant il a dit : « Je n'aurais jamais cru avoir des points communs avec des gens comme vous ». Je pense que c'était réciproque, d'ailleurs. C'est pourquoi tout cela a été vraiment passionnant sur le plan humain.

J'ai fait énormément de suivi, y compris auprès de femmes qui faisaient du polyamour, mais j'en ai aussi vu les limites : j'ai cru pendant dix ans que j'allais pouvoir former des moniteurs dans les milieux écologiques ; puis je me suis rendu compte d'une certaine hypocrisie, si je puis me permettre, des associations prônant les méthodes naturelles. En effet, nos méthodes naturelles sont présentées jusque sur les réseaux sociaux comme découlant du droit naturel, car nous voulons croire qu'il est possible d'adhérer à *Humanæ vitæ* sans le Christ. Et en soi, sur le plan de la raison c'est effectivement possible, mais jusqu'à un certain point. En effet vient toujours le moment où on achoppe avec la société et les personnes conditionnées par de toutes autres formes de pensée. En réalité les gens veulent bien vivre les méthodes naturelles, et certains y parviennent vraiment sans être chrétiens, mais il ne faut pas qu'ils aient une trop grande *libido* parce qu'il y a le problème de la continence, qui opère un tri des personnes. Toutes les personnes n'ont en effet pas naturellement la même *libido*, certaines en ont moins que d'autres, ce qui leur permet de vivre les méthodes naturelles avec moins de difficulté. Et c'est intéressant de rencontrer des personnes qui, sans le Christ, acceptent de vivre une exigence que des chrétiens, eux, refusent.

Mais je n'ai jamais réussi à trouver des personnes qui voulaient bien donner de leur temps de façon bénévole et avaient ce désir d'enseigner aux autres, sans motivation chrétienne. On a eu quelques foyers moniteurs de chrétiens fondamentalistes ou de protestants, mais ils sont très rares – en France 99,5 % des personnes enseignant une méthode naturelle, quelle qu'elle soit, sont catholiques. Or c'est un point délicat parce qu'en fait la plupart du temps ces formateurs s'autocensurent, en n'avouant pas ce qui les motive véritablement. Quand nous sommes devenus présidents du Centre Billings France, nous avons voulu travailler à faire comprendre que le monitorat – pas la pratique des méthodes naturelles, mais le fait d'enseigner les méthodes naturelles – devrait être davantage perçu comme une mission ecclésiale, au même titre que la préparation au mariage, la préparation au baptême, etc. Nous pensons que cet enseignement devrait faire l'objet d'un service dans les paroisses, en étant d'ailleurs étendu à « l'altérité dans le mariage ». En effet, on constate aujourd'hui par exemple de gros problèmes de pornographie à l'intérieur même du mariage. Enfin, cette mission relative à la régulation naturelle des naissances finit par toucher à beaucoup d'autres sujets qui ne relèvent pas strictement de la physiologie féminine.

Emmanuelle Hénin

Madame, merci beaucoup pour votre très belle présentation. Quelques petites réactions, en fait trois remarques très différentes. D'abord, j'ai été stupéfaite d'entendre dire que la constitutionnalisation de l'avortement avait été quasi saluée par les juifs et les protestants, tandis que les musulmans et les catholiques y étaient opposés. Juifs et protestants ont applaudi : j'avoue en avoir été très surprise. Je ne sais pas si vous avez une remarque à ce sujet, parce que ces gens ont tout de même la Genèse en commun avec nous. Ensuite, je voudrais vous faire part d'une expérience : j'ai suivi par curiosité dans mon université une formation proposée par l'association Outrans et donnée par un « iel ». Il nous a parlé de cette constitutionnalisation de l'IVG, et sa grande préoccupation était de voir l'avortement autorisé un jour pour les hommes, au motif que si on peut se dire un homme à tout moment, et changer de sexe au milieu d'une grossesse, il faut aussi pouvoir avorter, en tant qu'homme ! Telle est leur nouvelle revendication ! Enfin, dernier point, je ne sais pas si vous avez vu passer un très beau documentaire sur KTO qui s'appelle *Le deuil caché*. Il est disponible en ligne, je vous le conseille ; il s'agit d'une femme qui a décidé de libérer le tabou de la parole des femmes, cette parole qui est libérée pour tout sauf pour l'avortement ! Or quand vous allez sur le site de KTO, un bandeau s'affiche devant cette vidéo, qui invite surtout à contacter le Service public France, le Planning familial, etc. Et si vous cliquez sur le bandeau, on vous explique la raison de cet affichage, à savoir que ce contenu n'est pas sûr, qu'il peut être dangereux, etc. Il y a donc un avertissement, même pour simplement recueillir la parole des femmes qui ont subi l'avortement. Pour terminer, est-ce que vous pourriez revenir sur le tabou de la fécondité dans l'Église ? En dehors de ce *Dictionnaire Jésus*, avez-vous pu constater que c'était quelque chose de massif, peut-être comparable au fait qu'on ne parle plus des fins dernières ? Car on ne parle plus non plus des fins premières, si j'ose dire…

Gabrielle Vialla

À propos d'abord de la réaction des protestants et des juifs, je l'ignorais, mais ça ne m'étonne guère parce que cela s'inscrit dans la suite de la permissivité vis-à-vis de la contraception. En effet j'ai constaté dans mon travail d'enseignement de la régulation naturelle des naissances, auprès des protestants comme des juifs, que nous ne trouvions pas de répondant sur le sujet de la contraception. En fait, je pense que c'est une question de cohérence.

C'est délicat sans doute, mais par exemple, je suis géographiquement sur la paroisse d'un prêtre très médiatique. Il se trouve que l'on partage avec lui un WhatsApp de paroisse, sur beaucoup de sujets. Or j'ai attendu – comme beaucoup d'autres paroissiens – une réaction, un appel de sa part, aussi bien pour le 4 que pour le 8 mars. Ce prêtre propose habituellement plein de belles initiatives, l'adoration du Saint-Sacrement, etc. Or rien n'a été dit ou proposé à ce sujet ! Il se trouve que c'est un prêtre très diplomate également. Il faudrait faire des sondages à la sortie de la messe, mais ce doit être très délicat d'avoir une parole publique lorsqu'on sait que les personnes peuvent ensuite aller sonner au presbytère sur le sujet de l'IVG, de l'avortement. Cela découle exactement de la pensée qu'on a sur la contraception. En tout cas cela se vérifie de façon pratique, comme nous l'avons constaté avec les personnes que nous recevions. À un moment donné, au cours de l'enseignement que nous donnions de la méthode Billings, nous prenions le temps de demander aux gens, notamment à ceux qui appartenaient à des milieux écologistes, s'ils garderaient un enfant non désiré qui adviendrait – que ce soit à la suite d'une mauvaise assimilation de la méthode, ou de mauvaise transmission de notre part. On avait déjà constaté une certaine résistance, des refus même, de la part des protestants ou des juifs, et plus encore de la part des écologistes. C'était une des difficultés pratiques. Et, du coup, nous conditionnions à leur réponse le fait de pouvoir continuer la formation, qui avait lieu gratuitement. Il est arrivé plusieurs fois qu'on les invite à réfléchir, puis à revenir après avoir pris leur décision. Quelquefois, les personnes ne revenaient pas, quelquefois elles revenaient après avoir décidé de garder l'enfant éventuel.

Par rapport au tabou de la fécondité dans l'Église, il se trouve qu'en parallèle de notre service à la présidence du Centre Billings France, nous avons, avec l'abbé Bettoli, organisé des journées pour les prêtres, à l'origine sur la régulation naturelle des naissances, puis élargies au thème de la fécondité. Car les prêtres ont du mal à en parler malgré l'appel à la générosité contenu dans la Genèse, et, ils l'avouent eux-mêmes, ils prêchent peu sur ce sujet dans les paroisses. D'une part ils ont peur d'être taxés de natalistes. D'autre part, c'est une analyse qui m'est plus personnelle, me semble-t-il, mais pour répondre par exemple à l'incessante question du diaconat féminin ou du sacerdoce de la femme, je pense que l'on n'explore pas assez l'altérité du masculin et du féminin dans les Écritures, ce qui permettrait d'avoir un discours peut-être plus riche, permettant de mieux comprendre le vis-à-vis du Christ avec chaque âme, du Christ avec l'Église, c'est-à-dire en réalité toute la question de la nuptialité.

Jean Chaunu

J'avais juste quelques compléments à indiquer : le premier concerne le Dr Simon, grand franc-maçon devant l'Éternel, qui avait parfaitement et clairement expliqué que la contraception conduirait à l'avortement. Il faut relire *De la vie avant toute chose*; même s'il l'a publié un peu plus tard (en 1979), c'était programmé. Mon deuxième point regarde la très grande tradition dans l'Église relative au mystère nuptial du Christ et de l'Église, qui semble d'ailleurs effectivement avoir été remise à l'honneur par un certain nombre de théologiens. Mais je ne sais pas pourquoi la richesse de cette théologie patristique avait disparu; peut-être a-t-elle souffert du jansénisme, ou de beaucoup d'autres choses, mais l'approche théologique du mystère nuptial du Christ et de l'Église est certainement à redécouvrir, car elle peut être effectivement très riche pour répondre à beaucoup de choses, ayant une implication dans la spiritualité. Je pense à l'ouvrage de feu Mgr Scola intitulé *Le Mystère des noces* qui approfondit la théologie du corps de Jean-Paul II.

Jean-Paul Guitton

Je voudrais apporter mon témoignage sur le fait que l'Église ne parle pas dans ses paroisses de sujets comme la contraception. Quand nous sommes arrivés en région parisienne à la fin des années 1970, ma femme consultait le médecin de quartier qui était un bon paroissien, et à qui elle a demandé un jour : « Est-ce qu'on ne devrait pas inciter les prêtres à parler de la question de la contraception, d'*Humanæ vitæ*, etc. ? » Réponse du docteur : « Mais madame, vous voulez vider les églises ? » Malheureusement, il n'y a pas eu besoin de cela pour vider les églises, et c'était il y a plus de 40 ans, le mal était déjà fait.

Monseigneur Philippe Brizard

Il est vrai, Madame, que l'anthropologie chrétienne est en mauvais état à l'heure actuelle. Je me souviens de la publication d'*Humanæ vitæ* alors que j'étais en Algérie ; l'encyclique avait déclenché un véritable tollé, un raz-de-marée de protestations. Tous les évêques français ou presque ont dit que cette encyclique était quasiment impossible à appliquer. À noter tout de même la lettre du cardinal Duval, archevêque d'Alger, par laquelle il félicitait le Pape d'avoir eu le courage de parler comme il l'avait fait. Concernant notre question, il est certain que le développement de la théologie systématique a fait de la théologie quelque chose de très abstrait, passant volontiers au-dessus de la tête de quantité de pasteurs, qui ne cherchent pas à être théologiens au sens professoral du terme, mais seulement pasteurs. Or sans un solide bagage intellectuel, je suis d'accord pour dire qu'on ne va pas très loin.

Alors je leur dis, fort de mes 50 ans de sacerdoce, auxquels il faudrait ajouter presque 10 ans de formation, que le discours moral ne peut pas « passer » sans une sérieuse approche théologique, et que la théologie systématique, marquée par Hegel et tous les grands intellectuels, élabore une grande abstraction qui éloigne de la théologie des Pères de l'Église, et en particulier de celle qui met en avant la nuptialité des relations du Christ et de l'Église. Je crois que le Père Caffarel a rendu un grand service à l'Église en développant cette spiritualité conjugale fondée sur la nuptialité. Comme pasteur – j'ai été curé longtemps –, j'avais même été jusqu'à dire à mes vicaires (à l'époque où je marchais à la tête de 14 vicaires dans ma paroisse parisienne) que ce n'était pas si simple de parler de l'avortement : certains de mes confrères partaient vent debout en disant qu'il fallait dénoncer l'avortement, que c'était un crime, un attentat à la vie, ce qui est vrai ; mais je les invitais à une certaine délicatesse dans l'expression, car à l'époque il semblait que, déjà, 43 % des femmes étaient concernées d'une manière ou d'une autre par le problème de l'avortement. Or on ne peut pas s'attaquer au problème en cinq minutes d'homélie et traiter ces questions qui supposent un développement anthropologique complexe. De mon côté, je me souviens quand même de quelques interventions musclées comme j'aime les faire, du type : « Vous avez beau me dire tout ce que vous voulez, les hommes et les femmes ne se reproduisent pas comme les grenouilles ! » Tout le monde a retenu l'expression qui les invitait à se remettre en question, mais je ne pouvais pas en l'espace de dix minutes d'homélie entrer dans le fond de la question. Je le fais quelquefois lors des mariages, parce que désormais ceux qui se marient, même s'ils n'en sont pas toujours totalement conscients, font un choix qui n'est pas à la mode, et le public de ces cérémonies est plus attentif à ces développements sur la théologie du mariage et la nuptialité.

Jean-Didier Lecaillon

Je suis complètement d'accord avec vous pour dire que nous sommes malades du fait d'avoir renoncé à la procréation ; malades sur le plan spirituel, sur le plan économique, et sur tant d'autres : nous nous suicidons d'une certaine façon. Ainsi, je partage votre diagnostic. Mais vous l'avez complété en disant qu'il fallait donner une juste place aux femmes, ce qui me semble effectivement nécessaire à ce sujet. C'est du moins ce que j'ai compris et vous me corrigerez s'il le faut. Aussi, j'aimerais savoir si vous auriez des pistes à nous proposer qui permettraient effectivement de contribuer à donner une juste place à la femme ?

Permettez-moi de préciser ma question en évoquant plus particulièrement le message de l'Église. Je discutais en effet récemment avec une amie philosophe très proche de nous, donc non susceptible de chercher à être négative, qui me disait : « Vous ne vous rendez pas compte de la responsabilité de l'Église dans cette situation par rapport à la transmission, par rapport à la fécondité, par rapport à la famille ; les femmes ont été tellement mises à l'écart qu'il est normal qu'elles réagissent, ou plutôt qu'elles soient très sensibles sur certaines questions liées à la fécondité ! ». Je serais très intéressé d'entendre une femme proposer à l'homme que je suis quelques pistes de réflexion pour savoir comment nous pourrions finalement, non pas revenir en arrière, mais progresser de manière non suicidaire ?

Gabrielle Vialla

Ce que j'ai voulu dire, c'est qu'on avait réduit le sujet de l'altérité, le sujet de la nuptialité, le sujet de l'amour du Christ pour chacune de nos âmes, à la question de la place de la femme. Pour moi c'est une réduction, une perte de l'intelligence de la foi. C'est un peu comme si le seul enjeu était celui-là. Faut-il mettre les filles dans le chœur ? Désormais les filles sont dans le chœur, mais alors faut-il aussi maintenant proposer le diaconat féminin comme le suggère aujourd'hui l'évêque d'Alger ? Et puis, quand il y aura le diaconat, il faudra le sacerdoce des femmes, et quand il y aura le sacerdoce, j'espère que la femme pourra être Pape ! Bref on voit bien l'enchaînement, alors qu'il n'y a pas de raisonnement. Or en réalité selon moi on stérilise à la fois l'anthropologie bien sûr, mais aussi l'intelligence de la foi, donc j'ai plutôt déploré le fait qu'on ait réduit le sujet à la place de la femme.

Jean-Didier Lecaillon

En effet, ce n'est pas d'avoir des filles enfants de chœur qui permettra de redonner une juste place à la femme ! Mais peut-être pourriez-vous de façon plus positive nous indiquer de quelle manière nous pourrions nous comporter ou évoluer pour que la femme trouve une juste place, et finalement que la maternité soit mieux valorisée alors qu'elle est souvent considérée aujourd'hui comme « un mal nécessaire » ?

Gabrielle Vialla

Pour moi la question n'est pas d'abord la place de la femme, la question est celle de la présence du féminin dans l'Église. Parce que précisément cette perte de la notion d'altérité va selon moi de pair avec la perte de la foi, c'est pourquoi elle est si grave ; car elle conduit en réalité aussi à atténuer la notion du féminin dans les discours ecclésiaux. Personnellement, je préfère être défendue par un moine bénédictin que par une consœur du Synode. Je n'ai rien contre le Synode, mais ce que je veux dire, c'est que le féminin est bien mieux compris par les chartreux que, malheureusement, par l'évêque d'Alger. Il faut donc redécouvrir cette spiritualité de la nuptialité, et je dirais même – pardon, c'est un peu terrible – qu'il faudrait peut-être une redécouverte de la foi de la part du clergé dans certains cas, ou au moins de cette Foi telle que Dieu nous l'a révélée, c'est-à-dire par l'Écriture, avec tout ce qui concerne l'Alliance, les noces, de façon très fine.

J'ajouterai que c'est aussi une redécouverte de la liturgie qu'il faudrait faire : en effet cet aspect cyclique, inscrit plus finement dans l'être de la femme, est ce qui lui permet de nourrir sa vie spirituelle. Ainsi, même cette spiritualité nuptiale du prêtre vis-à-vis de l'Église est nourrie par la liturgie des heures, cette école du cycle finalement. Aux couples que j'accompagnés, j'ai parlé d'une école du cycle, parce qu'en fait, un jour, on quitte le cycle ; et d'ailleurs, on le quitte comme on quitte un jour cette vie terrestre. Or ce cycle est selon moi le signe d'une pédagogie de Dieu. Dans la vie conjugale, un jour la femme est ménopausée mais l'amour ne s'arrête pas. Et quand on trouve la continence périodique un peu pénible – parce que, par ailleurs, c'est vivable ! – eh bien, on peut se dire que cela va nourrir l'amour pour qu'il continue ensuite après la ménopause. C'est un très bon argument, d'ailleurs. Je pose la question régulièrement : « Est-ce que vous voulez continuer à vous aimer longtemps ? Si vous ne voulez pas vous séparer quand vous aurez 45/50 ans et continuer de vous aimer, alors il faudra que votre amour ne repose pas que sur l'aspect hormonal de l'ovulation, et il faudra trouver d'autres moyens pour vous aimer. » En réalité, il y a une analogie à percevoir avec notre vie spirituelle, laquelle a besoin de temps, comprend des pauses, et s'inscrit dans le cycle de nos existences. D'ailleurs, quand on lit la liturgie des heures, c'est omniprésent ! Lorsque vous allez dans un monastère et que vous suivez avec le lectionnaire les psaumes et les lectures, vous êtes bercé à la fois par le rythme du jour et de la nuit, bercé par la présence du dimanche, vous êtes pris dans un cycle ! Mais, revenu dans votre paroisse, cet aspect a largement disparu.

Pour la défense de l'Église, on pourrait dire toutefois que cette perte du cycle est le fait de toute la société : aujourd'hui, on peut regarder Netflix à 3 heures du matin sur son téléphone portable, et il y a un vrai défi, une véritable charité à exercer au XXIe siècle, dans le fait de revenir aux réalités les plus prosaïques. J'ai été extrêmement étonnée du fait suivant : un journaliste que j'aime beaucoup m'a interrogée sur RCF pour la Belgique dans le cadre de la journée de la femme, c'est-à-dire le 8 mars. Je prépare donc quelques phrases, je suis plutôt contente de mes réponses, et puis à un moment donné, je lui dis être reconnaissante envers mon père, reconnaissante pour sa paternité, parce que j'estime devoir ma féminité à cette paternité. Or c'était comme si j'avais exprimé une idée de génie ! Pour les générations à venir, il suffira de rappeler des réalités très prosaïques, et on vous trouvera formidable ! Je dois ma féminité à mon père, c'est très simple. Or ce journaliste m'a avoué en *off* que c'était ce qu'il avait préféré dans mon interview. Aussi, je pense que dire aux jeunes qu'ils ont besoin pour leur vie spirituelle de vivre cet aspect cyclique du temps qui est féminin, relève d'une grande charité. On pourrait aussi parler à cet égard du rythme des repas. Dans l'Écriture la femme est souvent associée au rythme des repas, qui revêt une composante physiologique, parce que la femme nourrit son enfant. Un nouveau-né a besoin de 7 à 9 repas par jour, un nourrisson 5 repas par jour, et puis ensuite les enfants ont 4 repas par jour, les adultes 3 ; or c'est souvent la femme qui nourrit, qui a ce sens du temps.

Donc on a maltraité le féminin tant dans la société que dans l'Église, mais à mon sens pas plus dans l'Église que dans la société. Je pense que cela pourrait être une réponse.

Monseigneur Philippe Brizard

Je voudrais faire quelques remarques. Par rapport à *Humanæ vitæ*, d'abord. J'ai su que Jean-Paul II, qui était alors le cardinal Wojtyła, n'avait pas été totalement d'accord avec la formulation – pas l'orientation, mais la formulation – de l'encyclique *Humanæ vitæ*. Il avait voulu se rendre à Rome pour exprimer son point de vue au Pape, malheureusement il n'a pas obtenu de visa de la part des autorités communistes, et donc n'a pas pu le faire. Mais si vous faites bien attention, ses catéchèses des premières années de pontificat consistent en un retricotage complet d'*Humanæ vitæ*, dans un autre langage que celui de l'encyclique. Il a su « reprendre la main », si je puis dire, attirer et intéresser beaucoup de gens à ce sujet. Votre exposé est intéressant mais il est un peu irénique, parce que le mal existe. Nous sommes toujours blessés par le péché qui a provoqué précisément cette détérioration de l'ordre de la nature. Et la Rédemption est absolument essentielle aussi bien dans la catéchèse que dans le développement d'une pastorale du mariage, etc., parce que les êtres complètement cohérents avec eux-mêmes sont extrêmement rares.

Même les saints ne se disent pas complètement cohérents avec eux-mêmes, ils se sont d'ailleurs tous reconnus pécheurs. De plus, comme nous touchons ici à l'ordre de la sexualité, il y a psychologiquement une puissance de culpabilisation qui bloque complètement certaines personnes dans leur développement spirituel. Or il faudrait les aider à faire le départ entre la culpabilité psychologique qui est sûrement mortifère, et la culpabilité morale qui ouvre l'avenir en ouvrant au salut.

Gabrielle Vialla

Laissez-moi me défendre : en fait le sujet était extrêmement vaste, et j'ai simplement voulu garder l'altérité, en lien avec la fécondité commandée par Dieu dans la Genèse. Mais c'est faute de temps que je ne suis pas allée plus loin. Vous aurez noté que j'ai quand même dit qu'il était aussi extrêmement intéressant de continuer à lire les Écritures et de dégager l'anthropologie qui regarde la *blessure* de la masculinité et de la féminité.

Quant à Jean-Paul II, on a énormément aimé dire qu'il avait trouvé à redire sur *Humanæ vitæ*, et de fait il y a une lettre de Jean-Paul II à Wanda Poltawska qu'on trouve dans son *Journal d'une amitié,* et où il émet des réserves. Mais à mon sens, c'est une réaction à chaud, et il faut absolument en avoir conscience, parce qu'ensuite dans ses catéchèses, il procède non pas à un travail de réécriture d'*Humanæ vitæ*, mais à un commentaire serré d'*Humanæ vitæ*. Il reprend un à un les paragraphes d'*Humanæ vitæ* et les explique, en restant extrêmement docile, si je puis dire, à l'encyclique; et cela, non seulement dans ses catéchèses, mais tout au long de son pontificat. En effet, *Familiaris consortio* est encore une explication d'*Humanæ vitæ*, l'encyclique en cite d'ailleurs des morceaux entiers, et *Veritatis splendor* également. Et puis, c'est moins connu, mais à la fin du pontificat de Jean-Paul II, vous avez toute une série de discours aux jeunes mariés où Jean-Paul II a presque l'air de se corriger quelque peu de ses premières catéchèses. En effet, il va peu à peu amener l'enfant à l'intérieur de sa théologie du corps, se corrigeant par là de façon très douce – quand Benoît XVI se corrigeait de façon plus visible. Quand on lit simplement les catéchèses de Jean-Paul II, il y a de fait un grand absent de sa « théologie du corps », qui est l'enfant. Mais à la fin de son pontificat, Jean-Paul II parlera davantage de la générosité face à la vie dans un certain nombre de discours aux jeunes mariés, en reprenant le texte de la Genèse, ce qu'il n'avait pas fait dans ses catéchèses. À mon sens, il est dommage que la plupart des personnes qui vulgarisent

Jean-Paul II ne s'intéressent qu'à la théologie du corps du début de son pontificat, sans prendre en compte la maturité de sa pensée qui l'a mené à cette compréhension fine. Car ce manque de générosité des catholiques face à la vie représente aujourd'hui un enjeu extrêmement important. Ce que le pape François dit aussi !

Marie-Joëlle Guillaume

De fait, nous manquons de générosité face à la vie. Nous arrivons au terme de nos échanges, et il est bon que nous vous ayons poussée dans vos retranchements, parce que vous avez précisé un certain nombre de choses importantes. Or au fond, le défi aujourd'hui face à ce désastre anthropologique, c'est de trouver les bons mots pour rendre le sens de l'altérité à nouveau délectable et non pas comme une chose devant être éliminée. Nous avons fait du chemin ce soir, à travers les remarques que vous avez acceptées et qui vous ont permis d'approfondir la question.

Séance du 14 mars 2024

Transmettre la vie : la politique hongroise de la natalité et de la famille

S.E. Georges Habsbourg-Lorraine

Présentation par Marie-Joëlle Guillaume

C'est avec grand plaisir que j'accueille ce soir tous les participants à cette séance exceptionnelle de notre Académie, où nous recevons S.E. Georges Habsbourg-Lorraine, ambassadeur de Hongrie en France, qui nous fait l'honneur d'apporter sa pierre aux travaux de cette année – dont je dirai un mot dans quelques instants.

Mais d'abord, Excellence, permettez-moi de rappeler que grâce à votre personnalité nous sommes entraînés ce soir au cœur de l'histoire du continent européen et de sa civilisation, ce qui n'est pas sans signification à l'heure où nous réfléchissons à son avenir politique et humain. Petit-fils du dernier empereur d'Autriche, Charles Ier, déclaré bienheureux par le pape Jean-Paul II, et de son épouse l'impératrice Zita dont le procès en béatification a été ouvert, vous êtes aussi le fils cadet de l'archiduc Otto de Habsbourg aujourd'hui disparu mais qui était très attaché à la construction européenne et bien connu en France. Nous aimons d'ailleurs nous souvenir qu'il prisait tout particulièrement notre culture.

Vous avez vous-même la double nationalité hongroise et autrichienne, et c'est comme ambassadeur de Hongrie que la France a eu le plaisir de vous accueillir en 2020. Marié et père de trois enfants, vous ne craignez pas d'affirmer vos convictions chrétiennes et vous êtes très attaché à la famille traditionnelle. En cela, Excellence, il semble que vous exprimez la mentalité profonde de votre pays, conscient de son identité chrétienne millénaire, et qui a eu l'occasion d'affirmer par la voix de son gouvernement sa volonté de lui être fidèle.

Or nous vous avons précisément invité pour évoquer la politique hongroise de la natalité et de la famille, qui n'est pas sans liens avec l'attachement de votre pays à l'anthropologie chrétienne.

L'Académie d'éducation et d'études sociales a en effet choisi comme thème de réflexion et d'action pour 2023-2024 la question de la transmission de la vie. Nous nous sommes donné pour tâche, au long de nos huit séances mensuelles, d'inventorier les enjeux démographiques, anthropologiques et sociaux de cette transmission, qui apparaît comme le grand défi d'aujourd'hui.

Votre communication et les échanges de ce soir se situent à un tournant important de ces réflexions. Les premières séances nous ont en effet permis de relier l'effondrement de la natalité française en 2023 (qui a fait la une des journaux en janvier dernier) à une crise des mentalités – malthusianisme, révolution sociale libertaire occidentale, etc. – qui remonte beaucoup plus loin. Mais après le diagnostic, il faut en venir aux remèdes possibles. L'immigration nous étant apparue comme une solution en trompe-l'œil, ce sont des politiques en faveur de la natalité et de la famille que nous voudrions pouvoir préconiser, face à « l'hiver démographique » français et européen.

D'où notre appel, Excellence, à l'exemple hongrois. Cette politique mise en place depuis une dizaine d'années dans votre pays, sur quoi a-t-elle pris appui ? Quels ressorts, quels moyens ont été mis en œuvre pour l'incarner ? Avec quels résultats ? Parce que l'enfant est l'avenir de l'homme, parce que sans enfants c'est la désespérance et le déclin qui nous guettent, nous sommes impatients de savoir les tenants et aboutissants de l'expérience hongroise, unique en Europe aujourd'hui, à notre connaissance. Monsieur l'Ambassadeur, vous avez la parole.

Communication

Mesdames et Messieurs les académiciens, Mesdames et Messieurs, c'est un très grand plaisir d'être ce soir avec vous et d'avoir la possibilité de vous présenter le cas hongrois sur un sujet qui est très important. Notre gouvernement a en effet vraiment pris la décision de s'occuper des questions de démographie et d'essayer de donner l'exemple d'une politique nataliste. Cette politique a des résultats. Le gouvernement est en place depuis 2010 après avoir gagné les élections, à un moment où la situation de la natalité en Hongrie était très compliquée parce qu'elle était à 1,25 enfant par femme, ce qui était extrêmement bas et qui a créé beaucoup de problèmes en termes de développement notamment.

Cette année nous avons fait un sondage dans l'Union européenne sur la question démographique et nous avons demandé à chacun des pays de l'Union comment ils envisageaient de mieux se préparer au futur. Il a été très intéressant de voir la grande différence entre les anciens pays de l'Union européenne, et ceux de l'Europe centrale. Les premiers pensent pouvoir résoudre le problème démographique avec l'immigration, et cela leur paraît finalement assez simple à régler. En Europe centrale, en revanche, on s'inquiète du manque de naissances et l'on cherche des solutions politiques et économiques pour aider les familles. Ainsi, le ministère des questions familiales a fait monter un groupe de réflexion sur les changements à conduire pour offrir davantage de possibilités aux familles. Une des premières mesures a été de modifier la Constitution afin de définir clairement la notion de famille, ce qui nous a valu naturellement des critiques. Le Premier ministre a déclaré que quand on n'a pas la possibilité de définir la famille, elle risque de disparaître ! Selon notre Constitution actuelle, la famille est composée d'un père, d'une mère et des enfants, le père étant un homme, la mère une femme. Or cette définition a suscité un grand débat dans l'Union européenne, qui remet en cause le fait d'imposer qu'un père soit un homme et qu'une mère soit une femme ! L'autre article polémique inséré dans notre Constitution concerne la protection de la vie dès son commencement : la Hongrie considère en effet qu'il est essentiel de protéger la vie du fœtus dès sa conception.

Si je remonte un peu dans l'histoire, j'observe que dès 1981 la natalité a constamment été en baisse en Hongrie jusqu'à 2010, ce qui nous a conduits à revaloriser la famille dans la Constitution, et à promouvoir différentes mesures de soutien aux jeunes familles, rendant intéressant pour elles le fait d'avoir plus d'enfants. Naturellement, c'est une politique qui coûte cher. J'aimerais vous présenter en quoi consistait ce programme familial : la première mesure concernait les jeunes couples à qui l'on a offert des crédits à des conditions spéciales. Il s'agit en effet d'un crédit sans intérêt et sans hypothèque avec une garantie d'État. Les bénéficiaires sont les couples qui acceptent d'avoir des enfants dans les 5 ans. Après avoir eu leur premier enfant (dans les 5 ans) le crédit va devenir un crédit sans intérêt jusqu'à son échéance ; après le deuxième enfant, 30 % du crédit actuel devient une subvention d'État, et après le troisième enfant le crédit actuel devient une subvention à 100 %. Le second point de ce programme a concerné l'intégration du temps que des mères de famille consacrent à éduquer leurs enfants en restant à la maison, dans le temps de travail global d'une femme et en conséquence dans le calcul de sa retraite. Le gouvernement a par ailleurs augmenté la flexibilité du travail des femmes, en leur donnant la possibilité de maintenir le congé de maternité en parallèle d'un travail à mi-temps ou dans un autre format allégé. Une telle solution leur permet de cumuler le salaire de travail et le montant correspondant au congé de maternité. Tous ces points ont été très importants.

Une autre de ces mesures a concerné les jeunes familles. On s'est demandé de quoi ces familles avaient besoin. Elles ont besoin de logements spacieux. C'est pourquoi on a conçu des crédits spéciaux concernant les logements, qui offrent aux jeunes couples la possibilité de trouver un appartement, ou de construire une maison selon leurs opportunités. On a aussi aidé les familles à acquérir une voiture nécessaire à leurs déplacements. L'étape suivante a été réalisée en 2020 : on a fait en sorte que les mères de famille qui ont quatre enfants ou plus ne payent plus d'impôts sur le revenu, ce qui est vraiment très avantageux. Puis, on a étendu cette mesure aux jeunes jusqu'à 25 ans : eux non plus ne payent plus cet impôt. Par conséquent ils peuvent dégager de l'argent pour investir dans la famille.

Naturellement, pour financer toutes ces différentes mesures on a eu besoin de beaucoup d'argent, ce qui a représenté l'année dernière 4,3 % de notre PIB. Quand on voit les difficultés de certains pays à consacrer pas plus que 2 % de leur PIB à leur défense et leur participation à l'OTAN, on peut imaginer ce que cela signifie pour un pays de mettre 4,3 % de son PIB dans un programme de renforcement de la famille destiné au soutien des jeunes familles !

En conséquence, cette politique de la famille mise en œuvre entre 2010 et 2023 a commencé à faire remonter la natalité, qui est passée de 1,24 enfant par femme à 1,51. Ce n'est certainement pas suffisant, mais cela représente un pas très important dans la bonne direction. De fait, ces changements ont permis la naissance de 178 000 bébés de plus. Et puis, cette politique a eu d'autres effets positifs : en 2010 il y avait 35. 520 mariages en Hongrie, et en 2023 il y en a eu 50 150, ce qui représente une augmentation de 41 %. Cela montre que les jeunes voient dans le mariage une sorte de nécessité, en tout cas considèrent qu'il est bon pour eux de se marier, d'avoir des enfants, et que cela représente un avantage économique direct pour eux. Il y d'ailleurs selon les statistiques beaucoup moins de divorces et beaucoup moins d'avortements en Hongrie, ce qui est à l'évidence une conséquence de la mise en place de cette politique familiale.

La Hongrie s'est demandé ensuite comment poursuivre cet ensemble de mesures de soutien aux familles et a souhaité, dans cette perspective, donner plus de responsabilités aux jeunes parents. On a fait passer une loi qui a, une fois de plus, fait l'objet de vives critiques au niveau de l'Union européenne, une loi en faveur de la protection des enfants : cette loi stipule en effet que les parents doivent décider eux-mêmes de l'éducation sexuelle des enfants. Cela signifie que jusqu'à ce que l'enfant ait 18 ans, la responsabilité de son éducation sexuelle revient à ses parents, dans une totale liberté. Les parents peuvent faire ce qu'ils pensent être le meilleur pour leur enfant et ils doivent également avoir la possibilité de choisir l'école qui leur convient, en toute connaissance de cause. En effet, on constate que dans plusieurs pays de l'Union européenne, les ONG prétendant faire l'éducation sexuelle des enfants peuvent entrer dans les écoles et donner un enseignement sans demander l'avis des parents ; c'est le cas en Scandinavie, en Espagne, en Allemagne, et je crois aussi en France. Or en Hongrie les parents ont le droit de savoir quelle éducation sexuelle recevra leur enfant. Cette loi permet aussi aux parents de savoir si les programmes télé contiennent des éléments de propagande LGBTQ ou liés à la théorie du genre. La diffusion de ces programmes est autorisée, mais ils doivent s'afficher comme tels pour ne pas prendre les parents au dépourvu. La Commission européenne a immédiatement réagi à cette loi par une déclaration qui la qualifiait de honteuse à l'égard des valeurs européennes, enjoignant à la Hongrie de revenir en arrière. En vérité, cette réaction est même intervenue deux heures seulement après la conférence de presse qui présentait ce texte de loi. Pourtant il nous a semblé très important de montrer comment le mouvement LGBTQ, présent dans maints pays de l'Union européenne, peut impacter le développement des enfants, et d'inviter les pays à en prendre la mesure.

Malheureusement ces lois nous ont valu beaucoup d'hostilité de la part de l'Union européenne, qui a supprimé plusieurs financements destinés à la Hongrie et a conditionné leurs déboursements au changement de notre loi : l'UE exige en effet que ces ONG puissent intervenir dans les écoles hongroises. Or nous avons besoin de ces fonds qui nous sont dus, mais nous considérons aussi que la vie de nos enfants est plus importante que l'argent qui vient de Bruxelles. Puis nous essayons de montrer que l'on peut faire les choses différemment.

Ce que nous avons envisagé dès 2015, c'est d'organiser presque chaque année un grand sommet de la démographie à Budapest. Nous avons invité des spécialistes de différents pays pour évoquer les différents leviers d'influence sur la démographie, et cela nous a beaucoup aidés dans la mise en place des différentes mesures de cette politique familiale. L'année derrière ce fut très intéressant d'évoquer l'impact de la sécurité sur la natalité. Nous nous sommes penchés sur les conséquences de toutes les difficultés liées à la crise de la Covid, de la guerre en Ukraine, de l'insécurité dans les grandes villes, et également sur la façon d'y faire face. En réalité le gouvernement a cherché à assurer davantage de stabilité aux familles, qui, sans parler des guerres et des pandémies, s'inquiètent de la situation économique, des problèmes d'emploi, et se demandent si elles auront de quoi financer une vie de famille avec plusieurs enfants.

Ainsi, il est évident que la Hongrie a intérêt à poursuivre cette politique dans le futur, et à l'améliorer encore. Naturellement aussi la crise du Covid a été un frein à la natalité comme dans beaucoup d'autres pays – les statistiques montrent bien que peu de bébés sont nés pendant la période du Covid parce que les gens ne se sentaient pas suffisamment en sécurité. Mais comment soutenir davantage encore, politiquement, la famille ? J'essaie pour ma part de poursuivre une réflexion en tenant bien compte de la notion de subsidiarité qui est évoquée dans les traités de Maastricht de cette Union européenne ; car cette subsidiarité ne doit pas jouer seulement en faveur de l'Union européenne, des États, des régions, des villes, des villages, mais aussi au niveau de la famille qui est la base de notre société.

Voilà donc la façon dont se présente la situation en Hongrie. J'ai essayé de vous donner un aperçu des mesures politiques qui ont aidé les jeunes familles ; en tout cas cette préoccupation sera une priorité de notre présidence de l'Union européenne que la Hongrie prendra le 1er juillet. Le pays qui préside le Conseil de l'UE a la possibilité de choisir plusieurs priorités, en concertation avec deux autres pays de la Troïka. Dans notre cas ces pays sont l'Espagne et la Belgique, qui ont pris la présidence avant nous. Chaque pays a des priorités pour lui-même, mais ce trio peut aussi formuler des priorités communes. Nous avons fait des problèmes démographiques une question prioritaire. Plusieurs des réunions qui se tiendront en Hongrie pendant la présidence vont traiter la question de la démographie avec la participation des spécialistes et des ministres. Ce sera l'occasion pour nous de présenter à tous ces spécialistes ce que nous avons fait en Hongrie, ainsi que nos résultats, en espérant amener la discussion à un autre niveau.

Malheureusement j'ai bien conscience que nous aurons une présidence très difficile, car elle commence dans la deuxième moitié de l'année, ce qui signifie que nous aurons seulement quinze jours de présidence avant que les gens ne partent en vacances d'été ; en été tout le monde sera attiré par les Jeux olympiques ; ensuite il restera les mois de septembre, octobre, novembre, et puis en décembre tout le monde sera en train de penser à Noël, ce qui est très bien, mais nous laissera peu de temps, environ trois mois seulement pour faire un travail qui prend normalement six mois. L'autre problème vient de l'échéance du cycle du travail européen : après le 9 juin, jour des élections européennes, pendant un certain temps la Commission ne travaillera pas, parce qu'il n'y aura pas encore les nouveaux commissaires, et nous ne savons pas encore quelles décisions ils prendront quand ils seront en place étant donné que la ligne directrice de la politique pourrait être influencée par les résultats des élections. Nous serons donc dans une situation plus compliquée que les autres, mais on essaiera de faire au mieux pour vraiment profiter de cette présidence et montrer que la Hongrie est capable de gérer une présidence dans des conditions difficiles. Néanmoins, même dans une période de changement institutionnel nous aurons toute la possibilité de travailler prioritairement sur la question démographique et de donner un bon exemple.

Merci beaucoup de m'avoir offert l'opportunité d'exposer les mesures concrètes que la Hongrie a mises en place, nous pouvons en discuter désormais si vous le souhaitez et je peux répondre à vos questions.

Échange de vues

Marie-Joëlle Guillaume

Merci infiniment, Excellence. D'abord vous nous avez donné un tableau qui est à la fois très intéressant et très encourageant, parce qu'on s'aperçoit que vous avez pris les choses dans un ordre que nous aimerions bien voir pris chez nous, à commencer par cette définition de la famille qui, c'est tout de même un comble, paraît très courageuse aujourd'hui alors qu'elle n'a rien que de très naturel. Par ailleurs il est impressionnant de vous entendre parler de 4,3 % du PIB consacré à la famille. Mais vous nous avez donné des éléments très concrets sur les différents pas qui ont été faits. On sait bien aussi que vous vous heurtez à l'obstacle des mentalités répandues actuellement dans l'ensemble de l'Union européenne – et c'est le cas aussi dans notre pays. Avant de donner la parole à la salle, j'aimerais vous poser une question : pourquoi la natalité était-elle si basse en Hongrie en 2010 ?

S.E. Georges Habsbourg-Lorraine

Je pense qu'il s'agit d'un problème rencontré également dans les autres pays marqués par la période communiste. Je pense aussi que la situation si difficile de 2010 était un héritage du système politique d'avant 1989. En effet le communisme n'a pas fait beaucoup pour augmenter le taux de natalité, les familles n'étaient pas tellement encouragées à avoir des enfants, elles ne recevaient guère d'aides pour avoir des enfants, et puis le système communiste a toujours essayé de séparer les enfants de leurs parents, pour pouvoir leur donner une éducation politique. Cela a créé des problèmes et dilemmes aux parents, qui se sont demandé s'il y aurait un avenir pour leurs enfants susceptibles d'être récupérés par le parti politique. Il est évidemment plus facile d'avoir des enfants quand on a la possibilité de financer leur éducation, puisque naturellement avoir des enfants est une grande aventure ; on ne pense pas toujours au coût que cela représente.

On n'a donc pas vraiment aidé les jeunes familles, ce qui a rendu d'autant plus nécessaire l'arrivée d'un gouvernement qui prenne en main la question démographique – sans considérer la migration comme une solution. C'est un constat assez fort, je sais. Dire cela aussi clairement dans l'UE est délicat, car par leur histoire certains pays n'ont pas du tout la même approche de la question migratoire. Il faut voir que la situation en France est très différente de la situation de l'Europe centrale : la France était un pouvoir global, elle a eu dans l'histoire, depuis un siècle et demi, des contacts avec presque tous les pays du monde. En effet, pour se battre derrière le drapeau français durant la Première et la Deuxième Guerre mondiales vous avez eu en France des soldats venus des pays arabes, de l'Afrique et de l'Asie. Ainsi, la présence de personnes d'origine étrangère est plus forte chez vous depuis longtemps, car des liens avec leurs pays d'origine ont été tissés de longue date.

Les grandes vagues de migrations actuelles vers l'Europe ont naturellement suscité une certaine peur en Europe centrale ; et en Hongrie nous aimerions bien trouver une solution en concertation avec nos voisins d'Europe centrale pour montrer que nous avons vraiment la possibilité de stabiliser la situation d'une autre manière. Mais pour augmenter la natalité il a fallu mobiliser une forte volonté politique.

Clément Leguay

Je reviens sur ce chiffre de 4,3 % qui représente un grand poids économique, très significatif. Je me demandais si ces 4,3 % amenaient à une croissance, s'il y avait une contrepartie. Par exemple, si l'on construit un appartement plus grand, est-ce que cela veut dire qu'il y a un investissement qui est fait et donc est-ce qu'il y a 4,3 % net ou est-ce que c'est brut ? Y a-t-il des contreparties dans la croissance interne ? Et par rapport à ce que vous disiez en introduction, c'est-à-dire à votre choix d'une politique nataliste plutôt que celui d'une politique d'immigration comme l'ont fait d'autres pays européens : ce choix procède-t-il d'une comparaison financière entre l'une et l'autre ? La politique nataliste vous coûte 4,3 % du PIB mais savez-vous combien vous aurait coûté une politique d'immigration ? De la sorte il peut y avoir des choix de politiques publiques sur cet aspect.

S.E. Georges Habsbourg-Lorraine

Merci pour votre question ; malheureusement je ne peux pas vous dire qu'on a fait le calcul parce que c'est très difficile, les différents pays ont leur singularité, et je pense qu'il est assez difficile de trouver un pays où le coût de migration a été intégré dans la politique démographique. Je suppose, en effet, que nous avons réellement utilisé 4,3 % de budget, et puis, oui, il y a bien un retour sur investissement, puisque la Hongrie connaît aujourd'hui une situation de plein emploi, reçoit beaucoup d'investissements – la qualité du travail fait en Hongrie est reconnue –, et que cela donne par conséquent une grande stabilité économique au pays. Cette situation de plein emploi nous a beaucoup apporté, ainsi que la confiance des investisseurs, alors que les crises se multiplient, que la guerre s'installe chez nos voisins, et que les difficultés de la question de l'énergie sont réelles, avec notamment des prix à la hausse.

L'autre atout de la Hongrie réside dans la grande sécurité qu'elle offre. Et cela joue un rôle très important, que l'on mesure par contraste avec la situation hélas bien plus dégradée des pays où l'immigration est très forte. En Hongrie il n'y a pas d'immigration. Nous sommes ouverts pour accueillir les réfugiés, mais nous n'acceptons pas que les migrants illégaux entrent chez nous. Nous avons accueilli et soutenu près d'un million et demi de réfugiés ukrainiens. En revanche, avec l'immigration nous avons été assez stricts et nous avons fortifié notre frontière. En effet, la Hongrie a toujours accepté les migrants, mais en les obligeant toujours à « s'enregistrer », c'est-à-dire à passer par toutes les différentes étapes administratives ; et pour cette raison ils sont en réalité très peu nombreux. Aussi, quand des migrants parviennent en Hongrie, ils n'y restent pas, ils partent sans délai vers d'autres pays de l'Union européenne. La situation en Hongrie renforce le sentiment de sécurité qui contribue beaucoup à la réputation du pays et à son potentiel de développement. Notre choix est très clair : privilégier les intérêts de la population hongroise et investir de l'argent en faveur des jeunes familles pour redynamiser la démographie. D'ailleurs, c'est au moment même où l'on a introduit toutes les mesures pour les familles que les investissements des entreprises en Hongrie sont devenus très importants. Si je considère seulement la France, elle représente le cinquième plus grand investisseur en Hongrie, avec 500 entreprises françaises présentes chez nous, qui créent plus de 50 000 emplois.

Marie-Joëlle Guillaume

Ce que l'on peut déduire tout de même de votre réponse, Excellence, c'est qu'à partir du moment où l'on parie sur la famille, on envoie un message de confiance, et du coup les investisseurs et tout le reste suivent.

S.E. Georges Habsbourg-Lorraine

La famille et aussi la sécurité.

Nicolas Aumonier

Monsieur l'Ambassadeur, merci beaucoup de ce que vous avez dit. En juin 2023, un rapport a, je crois, été remis à l'ONU, qui considère que les personnes LGBTQIA+ risquent d'être dans une situation de discrimination si elles n'ont pas les mêmes droits que les autres, comme l'accès au mariage par exemple. Je souhaiterais savoir comment vous gérez cette question supranationale et quels instruments de régulation politique vous avez peut-être mis en place à cet effet.

S.E. Georges Habsbourg-Lorraine

Merci beaucoup, je suis désolé de ne pas avoir évoqué cette question quand j'ai parlé de la protection des enfants jusqu'à 18 ans. Quand les enfants atteignent l'âge de 18 ans, s'ils décident de devenir membres de LGBTQ, de changer leur genre, etc., ils bénéficient alors de la même protection que dans tous les autres pays de l'Union européenne. Quand ils ont 18 ans, les enfants peuvent faire ce type de choix, et nous avons aussi des organisations LGBTQ en Hongrie, des manifestations Christopher Street, etc. En revanche cela ne s'adresse qu'aux adultes, et c'est très clairement dit. Les parents décident de l'éducation de leurs enfants, et si les parents le souhaitent, les groupes LGBT ne peuvent pas infiltrer l'école. Naturellement ce genre de dispositions a exposé la Hongrie à une grande vague de critiques au sein de l'Union européenne, et notre pays est devenu aux yeux de cette dernière le symbole de l'homophobie. Je pouvais faire des rencontres très intéressantes dans ce contexte ici en France, où il y a des hommes politiques très favorables à l'idéologie du genre et aux LGBTQ; or ils ont décidé de voyager en Hongrie pour présenter leur position et ont organisé des réunions avec les associations LGBTQ qui naturellement existent aussi en Hongrie. Lors d'une réunion avec les politiciens français, j'ai pu parler avec eux, et ils ont affirmé qu'en Hongrie la situation des personnes LGBTQ était bonne, qu'ils recevaient la même protection que dans les autres pays de l'Union européenne… C'est exclusivement la question de l'éducation à l'école qui manifeste une différence réelle. Je pense donc que la politique hongroise a vraiment prouvé qu'il existe la possibilité de respecter ces minorités, de leur accorder une protection.

Maintenant il reste deux questions : l'adoption des enfants par des couples homosexuels et le mariage homosexuel. *A priori*, l'adoption pour un couple ou une personne homosexuelle est plutôt fermée, car on préfère qu'en cas d'adoption l'enfant entre dans une famille telle qu'elle est définie par notre Constitution, c'est-à-dire formée d'une mère et d'un père. Mais on a bien conscience qu'il existe des cas très particuliers. Prenons l'exemple d'un couple qui a un accident de voiture, et dont l'enfant orphelin très jeune a un oncle qui représente le point de contact familial et qui vit avec un homme. On peut alors faire exception au principe énoncé auparavant et lui permettre d'être adopté par cet oncle homosexuel. La loi ne règle donc pas 100 % des cas, on a toujours la possibilité de faire des exceptions. Quant au cas du mariage, les couples homosexuels peuvent conclure un contrat mais pas un mariage *stricto sensu*. Mais ces couples homosexuels peuvent bénéficier pratiquement des mêmes droits que les couples mariés. En revanche on n'appelle pas cette union « mariage », il s'agit pour nous d'un simple contrat même s'il produit en réalité le même résultat qu'un mariage. C'est pourquoi je comprends mal toutes ces critiques virulentes que subit la Hongrie, parce qu'en réalité ce système fonctionne assez bien.

Hélène Leroy

Excellence, j'aurai deux questions si vous le permettez. La première concerne la politique de natalité que vous menez : à votre avis touche-t-elle toutes les couches de la société, ou est-ce qu'elle a plus d'impact sur certaines catégories ? Je me demande par ailleurs si vous avez le sentiment que les jeunes Hongrois sont confiants et espèrent dans l'avenir. Car il va y avoir les élections européennes en juin et l'on sait que le fait pour les parents de s'engager dans l'aventure familiale avec enfants repose beaucoup sur l'espérance dans l'avenir.

S.E. Georges Habsbourg-Lorraine

Merci beaucoup, ce sont de très bonnes questions. Il est un peu difficile de répondre à la deuxième. Est-ce que les jeunes Hongrois ont confiance dans l'avenir ? Les sondages nous montrent que c'est le cas en effet. Il y a un chiffre très important qui témoigne pour moi de cette confiance, c'est celui qui montre la différence entre les Hongrois qui quittent le pays et ceux qui rentrent de l'étranger. Il y a quelques années beaucoup de jeunes ont quitté le pays pour aller vivre ailleurs. Autour de 2020 le chiffre des jeunes revenant en Hongrie est devenu plus important que celui des jeunes quittant le pays. C'est donc qu'ils ont compris l'intérêt qu'ils avaient à rentrer en Hongrie où la situation en termes d'emploi et de qualité de vie n'a finalement pas tant à envier à celle des autres pays européens, qui s'est révélée moins bonne qu'ils ne l'avaient espéré. C'est pourquoi j'ai des raisons de penser que la confiance est là.

Concernant la première question, sur les différentes classes de la société, je pense que la politique familiale a un effet positif sur l'ensemble de la société, parce que c'est devenu réellement intéressant économiquement d'avoir des enfants ; et puis la flexibilité offerte aux mères qui veulent rester auprès de leurs enfants tout en gardant la perspective d'aller travailler a manifestement un impact réel.

Père Jean-Christophe Chauvin

Vous nous avez beaucoup parlé des incitations économiques à destination des familles, mais comme vous le disiez, avoir des enfants demande certes des moyens financiers mais aussi beaucoup de générosité. D'où ma question : y a-t-il aussi des actions politiques menées en faveur de l'éducation morale ? En effet je pense par exemple à nos enfants en France : s'ils sont préparés à travailler, ils ne le sont guère à être père ou mère de famille.

S.E. Georges Habsbourg-Lorraine

Nous avons mené en Hongrie une grande campagne sur la famille, du fait que l'on a bien conscience que concevoir de bons programmes ne suffit pas si l'on n'a pas la possibilité de communiquer à leur sujet. C'est très difficile, mais ce que je peux vous vous dire, c'est que l'élément qui a été déterminant, c'était plutôt le côté économique et l'importance du *bonus* reçu par les familles ayant beaucoup d'enfants. Mais le gouvernement a vraiment mené une campagne de grande ampleur pour présenter son programme politique, créant des événements, expliquant les différentes mesures d'aide en faveur des familles, etc. L'éducation morale et la campagne sur les vertus de la famille est aussi en projet, mais malheureusement je n'ai pas vu une très grande activité de l'Église de Hongrie sur le sujet, seul le gouvernement semble se soucier de la promotion de la famille.

Dans la salle

Deux questions : on sait qu'il y a eu des tensions de la Hongrie avec le Vatican à propos de la question migratoire. Où en est votre pays sur ce point? Est-ce que les relations se sont apaisées et comment gérez-vous cela? Pouvez-vous nous éclairer à ce sujet? Par ailleurs, vous êtes ambassadeur de la Hongrie en France, et vous nous avez expliqué tout ce que fait la Hongrie en matière familiale. Or tout cela est à peu près à l'opposé de ce que fait notre gouvernement, et notre République avance plutôt dans l'autre sens. Comment l'exemple de la Hongrie pourrait-il être contagieux et nous entraîner en France dans une action qui pourrait aussi nous ouvrir les yeux comme vous l'avez fait ce soir?

S.E. Georges Habsbourg-Lorraine

Parlons d'abord du Vatican. Je peux en effet vous donner une réponse très directe, parce que j'ai la chance d'avoir un cousin comme ambassadeur au Vatican. Il y travaille depuis huit ans, pour représenter la Hongrie auprès du Saint-Siège; et je dois dire qu'en effet pendant l'année 2015 le Vatican a émis certaines critiques sur la politique migratoire de la Hongrie. Mais je tiens à préciser aussi que nous avons eu l'honneur de trois visites du Pape en Hongrie – plus précisément trois rencontres avec la communauté hongroise. D'abord lorsque le Pape s'est rendu en Roumanie où il a rencontré la minorité hongroise. Ensuite lorsqu'il est venu pour le congrès œcuménique à Budapest. Il a annoncé ensuite vouloir faire une visite d'État de trois jours en Hongrie. C'est donc un honneur d'avoir reçu trois visites du Pape dans notre pays qui n'est pas tellement grand; elles témoignent de son intérêt pour ce que nous faisons notamment en matière de politique familiale mais aussi en ce qui concerne notre position par rapport à l'Ukraine. En effet là aussi la Hongrie a un contact très direct avec le Vatican. Aujourd'hui, en considérant cette situation très difficile de notre voisin ukrainien, tous disent qu'il est très important d'aider l'Ukraine à garder une stabilité, et à finir cette guerre. Mais il nous semble qu'il faudrait aussi parler des façons de ramener la paix. Or c'est le message du Pape François, et c'est aussi une position que la Hongrie soutient très fortement. Aussi, je constate que désormais les rapports avec le Vatican sont vraiment excellents et d'ailleurs dans dix jours notre président effectuera sa prochaine visite au Vatican, laquelle ne présentera, je pense, aucun problème.

La situation en France est différente, car celle-ci a décidé de prendre une autre direction pour gérer les questions de la démographie; mais je ne peux que présenter les résultats de mon propre pays. Je n'ai guère d'influence sur ce qui se passe ici, mais quand je suis invité, j'ai la possibilité de parler de sujets comme celui de la démographie. Or je vais être invité à maintes occasions quand la Hongrie aura la présidence du Conseil de l'Union européenne, et naturellement j'en profiterai pour expliquer que la démographie est une priorité pour nous, et pour présenter la politique que nous menons et souhaitons encore déployer. Mais ce n'est pas à moi, comme ambassadeur, de donner des conseils, vraiment il n'est pas question pour moi de critiquer les politiciens français. La seule chose que je peux faire, c'est présenter ce que nous faisons, et de fait je le fais très souvent.

Antoine Renard

Merci, Excellence, vous avez bien montré, dans votre communication et au travers de vos réponses à plusieurs questions, que la politique familiale était un investissement d'une nation pour son avenir. Cela me suggère deux questions. L'expérience montre que cet effort d'investissement produit des effets de long terme, mais qui ne sont durables que si cet effort est continu dans le temps. D'où ma première question : y a-t-il des moyens constitutionnels, juridiques, législatifs, de s'assurer que cette politique familiale soit maintenue quels que soient les aléas du suffrage universel? Ma deuxième question, un peu plus provocatrice peut-être, est inspirée par la comparaison que vous avez faite vous-même entre les dépenses de politique familiale (à hauteur de 4,3 % du PIB en Hongrie) – même si c'est un investissement, il est assez normal de le rapporter au PIB – et les 2 % de dépenses consacrées à la défense. Or l'Union européenne a décidé, pour inciter les différents pays à augmenter leur effort d'armement, de sortir les dépenses d'investissement dans la défense de l'appréciation des critères de convergence de la zone euro. Est-il envisageable que la Hongrie, à l'occasion de la présidence de l'Union européenne, propose d'en faire autant pour les dépenses de politique familiale?

S.E. Georges Habsbourg-Lorraine

Que pourrait-on imaginer pour que cette politique familiale se poursuive ? Comme dans tous les autres pays démocratiques, le gouvernement actuel viendra à changer, même s'il a connu un grand succès depuis bien des années et que notre Premier ministre est le plus ancien de l'Union européenne, puisqu'il est en fonction depuis 18 ans ; mais naturellement cela ne peut pas durer indéfiniment, et le prochain gouvernement décidera de sa propre politique. Il est très difficile de mettre en place des structures destinées à permettre le maintien de cette politique, parce que c'est de la responsabilité du gouvernement et du Parlement de décider quels projets conduire dans le futur, et quels changements mener par rapport au précédent gouvernement. Le problème en Hongrie, c'est que l'opposition est très segmentée en maints partis d'opposition, qui par conséquent peinent à trouver des accords. Certes d'un côté, il y a des partis d'opposition très favorables à la famille, mais d'autres ont des priorités complètement différentes. C'est pourquoi il m'est difficile de répondre à cette question, qui relève d'une décision souveraine du gouvernement et du Parlement d'un pays après des élections. J'espère qu'ils verront les effets positifs de la politique suivie, et que pour cette raison le nouveau gouvernement souhaitera poursuivre cette politique, mais ce n'est jamais garanti.

En ce qui concerne la seconde question, peut-être le fait que nous ayons la présidence européenne est-il très important, mais pas suffisamment pour entreprendre ce débat-là. Mais merci aussi pour cette question.

Hervé de Kerdrel

Excellence, merci beaucoup pour vos propos clairs, directs et simples. Vous nous avez rappelé effectivement que vous étiez partis au début des années 2010 d'un taux de natalité de 1,23 enfant par femme, et que vous êtes aujourd'hui à un taux d'environ 1,51 avec des efforts menés sur une bonne dizaine d'années c'est-à-dire sur le long terme. Aujourd'hui, ce taux de natalité continue-t-il à augmenter sur la base des mesures politiques que vous avez mises en place ou va-t-il falloir en prévoir d'autres pour aller au-delà ? Vous nous avez dit que ce taux de 1,51 n'était pas suffisant du point de vue démographique, et on le sait en effet. Par conséquent va-t-il falloir prévoir d'autres mesures ? Et dans cette hypothèse, après le crédit gratuit, la voiture, l'appartement, quelles sont les autres idées que vous pourriez faire valoir ?

S.E. Georges Habsbourg-Lorraine

Non, en effet, le taux de 1,51 n'est pas suffisant, et il faut continuer d'envisager de nouvelles mesures. Mais naturellement aussi la situation n'est pas très favorable économiquement, c'est pourquoi j'espère qu'on aura au moins la possibilité de poursuivre la politique familiale actuelle. Je ne vois guère comment dans les prochains mois ou dans les deux prochaines années on pourrait conduire une politique familiale plus généreuse ; en effet, cela représente un investissement très important, qu'on ne fait pas qu'une fois mais qui représente une dépense constante. Je pense qu'il y aura peut-être encore la possibilité de faire quelques aménagements d'impôts en les diminuant encore un peu pour les familles, mais ce ne sera pas facile, cela a représenté un grand travail d'en arriver là ; chaque petit pas en avant pour avoir plus d'enfants représente un investissement très important et quelquefois certaines années sont plus faciles. Hélas ! aujourd'hui, la croissance s'est un peu arrêtée.

Françoise Pons

Monsieur l'Ambassadeur, j'ai réalisé un film pour la chaîne KTO sur l'identité chrétienne des Hongrois, où j'introduis notamment ces thèmes. Je souhaiterais savoir si l'objectif du gouvernement de parvenir au renouvellement des générations d'ici 2030 est ajourné en raison de la stagnation économique. Et, second point, je voudrais savoir quel concept de la famille vous souhaiteriez mettre en avant pendant la présidence hongroise de l'Union européenne. Qui sont vos alliés en Europe ? Quels pays pourraient être sensibles aux arguments de la Hongrie pendant cette présidence, sachant que le sommet démographique à Budapest regroupe des pays allant au–delà de l'Union européenne ?

S.E. Georges Habsbourg-Lorraine

Naturellement, on a essayé à l'occasion de ces sommets de chercher des alliés dans les différents pays de l'Union européenne, pour mieux représenter cette politique familiale que nous menons. En réalité, ce sont plutôt différents partis politiques au sein des différents pays de l'Union européenne qui peuvent nous aider à promouvoir la politique familiale. Mais, naturellement, tout va dépendre des résultats des élections au Parlement européen, le 9 juin prochain, au niveau des différents groupes politiques qui ont une influence au Parlement européen. S'il y a plus de partis influents qui sont favorables au développement des familles, alors on aura la possibilité de travailler avec eux.

Quant à la stagnation démographique actuelle, comment l'expliquer? Par la situation générale vraiment difficile en ce moment, du fait notamment de la guerre en Ukraine qui menace la sécurité et la confiance si importantes pour engager les familles à avoir des enfants. On a donc cette guerre avec notre voisin ukrainien, on a des problèmes énergétiques; or la sécurité énergétique est aussi un facteur d'explication important. Mais je suis absolument convaincu que si cette guerre se termine, et que la reconstruction commence en Ukraine, la stabilité reviendra et par conséquent il y a aura également, je l'espère beaucoup, un regain de natalité. Quant à notre présidence, il est vrai que j'ai parlé des différents partis politiques, mais *in fine* c'est la Hongrie qui fera le programme. C'est du ressort de notre gouvernement d'établir les priorités de la future présidence hongroise, de déterminer les sujets, les questions, les éléments qu'on voudra présenter, de voir comment on pourra promouvoir et influencer les familles des 27 pays de l'Union, nous et les 26 autres gouvernements que nous allons rencontrer en Hongrie... Naturellement, on trouvera des alliés sur certaines questions, mais ce ne sera pas un combat facile. J'espère toutefois vraiment qu'on pourra mettre ce temps à profit.

Joël Templier

Vous avez fait allusion dans votre politique de stabilité familiale à une diminution du taux de divorce, et je ne sais d'ailleurs pas si le Pacs existe en Hongrie. Pour éclairer ma question en tant que Français, je voudrais vous parler du dernier numéro de la revue *Études* sur la fécondité, qui propose, au-delà des solutions classiques que vous avez citées, comme l'immigration ou l'aide financière, d'aider à la recomposition des familles.

Ils partent du double constat que d'une part les couples séparés, nombreux en France, n'ont pas eu autant d'enfants qu'ils l'auraient souhaité s'ils ne s'étaient pas séparés; d'autre part, qu'une famille recomposée sur deux a généralement un enfant. C'est pourquoi ils imaginent une politique nationale aidant à la recomposition de la famille, du fait que la fécondité dépend d'abord de la rencontre d'un homme et d'une femme.

Je ne sais pas si c'est vrai, mais ils citent quatre pays où, semble-t-il, des initiatives ont été prises en ce sens : les États-Unis avec le Président Bush, l'Angleterre avec Tony Blair, Singapour et le Japon – même si au Japon cela n'a pas représenté un grand succès. Alors que je n'y avais jamais pensé, je trouve que cela peut être pertinent.

S.E. Georges Habsbourg-Lorraine

Merci beaucoup, c'est une sûrement une idée en effet, puisque cette politique fonctionne dans certains pays. Je ne peux malheureusement pas vous donner des statistiques exactes sur les remariages ; le seul chiffre que j'ai trouvé en préparant cette soirée est le chiffre des divorces en Hongrie. Mais il y a 30 % d'avortements en moins parmi les couples mariés, et les deux tiers ont lieu au sein des couples hors mariage.

Par conséquent, en effet oui, il faut être créatif et réfléchir à un programme qui pourrait permettre de convaincre les personnes d'avoir des enfants dans les meilleures conditions possibles.

Emmanuelle Hénin

J'ai deux questions : puisque les avortements ont beaucoup diminué, est-ce parce que vous avez une politique d'incitation et d'aide aux jeunes femmes qui leur permet de garder leurs enfants ? En effet, finalement il y a un droit qu'on ne cite jamais, c'est celui de ne pas avorter ; il n'est jamais évoqué. Et puis deuxièmement, il y a une sanction qui me semble assez grave, c'est celle qui prive les Hongrois du droit de bénéficier du programme Erasmus. Et je voulais savoir comment vous faites face à cette situation, comment vous trouvez des compensations pour que les étudiants puissent quand même voyager.

S.E. Georges Habsbourg-Lorraine

Merci beaucoup, la question d'Erasmus est en effet une chose complètement incompréhensible pour moi, quelquefois la Commission est vraiment trop créative ! Car enfin, quel est le résultat de cette mesure de privation du financement des programmes Erasmus ? Eh bien, c'est que les étudiants de certaines universités hongroises qui, aux yeux de la Commission, ne sont pas bonnes, parce qu'il s'y exerce une influence politique qui ne lui convient pas, n'ont pas la possibilité d'aller dans les « bonnes » universités, où ils pourraient voir, pourtant, la grande différence qui existe entre celles-ci et les universités en Hongrie ! En revanche, les étudiants qui viennent d'ailleurs ont la possibilité, avec l'Erasmus, de venir en Hongrie, et d'étudier dans ces universités hongroises qui semblent pourtant plus problématiques, pour la Commission, que les autres universités de l'Union européenne…

Comment avons-nous réagi ? La Hongrie a décidé de mettre en place un nouveau système pour les universités en les dotant de structures de Fondations, auxquelles elle donne beaucoup d'argent ainsi que des propriétés, pour leur permettre de devenir plus indépendantes de l'État et de mieux travailler. Dans le conseil de ces Fondations qui sont au-dessus des universités, il y avait aussi des membres du gouvernement, donc des ministres ainsi que des membres du Parlement. Mais la Commission européenne a estimé que cette influence du gouvernement sur le conseil des Fondations était inacceptable. La Hongrie a répondu que si c'était un problème pour la Commission, elle allait supprimer tous les hommes politiques du conseil de ces Fondations, ce qu'elle a fait. Mais, malheureusement, la Commission continue actuellement de refuser ce financement des programmes Erasmus de la Hongrie. Le gouvernement de son côté a déclaré qu'aucun étudiant hongrois ne devait être sanctionné par ces décisions de la Commission à Bruxelles. Dans cette perspective, il a débloqué l'argent nécessaire au maintien des programmes de mobilité, et finance aujourd'hui les étudiants qui veulent partir à l'étranger. Il existe deux programmes de bourse : d'un côté, le programme de bourse PANNÓNIA va contribuer au financement de la mobilité des étudiants et, de l'autre, le HURIZONT finance la recherche. Mais, en même temps, la Hongrie accueille beaucoup d'étudiants étrangers, spécialement des Français – on a beaucoup de contacts avec l'Université de Szeged, qui est apte à recevoir les étudiants francophones. Personnellement, je ne comprends pas du tout les raisons de cette décision européenne.

En fait, ils veulent supprimer les financements de tous les côtés ; alors ils ont décidé de supprimer aussi l'Erasmus pour une certaine catégorie d'universités, mais c'est une décision sans aucun sens. J'espère toutefois que la situation reviendra à la normale cette année. Naturellement, il s'agit d'une question très politique, puisque, la Hongrie ayant commencé à recevoir ces fonds qui lui étaient dus, le Parlement européen a décidé de poursuivre la Commission européenne devant la Cour européenne des droits de l'homme. Jusqu'aux élections européennes, nous ne recevrons plus rien, mais on peut espérer qu'ensuite les choses seront rétablies.

Concernant votre question sur les aides destinées à éviter l'avortement, elles ont fonctionné puisque l'avortement est en baisse et que les enfants sont devenus financièrement, pardon de le dire ainsi, « rentables » ; en effet, avec des enfants, les couples ont vraiment la possibilité de gagner beaucoup d'argent et d'avoir une vie agréable grâce aux aides de l'État. S'ils n'ont pas d'enfant, il faut à nouveau payer ses crédits, la situation a beaucoup changé. Malheureusement, il faut bien admettre que l'argent contribue à la stabilité, et il est vrai que les gens sont convaincus aujourd'hui qu'il vaut la peine d'avoir des enfants, ce qui explique que ce dispositif ait bien fonctionné.

Laurent Lafforgue

Merci beaucoup, Excellence, pour cette présentation très impressionnante. Je ne sais pas si vous pourrez répondre à ma question, qui porte sur ce que j'appelle le mystère hongrois. Je constate en effet une singularité hongroise qui fait mon admiration. Cette singularité est d'abord celle du courage, puisque parmi tous les pays de l'Union européenne et même parmi tous les pays du monde occidental, la Hongrie n'hésite pas à faire cavalier seul alors que c'est un petit pays, comme vous l'avez dit. Les Français expriment souvent l'idée que la France n'est pas assez grande pour pouvoir faire cavalier seul, alors que la Hongrie, qui est plus petite, le fait. C'est le premier point.

Le deuxième point, c'est qu'à mes yeux, non seulement la Hongrie est singulière et courageuse, mais elle est aussi raisonnable. Ainsi, la politique de la famille que vous nous avez présentée aujourd'hui est en quelque sorte la politique du bon sens, et devrait l'être pour tous. Or, pour rester fidèle au bon sens, la Hongrie doit au contraire aller à contre-courant de la grande majorité des pays du monde occidental ! Vous avez également mentionné à plusieurs reprises le problème très important de la guerre en Ukraine, un pays voisin de la Hongrie. Je peux vous dire comme citoyen français que depuis deux ans, j'ai trouvé d'innombrables fois, en écoutant les nouvelles, que la Hongrie était le seul pays à tenir un discours raisonnable et responsable, aussi bien pour l'avenir du monde, que pour les relations avec la Russie, qui sont extrêmement importantes, ou encore pour le bien de l'Ukraine elle-même. Et j'ai donc bien souvent rêvé que la France tienne le même discours, de concert avec d'autres pays : s'ils le tenaient en effet, je pense que la paix serait revenue depuis longtemps.

Le dernier point que je veux mentionner, c'est un point particulier mais très important et très délicat dans le monde aujourd'hui, celui du rapport au passé. Dans le monde moderne, on perçoit souvent le passé de manière négative, et l'ensemble des pays occidentaux ont tendance à rejeter leur passé. Or, Excellence, vous êtes l'incarnation d'une relation au passé, puisque par votre héritage familial vous représentez mille ans d'histoire. Je trouve absolument remarquable, et pas du tout indifférent, que la Hongrie ait choisi pour la représenter en France un membre de la famille Habsbourg. Je ne suis pas sûr que, par exemple, l'Autriche l'aurait fait.

S.E. Georges Habsbourg-Lorraine

Non, en effet, l'Autriche n'aurait pas fait cela. Tout d'abord, merci beaucoup pour tout ce que vous avez dit sur la Hongrie, vous avez tout à fait raison. Mais, naturellement aussi, cette politique me donne beaucoup de travail, comme vous pouvez l'imaginer, parce que la Hongrie est toujours très claire sur ses positions. Cela s'explique naturellement du fait notamment qu'il y a un gouvernement très stable. Or malheureusement au sein de l'Union européenne, il y a très peu de gouvernements vraiment stables. En Hongrie, on a un gouvernement très stable depuis très longtemps et personne ne conteste qu'il soit le résultat d'une élection démocratique. Il y a eu des élections en 2022 en Hongrie, des observateurs sont venus de toutes parts pour observer si la démocratie, prétendument en danger, était bien préservée. Or tous ces observateurs officiels ont affirmé que les élections s'étaient très bien passées. Je pense que la Hongrie a le grand avantage d'avoir un Premier ministre qui dispose d'un parlement stable, tout en ayant conscience qu'il peut changer, ce qui est important en démocratie. Mais, en ce moment, il a derrière lui une grande majorité de la population, qui a confiance dans la parole des hommes politiques pour lesquels elle vote. Il est vrai que parfois le gouvernement dit trop clairement ce qu'il pense, et cela ne rend pas mon travail facile : je dois sans cesse expliquer la position de la Hongrie, différente de celle du reste de l'Union européenne, que ce soit au sujet de l'Ukraine ou en matière de politique familiale. Mais ce positionnement est très respecté dans le pays, et le Premier ministre le sait.

En même temps, je vois dans le fait d'exprimer sa singularité une certaine similarité avec la France dont le Président affirme souvent très clairement ses opinions. D'ailleurs, la relation entre le Président Macron et le Premier ministre Orban est très bonne, puisqu'ils savent très bien qu'ils viennent politiquement de deux univers différents, mais qu'ils sont tous deux membres de la famille européenne, et pour cette raison appelés à travailler ensemble. On peut avoir des positions différentes, mais il faut travailler ensemble pour l'Europe. Et tous les deux ont également compris que pour obtenir l'ouverture d'un débat il fallait parfois présenter une question non seulement avec beaucoup de clarté mais peut-être aussi sans nuance, en allant au-delà de sa propre pensée. Car cela constitue une bonne base de discussion du point de vue des médias, qui guettent les positions extrêmes pour commencer un débat. Quand M. Orban exprime une idée, il ouvre un débat, ce qui est excellent, parce que, sans débats, on n'avance pas.

Merci beaucoup également pour ce que vous avez dit sur ma famille ; naturellement, c'est pour moi fascinant d'avoir aujourd'hui la possibilité de représenter la Hongrie en France, comme membre de la famille Habsbourg. Mais la position de ma famille est beaucoup plus simple en Hongrie qu'en Autriche, qui hélas ! n'est pas très correcte avec ma famille. En effet, elle l'a traitée de la manière la plus stricte et la plus désagréable possible. Par conséquent, il y a aujourd'hui une grande différence entre la Hongrie et l'Autriche. Cette dernière affiche partout les marques de l'histoire de la famille Habsbourg avec Sissi, François-Joseph, leurs châteaux, etc. Ainsi les Autrichiens vivent *de* la famille Habsbourg, tandis que les Hongrois vivent *avec* la famille Habsbourg ! Les Autrichiens n'ont pas un grand intérêt à voir les Habsbourg vivants ; ils s'intéressent surtout au fait de pouvoir faire de l'argent avec le passé des Habsbourg.

J'ai eu la chance de pouvoir revenir en Hongrie en 1989, où je suis alors retourné habiter et travailler. Je suis devenu ambassadeur en 1997, ambassadeur itinérant, et maintenant je reste dans cette position par rapport à tous les différents gouvernements, parce que je reste en dehors des partis politiques. Et cela n'a pas été un problème pour les différents gouvernements hongrois de me maintenir en fonction comme ambassadeur itinérant jusqu'en 2020 ; et puis, un jour, le Premier ministre m'a demandé de venir à Paris, ce dont je lui suis très reconnaissant, parce que ce travail m'oblige en me donnant la chance de représenter la Hongrie dans un pays qui a une relation très profonde avec ma famille. En effet, je m'appelle Habsbourg-Lorraine, or la Lorraine est déjà liée à la Bourgogne, et puis il y a beaucoup d'autres liens avec la France. Ainsi je peux vraiment représenter la Hongrie, et travailler sur son image. Car dans la presse, les journaux, la télévision, la Hongrie n'est, hélas !, pas présentée de manière très positive ; c'est donc pour moi l'occasion de rectifier cette présentation médiatique et de rétablir la vérité sur la réalité de la vie en Hongrie. Mais la chose la plus importante pour moi est d'essayer de convaincre les gens de voyager en Hongrie, afin qu'ils voient par eux-mêmes quelle est réellement la situation, qui, je le répète, ne correspond pas à ce qu'en disent les médias. J'ai la chance de pouvoir jouer ce rôle et j'essaie de l'assumer pleinement. Par ailleurs, je suis vraiment très reconnaissant à la France de la façon dont elle m'a reçu, comme à la Hongrie qui m'a fait confiance pour la représenter ici.

Jean-Luc Bour

Je retiens beaucoup de choses, mais en particulier deux points. Premièrement, le fait que des mesures techniques et économiques ont apporté des résultats ; deuxièmement, le fait que l'histoire des pays est différente, et qu'en conséquence les choix démographiques relatifs au maintien de leur population, ou à l'augmentation de leur population pour des raisons économiques sont différents. Néanmoins dans l'ensemble des pays occidentaux le mouvement de baisse de la natalité s'est accompagné, ou provient, d'un objectif affiché de libération de la femme, ainsi que de mesures ayant favorisé à la fois la gestion de toutes les conséquences de la sexualité, ainsi que le placement des enfants en crèche, l'insertion professionnelle, etc. Or d'après ce que vous nous avez expliqué, il n'y a pas exactement la même situation en Hongrie, les mêmes politiques, etc. Ma question est : est-ce que les femmes soutiennent moins votre gouvernement que les hommes ?

S.E. Georges Habsbourg-Lorraine

Non, je pense que le soutien des femmes est bien là, ou en tout cas celui d'une grande majorité. Le gouvernement a beaucoup travaillé à donner une situation économique favorable aux familles et à les convaincre qu'il était possible de gérer une famille en Hongrie sans y perdre ; ailleurs, dans d'autres pays en effet, les gens craignent malheureusement souvent de perdre leur temps et leur argent en ayant des enfants. Or la Hongrie a montré qu'on pouvait tout mener de front, qu'un père pouvait s'engager auprès de son enfant tout autant qu'une mère, qu'ils pouvaient donc collaborer, prendre un congé maternité/paternité tout en gardant leur travail ; bref on a prouvé que les familles avec enfants pouvaient tout autant conserver une aisance financière et une bonne qualité de vie. Pour cette raison, je pense que nous sommes parvenus à trouver un bon équilibre pour les familles, même si encore une fois nous sommes loin d'atteindre le taux de 2,2 enfants par femme, ce qui serait idéal pour que la société reste stable. On en est loin, mais je pense que nous avons montré qu'il était tout à fait possible de mener une politique familiale susceptible d'apporter cette sécurité dont les familles ont besoin pour donner la vie à des enfants. C'est pourquoi j'espère que notre exemple sera suivi par d'autres pays.

Frantz Toussaint

Dans la mesure où la conjugalité est la base de la famille, j'aurais voulu savoir si l'État avait mis en place des politiques de soutien au couple. Comme vous l'avez dit dans votre propos, et comme cela a été inscrit dans votre Constitution, vous avez défini la famille comme étant constituée d'un père, d'une mère, et d'enfants. Alors quelle est votre politique de soutien à la conjugalité pour qu'elle soit stable, durable, et qu'elle puisse porter des fruits, au-delà du fait que les enfants peuvent relever d'un intérêt financier ?

S.E. Georges Habsbourg-Lorraine

Quand on pense à ce que signifie avoir des enfants, on envisage probablement au départ l'enjeu financier qui n'est pas négligeable. Quand les enfants sont là, ils deviennent plus importants que tout ; c'est ce que l'on a constaté avec beaucoup de familles. C'est pourquoi le premier pas est le plus important, et il ne doit pas être empêché par la peur d'avoir des enfants. La mise en place d'une politique familiale rassurante du point de vue des finances et de l'emploi était donc nécessaire. Quand les familles ont des enfants, l'État est là pour les aider. Je pense que le fait que le taux de divorce ait beaucoup diminué en Hongrie montre que cette politique a aussi contribué à aider les couples à rester mariés. D'un côté, il est en effet très important de montrer la nécessité de la famille comme base de la société, comme structure de maintien de la société, de sa stabilité. Mais cela n'enlève pas les préoccupations du quotidien, comme celle de nourrir sa famille en période d'inflation, celle de l'avenir incertain, etc. Alors, d'un côté il s'agit pour la politique de montrer l'importance de la famille, mais de l'autre, qu'il est possible d'avoir une famille durable dans de bonnes conditions, qu'on peut envisager d'avoir des enfants sans trop craindre le futur. Or je pense que nous avons plus ou moins réussi ce défi en Hongrie.

Tristan de Carné

Excellence, est-ce que la population hongroise est, disons, plus « classique » que la population française ? On a en effet le sentiment que pour un certain nombre de Françaises aujourd'hui et dans d'autres pays européens, le simple fait de parler de politique de natalité va engendrer une réaction un peu vive, du genre « Ne touchez pas à nos ventres ». On a entendu ce discours récemment ici ; donc est-ce que cette politique nataliste que vous menez a été facilitée par un état de l'opinion un peu plus « classique » ?

S.E. Georges Habsbourg-Lorraine

Je dirais que le gouvernement hongrois est clairement un gouvernement conservateur, qui a trouvé une majorité dans la population ayant manifesté son intérêt pour une politique conservatrice. C'est une chose qu'on ne voit pas tellement en France. Ici les conservateurs ne sont pas aussi puissants qu'en Europe centrale. Naturellement, cela s'explique notamment par l'histoire, par les événements de ces dernières années. Et puis cette politique conservatrice menée en Hongrie a réussi, a produit des résultats. Il est très difficile de comparer les différents pays dont les histoires sont différentes. Le développement du pays dans les cent dernières années a été marqué, ne l'oublions pas, par le système communiste jusqu'en 1989, période pendant laquelle les gens ont fait l'expérience de beaucoup de choses qui ne fonctionnaient pas et dont ils ne veulent plus. C'est pourquoi la Hongrie a cherché des alternatives, dont la politique actuelle du gouvernement fait partie. Il me semble donc difficile de comparer notre pays d'Europe centrale avec ceux de l'Europe de l'Ouest, dont les sociétés ont évolué de façon complètement différente ces cinquante ou soixante dernières années. Chez nous le conservatisme est en réalité très logique. Néanmoins, même s'il est réel dans le pays, il apparaît naturellement encore beaucoup plus présent dans la presse, à la télévision, sur Internet, ce qui est une question dont nous sommes en train de discuter, car la présentation dans les médias a naturellement aussi un impact. Mais je pense que pour mieux le comprendre, il faut vraiment prendre en considération la région où se trouve le pays, son histoire, et les raisons pour lesquelles le développement est allé dans cette direction.

Les élections des dernières années ont en tout cas prouvé le succès de la politique conservatrice du gouvernement.

Marie-Joëlle Guillaume

Il nous faut en venir à la conclusion. Je voudrais dire, Excellence, que vous venez de nous faire passer une soirée absolument passionnante, et l'on s'est rendu compte en vous entendant de ce que représente une politique fondée véritablement sur l'humain : on n'était pas dans l'idéologie, mais dans l'humain, dans les problèmes concrets des citoyens, et c'est plein d'enseignements. On ne vous étonnera pas en vous disant qu'en vous invitant nous voulions chercher une inspiration pour notre cher vieux pays, qui pour l'instant ne se porte pas très bien de ce côté-là. Mais je voudrais aussi rappeler que, dans le langage diplomatique, quand on affirme qu'il y a eu des échanges francs, en général il s'agit de propos un peu musclés ; or nous avons fait connaissance ce soir avec une franchise exquise. Donc, merci infiniment, Excellence, nous sommes très heureux de vous avoir accueilli.

Séance du 4 avril 2024

Quels points d'appui pour une politique de la natalité et de la famille en France ?

Pascale Morinière

Marie-Joëlle Guillaume

Chers amis, avant de céder la parole à Antoine Renard, membre de notre Conseil, qui va se faire une joie de vous présenter Pascale Morinière, je voudrais dire à notre invitée toute la portée que sa présence revêt à nos yeux. Chère Pascale, nous vous accueillons en tant que personne, il va être question dans un instant de votre personne, mais c'est aussi une association amie que nous accueillons à travers vous. Or dans l'histoire chrétienne de la France au XXe siècle, les Associations familiales catholiques (AFC), ce n'est pas rien. C'est donc à la fois une joie, un honneur et quelque chose de très significatif que, dans un programme d'année lourd en enjeux sur la transmission de la vie et ses implications démographiques, anthropologiques et sociales, vous partagiez avec nous le regard des AFC.

Présentation par Antoine Renard[1]

Merci, madame la présidente, de la joie qu'en effet vous me donnez, en me confiant le soin de présenter une autre présidente, à qui me lie une amitié de plus de quarante ans. Cette amitié a dû commencer par l'accueil de Jean-Paul II au Parc des Princes puis au Bourget, et quelques années plus tard à Lourdes, aux côtés du ministre de l'Intérieur Gaston Defferre qui cherchait désespérément quelques sous dans sa poche pour honorer la quête… C'est une occasion de souligner la qualité des amitiés qui se nouent dans le cadre du scoutisme, « la plus universelle de

1. Membre du Conseil de l'AES

fraternités de jeunesse » selon Pierre Rosanvallon, qui s'affranchit tout autant des différences sociales que des écarts d'âge ; notre oratrice est douée pour entretenir l'amitié, dont la maturité est savoureuse, et nos familles lui en sont reconnaissantes.

Chère Pascale, tu te présentes habituellement d'abord comme épouse et mère de trois enfants. Avec François, après la naissance et le début d'éducation de vos deux filles qui vous réjouissent profondément, vous décidez d'adopter un petit garçon, Cyril, un Géorgien, et découvrez les difficultés, mais aussi la grande joie de l'adoption, et en même temps les souffrances du handicap ; permets-moi de dire ici que vous êtes la preuve qu'avec beaucoup d'amour on peut changer des vies, changer le monde.

Mais tu es aussi médecin ; tu as exercé comme médecin généraliste en grande banlieue pendant dix ans, en Protection maternelle et infantile et en médecine scolaire, toutes expériences qui nourriront tes engagements ultérieurs.

Car tu es enfin championne en bénévolat ; entrée très jeune chez les SUF où tu as été jeannette, guide, cheftaine de guides, puis membre de l'Équipe nationale Guide, tu te vois proposer la responsabilité de Commissaire louveteaux ; comme tu as l'avantage de ne pas connaître, tu adoptes une méthode que tu utiliseras régulièrement : quand on ne sait pas, on s'informe, pour s'informer, on lit (Baden-Powell, Vera Barklay…), on rencontre, on discute, on partage, on comprend, et après seulement on agit. Comme cela manquait, tu rédiges toi-même les *Signes de piste* pour les petits : quatre magnifiques petits tomes racontent les aventures de *La sizaine des Bruns* sur les traces de saint François, avec ce qu'il fallait de jeu, d'équipe, de mystère, d'engagement, de spiritualité, tout ce qu'il faut pour faire un homme, tout ce qui, de l'enfance, devra rester dans le cœur d'un homme quand il sera entrepreneur, général, évêque… et surtout père de famille.

Une petite pause pour épouser François et élever vos premiers enfants, et tu es vite rappelée au Conseil national des SUF dont tu seras vice-présidente de 1998 à 2009, aiguillon du conseil et plume du président : on te doit nombre des rapports annuels de la période.

En 2007 tu es appelée par ton mentor Gérard Bouet et sollicitée par les AFC pour prendre en charge le secteur éducation. Tu donnes un nouvel essor aux Chantiers Éducation, une activité phare du mouvement, et tu comprends très vite qu'un enjeu important à côté duquel nombre de familles sont malheureusement passées parce qu'elles se sentaient peu outillées, c'était l'éducation relationnelle, affective et sexuelle. Avec Laura Bertail vous rédigez *Lucas et Léa, le cours de la vie*, récit d'un riche dialogue au cours duquel un jeune garçon demande pour ses neuf ans à être informé des conditions de sa naissance : les mots sont précis, le langage est clair ! Les parents sont enthousiastes. Il en sera fait une série de vidéos visibles sur le site Internet, puis les modules de formation *Grandir et Aimer*.

Tu deviens vice-présidente en 2011 pour l'épopée du « mariage pour tous », puis élue présidente en 2019, et j'observe avec amusement que les féministes radicales, auxquelles il doit rester deux sous d'intuition féminine, ont manqué de célébrer la première accession d'une femme à la présidence de l'ancienne Association Catholique des Chefs de Famille.

Présidente des AFC, tu entreprends pendant ces cinq premières années de multiples initiatives pour relancer la machine, rajeunir tout l'ensemble, chose faite puisque nombre de présidents d'AFC aujourd'hui sont dans la quarantaine. Tu organises les premières « Familiades », sessions d'été pour parents et enfants, lances les AFC jeunes puis AFCélib pour les jeunes adultes, et deviens chroniqueuse régulière sur RCF et Radio Notre-Dame, et rédacteur dans la revue *Capital Social* de notre ami Joseph Thouvenel. Tu relances un groupe de travail sur le renouveau de la politique familiale, et crée une Fondation des AFC pour trouver les moyens nécessaires au développement des chantiers, à l'organisation d'un colloque annuel (le premier sur la démographie s'est tenu l'an dernier), et à la création d'un laboratoire d'idées.

À la tête d'un mouvement rénové, grâce à tes talents, ton initiative, ta fermeté, ta capacité d'entraînement, ton sourire derrière lequel se cachent de petits yeux malicieux qui savent provoquer – y compris chez le président de la République auquel tu as fait tenir des propos qu'un président ne devrait pas tenir –, tu interpelles parlementaires, ministres et évêques avec constance.

Il était donc tout naturel que notre Académie souhaite t'entendre, dans le cadre de son année consacrée à « La transmission de la vie : un défi aujourd'hui ».

Notre pays a longtemps été admiré et envié pour sa politique familiale et le dynamisme de sa natalité ; ce n'est plus vrai et la situation se dégrade rapidement.

Alors, chère Pascale, après dix ans dans la médecine, dix ans à la vice-présidence des SUF, et cinq ans à la présidence des AFC, nous sommes peut-être à mi-parcours, sur quels chemins allons-nous te suivre ? Quelles seraient aujourd'hui les décisions politiques bénéfiques pour les familles, favorables à l'accueil des enfants, acceptables par l'opinion publique et soutenables par les décideurs politiques qui mériteraient d'être promues ?

Communication

Introduction

Merci de m'avoir invitée à m'exprimer devant vous et tenter de répondre à la question : « *Quels points d'appui pour une politique de la famille et de la natalité aujourd'hui en France ?* »

Votre invitation est un honneur et une reconnaissance de l'expertise des Associations Familiales Catholiques qui au sein de l'UNAF (l'Union Nationale des Associations Familiales) contribuent depuis quatre-vingts ans à « défendre les intérêts matériels et moraux des familles présentes sur le territoire français », ainsi que l'indiquent ses statuts.

Les AFC, elles, portent la triple mission de promouvoir la famille, de la représenter dans les institutions et dans les lieux de décision sociaux et économiques et de rendre des services aux familles. La vision des AFC est celle de la pensée sociale de l'Église pour la famille et la société. Nous portons tout cela à travers nos 280 associations locales et grâce à nos 22 000 familles adhérentes, présentes sur tout le territoire français jusqu'en Outre-Mer.

Lorsque tout se passe bien, il s'établit un échange vertueux entre les familles et la société : la société donne les meilleures conditions de vie possibles aux familles, tout en respectant leur autonomie. Les familles, elles, apportent à la société de la vitalité et de la cohésion : de la vitalité parce qu'elles mettent au monde une nouvelle génération, et de la cohésion parce qu'elles humanisent et socialisent chaque nouvel être humain, rendant ainsi possible la vie en société.

Il me semble que la politique familiale est très exactement ce qui facilite cet échange vertueux ! Elle est classiquement soutenue par deux principes : l'*universalité* et la *pérennité*.

L'universalité la différencie d'une politique sociale palliative ou curative. La politique familiale, elle, est préventive et repose sur la solidarité horizontale entre les ménages sans enfant et les ménages chargés de famille. Question d'équité. La politique sociale a pour objet de venir en aide aux plus démunis de la société. Elle traduit la solidarité verticale et opère une redistribution des ménages aisés vers les ménages à revenus modestes. Question de solidarité.

Quant à la pérennité, elle est indispensable pour que les familles aient une vision claire et assurée sur la vingtaine d'années qui suit la naissance de leur enfant. La pérennité traduit la dimension d'investissement inhérente à la politique familiale.

J'ajouterai la lisibilité, indispensable pour rendre toute réforme compréhensible par le grand public et améliorer les taux de recours.

La politique familiale met en œuvre quatre objectifs :

• **Deux objectifs historiques :**

– Permettre le renouvellement des générations (2,1 enfants par femme sont nécessaires, mais le taux n'a été que de 1,68 en 2023 et cela fait cinquante ans que nous sommes en dessous du seuil de renouvellement des générations). Nous avons perdu 100 000 naissances entre 2012 et 2022 mais 48 000 rien qu'entre 2022 et 2023 – ce qui représente la ville d'Albi !

– Maintenir le niveau de vie des familles qui choisissent d'accueillir des enfants, par rapport à celles qui en auraient moins ou pas du tout.

• **Depuis les années 1990, deux objectifs s'y sont ajoutés, liés aux évolutions de la société :**

– Permettre la conciliation entre la vie familiale et la vie professionnelle,

– Soutenir les parents dans leurs tâches éducatives.

La politique des berceaux, c'est-à-dire la politique en faveur de la natalité, est donc au cœur de la politique familiale mais n'est pas, au moins dans notre pays, une politique nataliste.

Les politiques natalistes revendiquées ont eu le vent en poupe très longtemps jusqu'après la Seconde Guerre mondiale, puisqu'il s'agissait encore selon le général de Gaulle en 1945 « d'appeler à la vie les douze millions de beaux bébés qu'il faut à la France ». La Doctrine sociale de l'Église rappelle (n° 234), quant à elle, que « seuls les époux peuvent juger de l'intervalle entre les naissances et le nombre d'enfants à procréer. C'est leur droit inaliénable, à exercer devant Dieu, en considérant leurs devoirs envers eux-mêmes, envers les enfants déjà nés, la famille et la société ».

Il me semble d'ailleurs qu'on ne peut pas déplorer les politiques coercitives et malthusiennes comme celle de l'enfant unique en Chine (1979 à 2015) et soutenir une politique nataliste : ce sont les deux versants d'un même travers !

La notion de « **désir d'enfant** » est certainement plus juste, pour développer des politiques de soutien à la natalité. Elle permet de sortir du débat néo-malthusien des féministes ou des écologistes d'une part, comme des tentations natalistes qui contreviennent à la dignité de la personne et à l'autonomie des parents, d'autre part.

Enfin, après les principes et les objectifs de la politique familiale, il me semble utile de vous indiquer ses instruments d'action pour que le cadre de notre réflexion soit tout à fait complet :

- le quotient familial qui a pour but de tenir compte des charges de famille pour l'établissement de l'impôt sur le revenu ;
- les Allocations familiales versées à toutes les familles indépendamment de leurs ressources ;
- des prestations spécifiques liées non aux ressources mais à la spécificité de certaines familles (familles ayant des enfants handicapés par exemple) ;
- des mécanismes destinés à favoriser la conciliation de la vie familiale et professionnelle ;
- des mécanismes de soutien à la parentalité.

Pour répondre à la question de cet exposé, je vous propose de revisiter les quatre objectifs de la politique familiale pour regarder où pourraient porter les efforts de l'exécutif ou des législateurs.

Permettre le renouvellement des générations

Ce n'est plus le cas depuis cinquante ans mais ce phénomène s'est accéléré sur un temps relativement court, ces dernières années. Quelles en sont les conséquences ?

Faut-il soutenir la natalité ?

Une natalité tonique répond à quatre besoins : le désir d'enfants des familles, la nécessité de faire perdurer notre modèle social, les besoins de l'économie, le moral, l'optimisme de la nation.

• Le désir d'enfants

On comprend aisément que s'appuyer sur le désir d'enfants des parents est un argument précieux en matière de communication à l'époque de l'absolutisation du désir. C'est quasiment irréfutable même par les féministes !

L'UNAF a pris l'habitude de chiffrer à intervalles réguliers le désir d'enfants des Français. En 2011 comme en 2020, il était de 2,39 enfants. En 2023 il était en légère baisse, ayant été évalué à 2,27 enfants.

En 2011, l'indice de fécondité était de 2,01 enfants par femme, en 2020, il est passé à 1,87 et en 2023 à 1,68 enfant par femme.

La différence entre le désir d'enfants et la réalisation de ce désir a augmenté dans le même temps. Elle correspond à la différence entre le désir d'enfants et l'indice de fécondité : 0,38 en 2011, 0,52 en 2020, 0,61 en 2023.

Tout se passe comme si les Français souhaitaient avoir des enfants mais ne pouvaient, et de moins en moins, réaliser ce souhait. Autrement dit, cette différence traduit la perte d'efficacité de la politique familiale.

Je ne reviens pas sur les causes de la dégradation de la politique familiale ni sur le lien entre natalité et politique familiale qui vous ont été présentés par le recteur Gérard-François Dumont.

• La nécessité de faire perdurer notre modèle social

Le premier à avoir rendu compte de cette question de manière argumentée est François Bayrou[1] qui a publié en mai 2021 une note du Haut commissariat au plan : « La démographie, une clé pour préserver notre modèle social », dans laquelle il appelait à un nouveau pacte démographique afin de préserver notre système fondé sur le « tous pour chacun ».

Il soulignait, chiffres à l'appui, que notre modèle est fondé sur la solidarité entre les générations, pour les retraites bien sûr, mais aussi pour les

1. Démographie : la clé pour préserver notre modèle social | info.gouv.fr

autres branches de la Sécurité sociale. C'est le choix généreux que notre pays a fait à l'issue de la Seconde Guerre mondiale en créant un pacte solidaire entre tous les Français. Cette solidarité n'est possible qu'avec une pyramide des âges équilibrée. Si en 1960, une retraite était soutenue par 4 actifs, elle est aujourd'hui soutenue par 1,7 actifs. C'est aussi le cas pour la branche maladie et la branche autonomie à laquelle les plus jeunes contribuent pour les plus âgés. En revanche, pour la branche familles, ce sont plutôt les jeunes foyers en charge de famille qui sont bénéficiaires.

• Notre dynamisme économique

La question de la natalité a des conséquences sociales mais aussi des conséquences économiques directes. Le Pr Jean-Didier Lecaillon vous a éclairés sur ce sujet. Un pays qui se développe construit des crèches, des écoles, des hôpitaux, investit dans tous les champs de la vie de la nation.

La dynamique inverse est déjà à l'œuvre. Par exemple, selon le ministère de l'Éducation nationale qui a publié deux études début 2023, le nombre d'élèves va diminuer de 400 000 en primaire et de 110 000 dans le secondaire entre 2023 et 2027[1], essentiellement en raison de la chute démographique.

• Le moral de la nation

Une nation avec une natalité dynamique se projette dans le futur, imagine, se donne du mal pour les jeunes générations. À l'inverse, un pays avec une pyramide des âges déséquilibrée a davantage le regard vers le passé et muséifie son histoire. Avec des commémorations mémorielles à outrance et de la repentance…

Le dilemme aujourd'hui, présenté par François Bayrou dans son étude, consiste entre un soutien à la natalité vu comme très onéreux, et l'accueil d'une population étrangère adulte directement employable et donc contribuant immédiatement au système économique et social.

Outre le fait que les récents débats sur la loi immigration ont montré que les Français étaient globalement opposés au phénomène, sans mettre en place une immigration choisie, directement employable et donc fai-

1. Croguennec Y., 2023, « Prévisions d'effectifs d'élèves du premier degré : la baisse des effectifs devrait se poursuivre jusqu'en 2027 », Note d'Information, n° 23.10, DEPP. https ://doi.org/10.48464/ni-23-10

sant défaut aux pays d'origine, ce n'est pas imaginable. On connaît l'échec de cette politique en Allemagne, par exemple. Même l'Institut Montaigne ne soutient plus l'idée selon laquelle l'immigration bénéficierait à l'économie française. Et nous connaissons le coût social et culturel de la pression migratoire inégalée atteinte aujourd'hui en France. La politique familiale ne peut se développer sans une politique migratoire réaliste quant aux capacités d'accueil et d'intégration de notre pays.

L'exécutif n'a pas tranché entre politique migratoire et politique familiale.

Comment soutenir la natalité ?

Il faut écouter les familles !

Les AFC ont réalisé une étude en juillet 2023 avec Jérôme Fourquet, directeur de l'IFOP, pour comprendre pourquoi les Français renonçaient à avoir un enfant ou un enfant de plus. Nous avons sondé un groupe de 2000 personnes de moins de 50 ans et retenu celles (300) qui avaient renoncé à avoir un enfant ou un enfant de plus. Les raisons du renoncement sont citées en fréquence comme suit (3 causes pouvaient être données) ou par ordre de priorité (en gras) :

1. Des difficultés d'accès ou de coût des modes de garde, **8**
2. Des difficultés économiques ou d'emploi, **1**
3. Le fait d'être seul, **2**
4. Des raisons de santé, **3**
5. Un désaccord du conjoint, **5**
6. La crise climatique, **5**
7. En raison de problèmes de fécondité, **3**
8. Séparation d'avec le conjoint, **7**

Retenons les premières causes invoquées par les parents. Ils attendent un soutien à l'emploi avec des salaires décents et des aides financières, des modes de garde accessibles, un soutien quant à la santé et la fécondité. Le phénomène des *no kid* bénéficie manifestement d'une attention surestimée.

Nous avons déjà là des pistes concrètes d'amélioration.

Maintenir le niveau de vie des familles qui choisissent d'accueillir des enfants

Simplifier

C'est le rôle du Quotient familial pour les familles qui ont un niveau de vie suffisant pour être soumises à l'impôt et celui des Allocations familiales pour les familles ayant un niveau de vie plus faible. Mais pas seulement ! De nombreuses aides existent pour aider les familles au plus près des besoins identifiés, chacune avec des périmètres différents créant un maquis très complexe. Jean Benoît Dujol, DG de la Cohésion sociale, lors d'une réunion sur la monoparentalité au ministère des familles, reconnaissait avec fatalisme, le 29 mars dernier, que cette complexité allait jusqu'à entraîner des difficultés de lisibilité et même de recours pour les familles bénéficiaires.

Ne pas détourner la politique familiale et l'indexer sur les salaires

Si la politique familiale est née pour tenir compte des charges familiales dans la rémunération des salariés, le gouvernement ne s'en est vraiment emparé dans les années 1930 que pour des raisons natalistes. Les détournements restent une tentation récurrente ! Plus récemment, ils consistent à utiliser la politique familiale pour lutter contre la pauvreté, réduire les inégalités homme-femme, centrer les aides sur les familles monoparentales ou utiliser la branche famille (excédentaire) pour diminuer les déficits ou charges des autres branches de la Sécurité sociale.

Comparées aux salaires, et notamment au SMIC, les allocations familiales ont, en trente ans, perdu les deux tiers de leur valeur. Il y a une sous-indexation des prestations familiales depuis 7 ans dans le PLFSS, à rebours de ce que stipule le code de la Sécurité sociale (indexation sur le coût moyen des biens de consommation).

Le HCFEA (Haut Conseil de la famille) a d'ailleurs évalué que la « revalorisation des plafonds et seuils de ressources des prestations familiales entre 1998 et 2019 était inférieure de 4 % à l'inflation, de 17 % à l'évolution du niveau de vie moyen et de 21 % à celle du salaire moyen[1].

1. https ://www.hcfea.fr/IMG/pdf/l_evolution_des_depenses_sociales_et_fiscales.pdf

Ne pas donner les Allocations familiales au premier enfant

On préconise de plus en plus de donner des allocations familiales dès le premier enfant. Cela aboutirait à lisser ces allocations, quel que soit le rang de l'enfant, sous forme de forfait pour chacun des enfants de la famille ; et donc à centrer les Allocations familiales sur l'enfant et non sur les besoins de la famille. Par principe, une politique *familiale* ne peut s'accommoder de l'individualisation des droits ou des aides, car la famille est un tout.

Or, le niveau de vie des ménages diminue en moyenne lorsque le nombre d'enfants augmente : le taux de pauvreté est quasi équivalent pour les familles monoparentales et les familles de 3 enfants et plus. Il est plus juste d'aider les familles en fonction de leurs besoins, c'est-à-dire les familles nombreuses et les familles monoparentales qui sont les deux types de familles pauvres.

Nous préconisons de simplifier les différents types d'aides financières, de garder des aides selon le rang de naissance, de soutenir en priorité les familles nombreuses et les familles monoparentales. Concrètement :

– rétablir le principe d'universalité (2015) et supprimer la mise sous conditions de ressources des allocations familiales ;

– remonter le plafond du quotient familial à 2500 € par demi-part (il est de 1759 €) ;

– familialiser la CSG ;

– instaurer une progressivité du montant des allocations familiales en fonction de l'âge pour tenir compte de la variation des charges liées à l'éducation et jusqu'aux 22 ans de l'enfant ;

– indexer les prestations familiales sur les salaires plutôt que sur l'inflation ;

– supprimer tout ou partie des droits de mutation quand la famille s'agrandit ;

– attribuer des pensions de retraite équitables tenant compte de l'investissement des familles qui élèvent des enfants (compenser en partie les moindres revenus et/ou capacité d'épargne des familles ayant élevé des enfants) ;

– réserver les excédents de la branche famille à la branche famille.

Conciliation entre la vie familiale et la vie professionnelle

Il nous faut ici discuter du bien-fondé du « congé de naissance » annoncé par Emmanuel Macron le 16 janvier et le 7 mai 2024. Ce sujet est intimement lié à celui de la natalité puisque c'est la seconde cause en fréquence de citation pour les parents ayant renoncé à un enfant. Quand on interroge, comme nous l'avons fait dans notre étude IFOP[1], les parents qui ont renoncé à avoir un enfant ou un enfant de plus, la moitié (48 %) aurait fait un autre choix s'ils avaient pu prendre un congé parental. Parmi eux, 61 % auraient pris un congé de 2 ou 3 ans. Ils le souhaitent en moyenne financé à hauteur de 1100 € (le SMIC est à 1400 €).

Ce congé de naissance serait de trois mois pour chaque parent. Il serait mieux rémunéré que l'actuel congé parental. Outre le soutien à la natalité, l'objectif avancé serait de ne pas éloigner trop longtemps les femmes du marché du travail. Mais c'est aussi une mesure d'économie sur le dos des familles.

Le congé parental peut aujourd'hui être pris pendant deux ans, puis éventuellement un an supplémentaire pour l'autre parent. Il est rémunéré 448 € par mois pour un travail à temps plein (c'est la PreParE, Prestation partagée d'accueil de l'enfant).

Le congé de naissance annoncé ferait suite aux congés paternité et maternité, et serait de neuf mois et une semaine au plus. Il inclut la suppression des congés parentaux longs, au-delà des neuf mois.

La rémunération est annoncée à 50 % du salaire antérieur avec un plafonnement à hauteur de 1900 € par mois. C'est mieux que la PreParE, bien sûr. Mais personne n'a jamais demandé la suppression des congés longs, bien au contraire !

En 2021, 56 % des enfants de moins de 3 ans étaient gardés par leurs parents la majeure partie du temps ou tout le temps[2]. Mais seuls 36 % des parents avaient posé ce choix volontairement : pour les 20 % restant, il s'agissait d'une situation par défaut en raison de l'insuffisance des solutions de garde. Comment imaginer qu'il serait possible de disposer d'un mode

1. « Le congé de naissance, une réforme insuffisante pour les familles » (la-croix.com)

2. https ://www.hcfea.fr/IMG/pdf/hcfea_-_synthe_se_et_propositions-3-2.pdf

de garde pour tous les enfants de 9 mois à 3 ans alors que les possibilités d'accueil par les EAJE (Établissements d'accueil des jeunes enfants) ou par les assistantes maternelles (dont 40 % vont prendre leur retraite d'ici 2030) sont déjà insuffisants ?

Sans mode de garde au bout des neuf mois, les parents différeront la naissance ou les femmes quitteront le marché du travail, soit l'inverse des objectifs recherchés !!

Quelles solutions ? Une place de crèche coûte 18 000 € par an à la collectivité. Si la PreParE était réévaluée à 1100 € par mois, l'effort financier serait bien moindre que le financement d'une place de crèche ! Le mode de garde le moins onéreux est la famille : pourquoi cette donnée n'est-elle pas prise en compte ?

Enfin, que feront les mères ou les pères qui souhaiteront s'occuper de leur enfant plus longtemps que les six mois du congé de naissance, par exemple dans le cas où leur enfant serait prématuré, adopté, porteur de handicap ou tout simplement dans le cas où ils auront envie de le voir grandir ? Quelle solution leur restera-t-il si ce n'est celle de renoncer à leur emploi ? Le même phénomène de retrait de l'emploi a déjà eu lieu en 2014 lorsque Najat Vallaud Belkacem a transformé le Congé parental d'éducation en PreParE. Cette réforme a fait baisser de 46 % [1] le nombre d'utilisateurs, alors que l'État bénéficiait, lui, d'un milliard d'économies. L'exécutif a la mémoire courte puisque l'intention affichée alors par la ministre était de faciliter le retour des femmes à l'emploi en limitant à deux ans leur congé et en obligeant le conjoint à prendre la troisième année. Faute de modes de garde, de nombreuses femmes ont dû renoncer à leur emploi, à rebours de l'ambition affichée. Entre 2013 et 2017, la proportion de femmes au chômage est passée de 10,4 % à 13,3 %.[2] Cette réforme a été une mesure d'économies sur le dos des familles. L'actuelle réforme qui a le même affichage pourrait avoir les mêmes effets.

Nous préconisons :

1. Source UNAF
2. Voir le rapport du HCFEA de 2019 sur les congés parentaux pages 158-159 : Source : Enquêtes Emploi en continu de 2013 à 2017, calculs du secrétariat général du HCFEA.
Champ : mères ayant au moins un enfant âgé de moins de 3 ans au moment de l'enquête.

– le libre choix des parents entre le père ou la mère (ne pas mélanger les objectifs) ;

– un congé court de 6 mois à 1 an, rétribué à 75 % du salaire antérieur ;

– un congé long indemnisé 1 100 € par mois (somme moyenne demandée par les parents dans notre étude).

Soutien à la maternité et paternité

Attention à ne pas se substituer aux pères et mères de famille ! Le premier soutien consisterait en messages positifs aux pères, aux mères et aux familles. La famille est plébiscitée sondage après sondage. Le sondage Opinion Way d'octobre 2023 pour *Le Parisien* montrait que la famille est très importante pour 83 % des personnes sondées. Mais la parole publique sur la famille est rarissime, ou alors elle concerne les familles dysfonctionnelles, abusives ou la monoparentalité.

Nous soutenons les Réseaux d'écoute, d'appui et d'accompagnement des parents créés en 1999 à la suite de diverses initiatives : les Maisons vertes, les lieux d'accueil parents-enfants, la médiation familiale ou les groupes de parole destinés aux parents. Avec les CAF, ils soutiennent les initiatives qui prennent appui sur les parents et valorisent leurs compétences. Les Chantiers-Education font partie de ce réseau.

Soutien à la durabilité conjugale

Nous avons parlé de quatre objectifs assignés à la politique familiale. Nous militons pour l'ajout d'un cinquième objectif : le soutien à la durabilité conjugale ou la lutte contre les ruptures conjugales.

La puissance publique intervient après l'annonce d'une rupture par la médiation familiale et l'aide aux familles monoparentales, mais elle s'interdit d'intervenir en amont au nom de la liberté !

On compte aujourd'hui 25 % de familles monoparentales. La fragilité des liens conjugaux est donc le premier facteur d'appauvrissement des foyers : selon les chiffres de l'Insee, les personnes isolées avec plusieurs enfants ont un niveau de vie moyen inférieur de 36 % à l'ensemble de la population. De même, le rapport du CREDOC d'avril 2023 notait qu'il y avait 2,1 millions de personnes pauvres vivant en familles monoparentales en 2019. Ce nombre a quasiment doublé depuis 1996. La séparation conjugale appauvrit la famille tout en entraînant d'autres conséquences négatives : des difficultés sociales, éducatives et sanitaires qui impactent l'ensemble des membres de la famille. Des efforts financiers toujours plus importants sont consentis par les pouvoirs publics pour compenser les différents risques qui impactent les familles monoparentales.

Notre pacte social compense heureusement les accidents de la vie. Mais lorsque cela en vient à concerner un quart des familles, il devient plus que nécessaire de s'interroger sur le bien-fondé de cette seule politique palliative. Une politique préventive serait de plus long terme, sans doute moins rentable politiquement mais certainement bien plus utile à la société. Moins de séparations, cela signifie moins de conflits et moins de violences intrafamiliales, moins d'appauvrissement, moins de souffrances psychologiques et sociales, moins de difficultés éducatives et scolaires et de meilleures chances pour les enfants de ces familles.

Les AFC plaident pour la valorisation du mariage civil, dans sa préparation et dans sa célébration, ainsi qu'une nette différentiation entre les régimes du mariage, du Pacs et du concubinage. Elles organisent en octobre 2024 un colloque à l'Assemblée nationale sur la prévention des ruptures sur le thème « *Lien conjugal et paix sociale* », pour alerter les parlementaires sur le « maillon faible » que sont devenus trop de couples.

Par ailleurs, les AFC ont présenté deux propositions lors des élections présidentielle et législatives de 2022.

- Mieux préparer les couples à la vie conjugale et proposer une préparation à la conjugalité en mairie lors du dépôt d'un dossier de mariage ou de Pacs, ou d'une demande de certificat de vie commune. Ce serait l'occasion d'informer les couples sur les droits et les devoirs de chacun des trois régimes juridiques, concubinage, Pacs et mariage, afin qu'ils puissent faire des choix en connaissance de cause et connaître ce à quoi ils s'engagent. Cette préparation à la conjugalité permettrait aussi de proposer une formation à la résolution des conflits afin de prévenir la maltraitance. Il pourrait ainsi se diffuser une culture de la résolution des conflits de manière plus paisible au sein des couples et dans les relations parents-enfants.
- Une autre proposition consisterait à organiser un remboursement des séances de conseil conjugal par les Caisses d'allocations familiales. En effet, les conseillers conjugaux et familiaux constatent bien souvent que les couples viennent les consulter très tardive-

ment, alors que la relation est déjà très dégradée. Il est devenu plus simple, voire banal, d'aller chez le psychologue, ce qui n'était pas le cas il y a vingt ou trente ans. Il serait donc bien qu'une même logique soit mise en place pour les couples. Le remboursement créerait ainsi comme une normalisation de l'acte et une facilitation. Il donnerait aussi un signal clair, celui que « la société se préoccupe du bien-être des couples, qu'elle prend soin d'eux et qu'elle met des moyens pour assurer leur stabilité ».

Conclusion

La politique familiale à la française, enviée par les autres pays, a été déconstruite au fil des ans et l'effondrement récent de la natalité en atteste. De nombreuses pistes et idées existent pour améliorer la situation. Il y a urgence ! Les autres pays qui investissent tard le font en pure perte. Quand une nation perd le goût de la famille, il devient très difficile d'inverser la tendance. Le monde occidental n'a pas encore réussi à élaborer un modèle associant prospérité et accueil généreux de la vie. Sa survie en dépend.

Échanges de vues

Marie-Joëlle Guillaume

Merci beaucoup, Pascale, pour cet exposé extrêmement au fait des problèmes de la prévention et de la conjugalité, et pour ces préconisations très simples finalement, qui se situent clairement du côté du soutien du lien, alors que tout est fait pour casser les liens depuis bien des années… J'ai une question à vous poser avant de donner la parole à nos amis : c'est au sujet des fameux « 1000 premiers jours de l'enfant ». Je suis mal informée sur cette initiative. Il m'a semblé qu'il s'agissait plutôt d'ingérence de la part de l'État que de véritable soutien, mais j'aimerais savoir ce qu'en pensent les Associations Familiales Catholiques.

Pascale Morinière

Il faut savoir que la commission qui a travaillé sur les « 1000 premiers jours » était composée aux trois quarts de psychiatres ou de psychologues. Quant à moi, je suis médecin, or on ne voit que la pathologie quand on est médecin, et particulièrement les psys, qui ne voient que les familles dysfonctionnelles. C'est pourquoi tout ce qui est dit là-dedans est à la fois très juste, incontestable, et en même temps réducteur ; quand j'en ai parlé avec le ministre de l'époque Adrien Taquet, j'ai eu l'impression qu'il découvrait des choses que les médecins savaient depuis très longtemps, mais sous un angle très pathologique. Quand je me suis amusée à lire le rapport et à noter tous les adjectifs qui qualifiaient les parents, j'ai trouvé cela incroyablement négatif : ils étaient démunis, dépassés, tellement seuls les pauvres, et à aucun moment n'étaient pointées les compétences des parents, comme s'ils n'en avaient pas ; nulle part n'apparaissait le bien qu'ils font en se levant six fois par nuit quand le petit est malade par exemple, le dévouement pourtant bien réel dont ils font preuve au quotidien. Ce n'était jamais reconnu. Mais il y avait tout de même de bonnes choses, par exemple le fait de souligner le besoin essentiel de l'enfant, jusqu'à l'âge d'un an, d'être en famille. C'est d'ailleurs cet argument-là que l'on utilise contre le congé de naissance – 3 mois plus 3 mois – qui représente au mieux 9 mois avec tous les congés cumulés. Mais donc, à quoi bon entreprendre une telle étude si c'est pour faire tout à fait autre chose après !

Pierre Deschamps

Ce n'est pas une question, c'est une perplexité que je voudrais exprimer, sur l'idée de la prévention des ruptures conjugales : cela me semble une idée intéressante, accessoirement d'ailleurs elle aurait sans doute un effet positif sur la question du logement, puisqu'une rupture entraîne le besoin de deux logements. Mais ce n'est pas notre sujet du moment. En revanche, est-ce que c'est à l'État, aux services publics plus qu'aux pouvoirs publics même, d'aller s'immiscer dans les relations internes d'un couple ?

Pascale Morinière

Mais l'État s'immisce déjà énormément, et le fait d'avoir facilité le divorce à outrance l'oblige maintenant à aller organiser la vie des familles recomposées. On s'est donc habitué au fait que l'État s'occupe de la vie des familles et on compte dessus. Même chose en ce qui concerne la monoparentalité : à trop faciliter les séparations, eh bien l'État est obligé de s'occuper de toutes ces femmes ! Il y avait hier à Matignon beaucoup de femmes d'associations monoparentales avec leurs enfants, il y avait eu la même chose un mois plus tôt, même genre de « grand-messe » au ministère de la Famille. Et il y avait une femme avec un rôle de porte-parole, le verbe haut, qui revendiquait non seulement le droit pour ces femmes à être écoutées au nom de leur expérience mais en même temps à recevoir l'argent de l'État ! En réalité, à trop faciliter les ruptures et à trop les laisser s'accomplir, eh bien on arrive à cette situation. Donc, je crois en effet qu'il faut essayer de les éviter… sinon l'on est dans une impasse !

Pierre Deschamps

De quelle manière éviter les ruptures ?

Pascale Morinière

À partir de toutes les idées que j'ai suggérées : préparer à la conjugalité, soutenir, rembourser le conseil conjugal, etc. Il est plus facile de mener ces actions que de revenir sur les lois sur le divorce : cela ne passera jamais. Je pourrais dire qu'il faut arrêter le divorce sans juge, mais ce sont des paroles qui ne servent à rien, ce sont des propositions vaines, car on n'arrivera jamais à faire passer une telle mesure. En revanche, travailler sous l'angle de la prévention des ruptures, donc de la bientraitance, me paraît être acceptable.

Marie-Joëlle Guillaume

Il me semble que ce dont parlait Pierre Deschamps, c'était de l'immixtion de l'État dans l'intimité des familles. Or notre invitée suggère par exemple de proposer le remboursement du recours à un conseil conjugal. Le conseil conjugal n'est pas l'État, donc en réalité il s'agirait plutôt de favoriser une prise en main du couple par lui-même.

Rémi Sentis

Sur la prévention des ruptures, j'avais juste une petite remarque, qui regarde la question de la pornographie. Tout le monde reconnaît en effet aujourd'hui que celle-ci représente un phénomène de masse, que nous sommes face à un véritable déferlement pornographique. C'est bien sûr catastrophique, car c'est la source de beaucoup de violence, d'addictions terribles, d'inhibitions dans beaucoup de couples qui reculent devant le mariage, etc. Or les pouvoirs publics ne font rien, et ont même l'air de s'y complaire.

Par ailleurs j'ai une question : vous avez très justement parlé de la question de la solitude de la mère célibataire, des familles monoparentales, et de la question du ciblage des mesures familiales en leur faveur, mais il me semble qu'il y a aussi une dimension symbolique là-dedans. On a l'impression que depuis une quinzaine d'années, l'État essaie délibérément de déconstruire la paternité – la loi de la PMA sans père déconstruit un peu plus la paternité –, le mariage, etc. On voit encore dans ces mesures symboliques la manière avec laquelle l'administration, par des dispositions très coûteuses, va favoriser la création de familles monoparentales qui sont d'ailleurs en l'occurrence la conséquence de la loi PMA. Chaque PMA sans père a un coût extrêmement important, qui est d'ailleurs difficile à chiffrer précisément. Mais l'État, avec l'argent public, favorise délibérément la naissance d'enfants qui seront toujours privés de père, non du fait des aléas de la vie, mais par une volonté délibérée des pouvoirs publics. Qu'en pensez-vous ?

Pascale Morinière

Que du mal bien sûr ! Et cela illustre en effet la schizophrénie de l'État. On nous répond en général que les femmes ayant recours à la PMA sans père ont des métiers et de l'aide, c'est tout. On s'est battu pendant deux années contre cela, et l'on n'a pas obtenu gain de cause. Quand je parle d'idéologie, force est de constater que celle-ci est vraiment à l'œuvre ; et l'allusion qu'a faite Antoine tout à l'heure est révélatrice. Quand j'ai interpellé le Président de la République sur ces questions-là, il m'a en effet répondu : « Votre problème, c'est que vous croyez qu'un père est forcément un mâle » ! Agnès Buzyn avait déjà fait ce genre de déclaration et l'on pensait à l'époque qu'elle devait avoir un peu dérapé ; or, en réalité, c'est une vision des choses qui est partagée au sommet de l'État, ce dont nous avons pris conscience à ce moment-là.

Antoine Renard

Le pire, c'est que le Président pense que c'est à nous que ça pose un problème, il ne voit pas que c'est à lui que ça en pose un, assez grave.

Pascale Morinière

Oui, et il réduit aussi la paternité à une croyance : « Vous croyez... »

Jean-Paul Guitton

S'agissant de la politique familiale actuelle, je suis assez perplexe, car il n'y en a pratiquement plus, quand on pense à la grande politique familiale de l'après-guerre, « que le monde entier nous envi [ait] ». Je voudrais attirer l'attention sur le langage, par lequel nous sommes tous piégés : par exemple Rémi Sentis, qui a parlé à l'instant de la monoparentalité, s'est repris ; il avait dit « mères célibataires », puis il a utilisé l'expression « familles monoparentales ». Et nous utilisons tous cet oxymore. Or la famille monoparentale n'existe pas. Avons-nous parfois le courage de le dire ? Oui, le père est absent de la politique familiale (sauf à lui faire jouer le même rôle que la mère). Plus généralement, c'est la définition de la famille qui n'est pas faite. Vous avez pris soin, chère Pascale Morinière, de ne pas définir la famille, et vous avez bien fait, parce qu'on ne peut plus définir la famille en France. La France est incapable aujourd'hui de définir *juridiquement* la famille !

Pascale Morinière

J'ai essayé de « vendre » au directeur de cabinet d'Emmanuel Macron une définition de la famille, en lui expliquant que la famille était une communauté de vie et d'amour, qui par ailleurs, pour les AFC, était aussi « fondée sur le mariage entre un homme et une femme ». Mais je l'ai encouragé à reconnaître au moins cette notion de communauté de vie et d'amour ! En réalité j'ai rencontré plusieurs fois ce Monsieur Strzoda, et cette fois-là c'était juste après les confinements et les discours d'Emmanuel Macron du type « Nous sommes en guerre, nous sommes en guerre », « Rentrez chez vous et prenez soin de ceux qui habitent dans votre maison ou votre appartement », etc. Or quand je parle, personnellement je ne dis pas « ceux qui habitent dans ma maison » mais tout simplement « ma famille » ! C'est pourquoi j'ai dit à Monsieur Strzoda qu'il s'agissait tout de même d'une périphrase un peu longue et qu'il pourrait suggérer de s'inspirer de ma définition… qu'il m'a fait répéter pour la prendre en note très soigneusement ! J'ai ensuite guetté les prises de parole ; il y a eu une petite vidéo en direction des familles avant les présidentielles, sans doute pour nous amadouer ; mais l'expression « communauté de vie et d'amour » n'est jamais sortie, parce qu'en fait ils n'arrivent plus à dire quoi que ce soit d'autre que « les » familles ! J'avais précisément taclé Adrien Taquet sur ce sujet-là quand il était ministre de l'Enfance et des familles. J'avais souligné devant lui la contradiction dans le fait de parler de l'enfant au singulier, et des familles au pluriel ! Or il n'y a pas qu'un enfant ! Il n'était pas très content.

Jean-Paul Guitton

En 2005, je crois, l'UNAF a tenu son assemblée générale à Nantes, dont le maire était alors Jean-Marc Ayrault. Ce dernier avait expliqué à cette occasion sa conception de la famille. Il n'était pas encore Premier ministre, mais une famille, pour lui, c'était *un ou plusieurs adultes qui élèvent un ou plusieurs enfants*. On doit reconnaître que cette définition a le mérite de donner toute sa place à l'éducation. Par ailleurs, le *désir d'enfant*, dont on parle beaucoup, est certes une très belle notion, mais il me semble qu'en milieu catholique on pourrait quand même rappeler de temps en temps que l'enfant n'est pas d'abord le fruit d'un désir, mais un don reçu !

Pascale Morinière

Je suis d'accord, bien sûr, mais mon propos se situait dans la perspective du dialogue que nous menons avec le monde, pas dans celle d'un entre-soi. Or dans le dialogue avec le monde, si je parle de don reçu, on me renverra à mes études !

Jean-Paul Guitton

Je voulais également revenir sur la *parentalité.* Il s'agit d'un terme odieux. Vous vous êtes reprise tout à l'heure, vous avez parlé de « la paternité et la maternité ». La notion de « parentalité » est en fait le résultat d'une pression égalitariste absolument odieuse. Dans cette salle, il y a une vingtaine d'années, on évoquait dans une séance l'égalité entre l'homme et la femme. Deux personnes du sexe féminin ont dit alors ici, il y a vingt ans, que cela ne les choquait pas que les salaires féminins ne soient pas les mêmes que les salaires masculins. Aujourd'hui, il n'y aurait probablement plus personne pour le dire. Le travail familial devrait être reconnu, je ne parle pas nécessairement d'un salaire maternel, mais il faudrait étudier la question et y apporter des solutions. Vous l'avez dit, il faudrait pouvoir choisir, mais combien choisissent d'élever leur enfant ? De moins en moins, il y a quelques années, c'était 15 %, je crois.

Pascale Morinière

Les familles n'ont pas les moyens de le faire.

Jean-Paul Guitton

Si l'on veut ! Jeune marié, j'ai habité la Bretagne, et en Bretagne il y avait à l'époque beaucoup de jeunes couples issus de familles nombreuses de la campagne qui vivaient dans des petites maisons qu'ils avaient construites avec l'héritage anticipé de leurs parents, et ils avaient deux enfants – déjà il y a 50 ans. Quand on leur demandait pourquoi ils ne voulaient pas davantage d'enfants, leur réponse m'avait frappé à l'époque : en fait, ils invoquaient la peur de l'avenir, alors qu'ils avaient vécu leur jeunesse dans les dures conditions de l'après-guerre, mais ils connaissaient le confort bien meilleur des années 1970 qu'ils craignaient de ne pouvoir assurer à leurs enfants…

Le dernier terme que je voulais souligner, c'est celui de « conciliation » : quand on demande quelle est la politique familiale aujourd'hui, on invoque la nécessaire *conciliation entre vie familiale et vie professionnelle.* Je renvoie à ce que je viens de dire, il n'y a pas à concilier sur un plan d'égalité ; effectivement, il y a une conciliation à trouver quelque part, mais tout ce qui pousse à négliger la vie familiale est problématique. Quand on rencontre des responsables politiques, ils vous reçoivent gentiment en donnant l'impression qu'ils sont d'accord avec vous, alors qu'en réalité il n'en est rien et que leurs paroles ne sont guère suivies d'effet. Je pense que la plupart des hommes politiques ne savent même plus pourquoi il existe un mariage civil ni à quoi il sert ; il faudrait le demander à Aude Mirkovic, que j'ai entendue plusieurs fois, et peut-être ici même, expliquer tout ce que le mariage civil apporte à la société. Donner les avantages du mariage aux pacsés et aux concubins, c'est en effet aberrant !

Marie-Joëlle Guillaume

Je me permets de renvoyer à l'exposé de Pascale qui explique précisément qu'il faut travailler sur la préparation au mariage civil, ce qu'en réalité les AFC ont dit depuis longtemps, à un moment où on s'entendait répondre qu'il s'agissait surtout de préparer au mariage chrétien. Or le mariage civil, déjà – entre un homme et une femme bien sûr – demande à être valorisé. Il y a une chose qui m'a frappée dans ce que vous disiez tout à l'heure, Pascale, à savoir que seulement 1 % des hommes prenait le congé parental. J'aurais pensé que ce pourcentage serait supérieur, je suis frappée par un si faible chiffre.

Ainsi, la nature se venge, puisqu'il est tout à fait normal que ce soient plutôt des mères qui prennent ce congé. En revanche la mesure ainsi conçue est très astucieuse financièrement pour faire gagner de l'argent à l'État sur le dos des familles, et d'ailleurs aussi pour insuffler l'idéologie selon laquelle « l'homme et la femme, c'est pareil ».

Pascale Morinière

Le pourcentage est de 0,8 % exactement.

Marie-Florence Duprieu

Il y a très longtemps, le centre de préparation au mariage qui est rue Jean-Bart, près de Saint-Sulpice, éditait des documents de préparation au mariage civil que je trouvais fabuleux. Mes enfants et moi avons suivi les cours de préparation au mariage catholique, qui sont l'occasion de traiter de sujets qu'on n'ose pas trop traiter quand on se regarde dans le blanc des yeux et qu'on se trouve mutuellement merveilleux : tout ce qui concerne l'argent, la sexualité, on ne l'aborde pas, et on est acculé à en parler sans doute trop tard, si on n'en a pas parlé avant. Vous avez aussi évoqué le conseil conjugal, c'est-à-dire la prévention des ruptures, or c'est un point clef : au lieu d'aller voir un avocat, il faudrait peut-être déjà commencer par aller voir un conseil conjugal. J'ai été membre d'un conseil municipal pendant six ans, à la campagne, et la mairie faisait des propositions de médiateur ou de médiatrice familiale. C'est important, mais en même temps il s'avère très difficile d'aller voir un médiateur en disant, « Je ne m'en sors pas, aidez-moi ». Surtout dans une petite commune où tout le monde va tout savoir. Cela a tout de même le mérite d'exister ; or c'est l'État, ou plus précisément la commune qui propose cette action. Ainsi tout ce qui peut être fait préventivement auprès des jeunes devrait être une priorité. On sait aujourd'hui que les garçons sont de plus en plus violents et de plus en plus « machos », c'est terriblement grave, et c'est à l'adolescence qu'il faut commencer le travail de prévention.

Pascale Morinière

Sur le conseil conjugal, en fait c'est Antoine Renard qui avait promu cela quand il était président des AFC, ou plutôt la préparation au mariage civil, avec Roselyne Bachelot qui avait repris l'idée. On avait fait peu de publicité pour ne pas se mettre en avant, pour que ce ne soit pas entaché du fait que c'étaient les « cathos » qui en faisaient la promotion, etc., mais il y avait un document de préparation au mariage civil, avec la Marianne de la République, qui avait été diffusé à tous les maires de France. Cela a perduré ; du temps de Laurence Rossignol, cela existait encore, puis ça a disparu ensuite. Donc il faut à nouveau refaire ce travail-là.

Nicolas Aumonier

Vous avez cité l'Italie en disant qu'ils étaient descendus trop bas pour obtenir, au bout de seulement deux années de politique familiale plus généreuse, une remontée de leur natalité. Nous avons entendu évoquer il y a un peu plus d'un mois un exemple de politique de natalité, plus que de politique familiale, très volontariste. Est-ce que vous pourriez donner votre sentiment précis sur la politique hongroise, même si vous l'avez déjà dit entre les lignes ? Et puis, deuxième question, pensez-vous que des incitations sont de nature à aider ces courbes à remonter, pouvons-nous encore avoir confiance dans des mesures incitatives au sens large, est-ce que des incitations incitent encore à quoi que ce soit ?

Pascale Morinière

La politique hongroise très volontariste a fait changer les choses, mais il est vrai que leur natalité était tombée très bas, même si je n'ai plus tous les chiffres en tête. Et donc leur taux de natalité a augmenté, mais il stagne aujourd'hui autour de 1,5 de mémoire, sans parvenir à augmenter encore. Une chose m'a gênée dans l'exposé de Georges de Habsbourg, c'est lorsqu'il a répondu à une question en disant que les personnes ont des enfants parce qu'on les paye. J'ai eu des échanges avec plusieurs d'entre vous depuis, et c'est pour cela aussi que j'ai insisté sur l'idée du désir d'enfant, qui est différent – ou le souhait d'accueillir un enfant, si le mot « désir » vous gêne.

Je pense qu'il est meilleur que les politiques publiques s'appuient sur l'espérance d'enfant, pour le dire de manière plus chrétienne, que sur des incitations financières répondant à un besoin d'enfants. En effet ce raisonnement conduit vite à la coercition, même si ce n'est certes pas ce qui est fait en Hongrie. Mais je pense par exemple aux prêts non remboursables à partir du troisième enfant. Eh bien, supposez qu'un couple attende un enfant mais qu'il y ait une fausse couche, un drame ; il faudra en plus que le couple rembourse son prêt… Donc il y a toute une dimension humaine qui n'a pas l'air d'être prise en compte, ce qui me met un peu mal à l'aise. Mais il est vrai que je connaissais déjà un peu la politique hongroise, qui de fait a développé les aides plus que les autres pays, avec des idées nouvelles. C'est la Hongrie qui a le plus travaillé, et il y a beaucoup de choses chez elle qui ressemblent à des propositions que nous avons pu mettre en place, beaucoup de bonnes choses aussi.

Nicolas Aumonier

À propos de l'incitation qui n'incite pas… que pensez-vous ?

Pascale Morinière

Jusqu'à il y a quelques années, on entendait régulièrement dire qu'il n'était pas sûr que la bonne politique familiale fût la raison de la haute natalité ; or je trouve qu'on a au moins montré, en déconstruisant la politique familiale, que la natalité plongeait. Aurait-elle plongé en d'autres circonstances ? Évidemment, personne ne peut le dire, mais ce que l'on sait tout de même, c'est que dans les pays qui remettent des mesures de politique familiale en place, si celles-ci sont suffisamment précoces et suffisamment énergiques, elles entraînent une hausse de la natalité, comme ce fut le cas en Allemagne, un peu en Hongrie et puis dans des pays comme la Roumanie ou la République tchèque qui vont bientôt nous dépasser parce qu'ils ont mis en place des politiques énergiques. Je fais simplement le constat que l'Italie s'y est prise assez tard, car traditionnellement, il n'y avait pas du tout en Italie de politique familiale. En effet, c'étaient les grand-mères, les *nonnas*, qui gardaient les petits, mais tout cela ne fonctionne plus si bien, car les *nonnas* travaillent maintenant, elles aussi. Aussi des mesures ont-elles été prises, mais très tardivement, dans un pays déjà très vieux ; des mesures sans doute insuffisantes même si eux ont eu l'impression de donner une somme assez élevée – mais je ne saurais plus vous dire laquelle – chaque mois, dès 7 mois de grossesse, jusqu'aux 20 ans du jeune.

Donc je pense qu'il y aurait un travail préalable d'études très affinées à faire auprès des parents : leur demander pourquoi, dans quelles circonstances ils auraient préféré accueillir un enfant, qu'est-ce qui les aurait fait changer d'avis, etc. Il y a tout cela à faire pour mettre en place des politiques adaptées, et non – pardonnez-moi l'expression familière – des politiques « au doigt mouillé », comme lorsqu'on se fie aux propagandes « *no kid* », etc. Ce n'est pas du tout le sujet, ou très peu le sujet, car le vrai sujet est financier et tient à l'organisation des familles pour faire garder leurs enfants quand elles sont au travail, si vous n'aimez pas le mot « conciliation ». C'est là que sont les sujets, en tout cas en France.

Père Jean-Christophe Chauvin

Quant à moi, je vous félicite, parce qu'avec une telle opposition idéologique depuis des années, qui détruit un à un tous les aspects de la famille, et peu à peu tous ses garde-fous – la GPA est d'ailleurs en perspective… –, il est vraiment courageux de continuer à essayer de trouver un langage qui rejoigne le plus grand nombre et qui aille dans la bonne direction, à travers des éléments de bon sens. J'ai d'ailleurs trouvé très intéressant d'entendre qu'un enfant gardé en crèche coûte 1500 € par mois à ses parents ; et qu'un sondage auprès des familles montre que les parents sont prêts à garder leurs enfants eux-mêmes pour 1100 € par mois, ce qui ferait donc faire des économies ! On va nous répondre que cela augmenterait le chômage...

Et puis, bravo pour ce que vous faites en matière de prévention. Cela ne représente pas pour moi une ingérence de l'État dans les affaires des familles, mais une façon d'aider les familles à résoudre leurs problèmes, et l'État a bien le droit de le faire. *A priori* une famille qui s'aime, où l'on élève correctement ses enfants, ce sont de futurs citoyens, et aussi des tas d'économies, etc. C'est pourquoi je vous félicite, malgré l'évident découragement que pourrait provoquer une telle situation politique, de continuer à combattre en essayant de faire passer à vos différents interlocuteurs des choses positives qu'ils peuvent accepter.

Pascale Morinière

Merci à vous pour cet encouragement.

Jean-Luc Bour

Antoine Renard nous avait depuis longtemps sensibilisés à la question de l'écart entre le désir d'enfant et le taux de natalité réel. Je me demande donc comment on pourrait faire monter encore le désir d'enfant ; en effet pour obtenir un meilleur taux de fécondité, peut-être faudrait-il agir sur ce désir d'enfant ? Le Père Chauvin a un peu introduit la question en évoquant la lutte idéologique qu'il y a autour de la famille et le fait d'avoir des enfants ; les médias y jouent un rôle important. Aussi, que pourrait-on faire pour stimuler ce désir d'enfant, et le faire monter à trois enfants par couple ? Cela serait bien d'en avoir trois, peut-être qu'à ce moment-là, le taux de fécondité, au lieu d'être à 1,68, monterait à 2 ? Voilà une façon d'aborder un peu autrement ce sujet.

Pascale Morinière

Quand on veut faire boire un âne qui n'a pas soif, il faut mettre à côté de lui un âne qui va avoir soif et boire goulûment. Donc je crois qu'il faut que les familles témoignent. C'est notre responsabilité, avec nos familles, de montrer des familles heureuses, ouvertes aux autres, qui ne sont pas rabougries et qui donnent envie. Et puis après, il y a évidemment tout le champ de la culture où l'on pourrait aussi intervenir. Il faudrait donc pouvoir investir tout ce champ de la culture, or je crois qu'il y a des investisseurs aujourd'hui qui sont prêts à mettre de l'argent sur ces questions-là. Je pense à M. Olivier Bonnassies dont on parle ces jours-ci, à Pierre-Édouard Stérin, il y a un certain nombre d'investisseurs chrétiens qui ont pris la mesure du problème et sont prêts à investir sérieusement. Quant à nous, aux AFC, nous avons des idées, donc cela tombe bien, on va essayer de les inspirer dans ce sens, car je crois que la culture fait beaucoup. Ce qui est sûr, c'est que nous avons une responsabilité ; on ne peut pas toujours dire que ce sont les autres qui sont responsables. Qu'est-ce que nous montrons de nos familles ?

Dans la salle

Dans la société aujourd'hui, il y a des signes de désespérance, notamment ces jeunes couples qui ne veulent pas d'enfants « pour sauver la planète ». Vous l'avez évoqué rapidement. Mais j'aimerais donner un signe d'espérance. Depuis un certain nombre d'années, le premier enfant arrivait vers les 30 ou 31 ans de la mère. Or de nouveau des jeunes se marient tôt ; j'ai plusieurs exemples de jeunes qui se marient à 22, 23 ans, et qui auront donc des enfants avant 31 ans. Il est sûr que quand on commence à 31 ans, on a moins d'enfants.

Pascale Morinière

Ce sont de jeunes catholiques dont vous parlez, c'est-à-dire d'une toute petite minorité. La moyenne d'âge de naissance des enfants pour les femmes est de 30,9 ans, ou à peu près. Donc je crois que vous êtes très optimiste sur ce point.

Marie-Joëlle Guillaume

Restons-en néanmoins pour ce soir à ce trait d'optimisme, en considérant que la bataille pour la vie et l'espérance ne fait que commencer !

Séance du 16 mai 2024

Séance de clôture
Que faut-il transmettre à nos enfants pour que la France renaisse ?

Marie-Joëlle Guillaume

Chers confrères et amis, merci de votre présence ce soir, et merci à ceux d'entre vous qui ont bien voulu s'inscrire pour nous offrir leurs réflexions en ouverture de cette séance de conclusion de l'année. En effet, cette soirée est un peu spéciale, puisque le traitement de son thème *Que faut-il transmettre à nos enfants pour que la France renaisse ?* a été confié à plusieurs membres de l'Académie, qui ont accepté de l'évoquer selon des angles divers et complémentaires, en de brèves communications. Merci de bien vouloir respecter pour chacune le format convenu de cinq minutes, qui n'empêche pas d'offrir un message substantiel. Nous commençons avec Pierre de Lauzun.

Communications

Pierre de Lauzun

Comment peut-on transmettre à contre-courant de la société sans s'en isoler ?

S'agissant de ce qu'il faudrait transmettre et notamment de ce qu'il faut selon moi transmettre aux enfants – ceux sur lesquels on a une responsabilité directe, enfants ou petits-enfants – le contenu ne me paraît pas poser problème, je ne vais donc pas m'étendre sur ce point. En effet, pour moi, il s'agit du vrai, du beau, du bien, du sens de l'honneur et de la responsabilité. Le problème, c'est que ces choses-là allaient complètement de soi à une époque, même si nous ne les comprenions pas tous exactement de la même manière, mais que ce n'est absolument plus le cas aujourd'hui. Nous sommes dans une société qui ne fonctionne pas du tout de cette manière-là, que ce soit dans la culture supposée commune, ou dans les écoles en particulier. Le problème consiste alors à savoir comment s'organiser en n'ayant qu'une confiance moyenne dans les gens à qui l'on confie ses enfants, tout en sachant que ces derniers auront à vivre dans cette société et qu'on ne peut pas les isoler de l'ambiance générale.

Par conséquent je pense qu'il y a un besoin très fort de réflexion théorique sur la stratégie à mener en la matière, avec des conséquences immédiatement pratiques. Si je prends mon cas personnel, quand mes enfants ont commencé à aller à l'école, j'étais dans un climat naturel de confiance, et j'avais le sentiment que malgré des références politico-religieuses un peu différentes, l'enseignement correspondait grossièrement à peu près à ce que j'attendais. Mais les années passant, avec mes enfants mais surtout avec les générations d'après, j'ai bien vu que l'école ne correspondait plus du tout à ce qu'on pouvait en attendre auparavant. Ainsi, le risque est double : d'une part de ne pas voir ce problème, et d'autre part, en sens inverse, de surréagir et par exemple de mal interpréter la voie bénédictine de Rod Dreher[1]. Certains comprennent en effet cela comme un appel à l'isolement et à une coupure d'avec la société. Or, outre le fait qu'une telle attitude ne me paraît pas conforme à la logique d'une pensée chrétienne en général et catholique en particulier, cette injonction me semble contre-productive, puisque de toute façon toutes ces personnes et tous ces enfants une fois devenus grands seront immergés dans la société.

Il nous a été demandé par ailleurs de proposer des mesures concrètes. De mon côté j'ai deux idées particulières qui visent à desserrer cette atmosphère trop univoque et pas nécessairement positive. La première, c'est celle des écoles et d'abord des écoles hors contrat – ce n'est un secret pour personne que j'ai participé pendant des années à la Fondation pour l'école, qui soutient la création de ce type d'écoles. Mais au-delà des écoles hors contrat, l'idée importante, c'est la réforme de l'Éducation nationale. Chacun sait que l'Éducation nationale est devenue, comme je le rappelle régulièrement, la plus grosse institution « soviétique » subsistante, posant très exactement les mêmes problèmes que l'Union soviétique, non seulement par son côté monolithique, idéologique et totalement régi par le haut, mais aussi par son inefficacité. J'ajoute le problème qu'elle pose en

1. Rod Dreher, *Comment être chrétien dans un monde qui ne l'est plus. Le pari bénédictin*, Artège, 2017.

termes financiers, puisqu'elle dépense davantage qu'ailleurs pour un résultat qui, mesuré objectivement, est moins bon. On a donc un problème majeur de ce côté-là. En abordant le problème de l'Éducation nationale par l'aspect financier et pratique, on a incidemment l'avantage de ne pas être attaqué idéologiquement, mais bien entendu on ne peut sous-estimer le problème du monolithisme idéologique qu'il faudrait desserrer.

Le deuxième aspect qui me paraît extrêmement important mais dont on parle beaucoup moins, c'est le problème des subventions aux associations. Nous sommes dans un pays où il y a un système massif de subventions d'associations par les collectivités locales et par l'État ; mais une très grande partie de ces subventions sont accordées sur des critères de copinage ou des critères politiques fortement marqués par les idéologies dominantes. Or il s'agit de l'argent des citoyens – question qui n'est jamais posée, alors qu'il s'agit d'un problème majeur. Il y a en effet un relais idéologique considérable constitué par tout un ensemble d'associations qui ne subsisteraient pas sans cette aide publique. Le cas du Planning familial est bien connu, mais il y en a beaucoup d'autres qui sont dans ce cas-là, et c'est clairement quelque chose qui, même dans la simple logique du fonctionnement démocratique, est une totale aberration. Tout le monde voit très bien que lorsqu'il y a un consensus, par exemple pour aider le club de foot de la ville, on considérera que le financement peut être utile, et en tout cas personne ne s'y opposera. Mais c'est beaucoup moins évident pour des associations idéologiques et subventionnées, dont il ne s'agit pas de restreindre la liberté, mais de modifier les règles de financement. Actuellement, la fiscalité permet de déduire en gros les deux tiers des dons faits à la plus grande partie des associations, ce qui permet aux gens de contribuer à leur fonctionnement ; d'autre part, les citoyens, par leur choix fiscal, témoignent du fait que l'association correspond à une réalité. Alors que dans la plupart des cas, les associations qui vivent de subventions n'ont qu'une base très faible de gens qui spontanément leur donneraient leur temps ou leur argent. Or par ce biais-là, elles peuvent arriver à prospérer, et surtout à influencer massivement le débat public.

Marie-Joëlle Guillaume

Merci, Pierre ! Vous vous demandiez comment transmettre à contre-courant sans s'isoler. C'est un appel au discernement. Or tel est le thème de réflexion qu'a choisi Pierre Deschamps.

Pierre Deschamps

Transmettre à nos enfants le réflexe et la pratique du discernement

Quand j'ai découvert la question « *Que faut-il transmettre à nos enfants pour que la France renaisse?* », je me suis demandé à qui l'on posait la question, et plus précisément si on la posait à tous les parents, éducateurs, etc., ou si l'on se limitait aux parents chrétiens. Il me semble que le Père Jean-Christophe Chauvin va répondre tout à l'heure en ce qui concerne les parents chrétiens, puisqu'il nous expliquera que ce qu'il faut surtout leur transmettre, c'est la foi. De mon côté, j'ai donc pris le parti de répondre à la question pour une population plus large, celle que constituent les parents, les éducateurs, etc., quelles que soient leurs opinions et leurs convictions. Il me semble en effet que l'AES ne doit pas s'adresser qu'aux chrétiens, et qu'elle a vocation à s'adresser aussi aux autres. D'où le titre que j'ai choisi : « *Transmettre à nos enfants le réflexe et la pratique du discernement* ».

Discerner, au départ, c'est distinguer des choses, et puis avec le temps il s'est agi de distinguer, de différencier des idées, des opinions, des promesses, et cette différenciation est opérée par notre intelligence. Le discernement consiste à distinguer le vrai du faux, le bon du mauvais, le juste de l'injuste, le permis de l'interdit, le bien du mal, le manipulatoire, le démagogique, de ce qui est présenté de manière sincère, etc. Plus généralement, l'enjeu est de savoir distinguer les conséquences à long terme de ce qui semble sans conséquence pour le moment. Le discernement est comme une lanterne dans le brouillard; il permet d'éclairer ce qui semble encore peu visible dans les faits, les gestes, les ressentis et les influences. Le discernement sensible, lui, permet de voir avec le cœur ce qui ne se voit pas avec la simple observation; il permet d'être attentif à ce que les uns ressentent et pensent, et qui est souvent peu apparent à première vue. On peut citer à cette occasion la célèbre phrase de Saint-Exupéry : « On ne voit bien qu'avec le cœur, l'essentiel est invisible pour les yeux ». Et donc la pratique de ce discernement permettra de se forger au fil du temps un esprit critique.

J'ai noté différents apprentissages à maîtriser par les enfants dans la perspective du discernement. Par exemple, apprendre à bien se connaître soi-même, aller à des sources fiables d'informations – il sera question l'année prochaine, dans notre thème de travail, de l'influence néfaste des réseaux sociaux et d'autres pratiques numériques. Il y a aussi la capacité à pratiquer une écoute active, à prendre le temps de questionner et d'approfondir, à évaluer les conséquences des choix, et enfin à parvenir à l'objectif poursuivi, qui est de développer la pensée critique. Quant aux parents, aux enseignants et aux éducateurs, il leur faut accepter les erreurs de raisonnement des plus jeunes en leur expliquant l'origine de leurs erreurs. Enfin, dernier point, il importe d'être soi-même exemplaire, et de faire preuve de discernement face aux jeunes, quand ils développent des raisonnements, quand ils énoncent leurs opinions, quand ils prennent parti.

Marie-Joëlle Guillaume

Merci beaucoup, je vois que chacun respecte les temps et va à l'essentiel, cela nous promet de beaux échanges ensuite. Je vais demander à Emmanuelle, si elle le veut bien, de prendre la parole maintenant, car le thème de son message me semble s'imposer à ce stade.

Emmanuelle Hénin

Transmission, la nécessité de regarder l'avenir en face

Le diagnostic quant à l'état de délabrement de notre éducation a été posé depuis quarante ans, et je le partage entièrement, en voyant des étudiants qui à force de méconnaître la langue, sont devenus incapables de penser et dépourvus de tout repère historique. La massification de l'enseignement n'est pas la principale cause de l'effondrement : les milliers de cartes postales des « poilus » qui ont été conservées, et qui ne contiennent aucune faute d'orthographe, montrent qu'il est possible d'amener une classe d'âge entière à partager une langue et une culture communes, et c'est cette langue et cette culture qui ont longtemps fait la force d'attraction et d'assimilation de notre pays. Et je dirais qu'il y a plus grave encore que l'inculture aujourd'hui, c'est la violence des jeunes. J'ai écouté récemment une émission sur cette escalade de la violence des jeunes qui s'entretuent, c'est effrayant.

La cause profonde du désastre tient à l'égalitarisme effréné et totalitaire embrassé par les idéologues zélés de l'Éducation nationale depuis 1975 (loi Haby) et qui continue à sévir. Cet égalitarisme implique la destruction de toute hiérarchie, entre bons et mauvais élèves, entre élèves et professeurs, entre grands auteurs et textes insignifiants, entre langage soutenu et langue parlée. Or sans hiérarchie, sans échelle à gravir, on ne peut élever personne, et le mot élève n'a plus de sens. Enfin, l'omniprésence des écrans dans les collèges, lycées et universités a porté le coup de grâce à toute tentative de transmettre, en faisant de la lecture un effort insurmontable et rédhibitoire, et en détruisant la capacité de concentration des jeunes gens (la capacité d'attention tourne autour de 9 secondes, celle du poisson rouge, selon Bruno Patino). Pire encore, les écrans représentent l'apogée de cette « conspiration contre toute espèce de vie intérieure » que dénonçait Bernanos dans la modernité. Seule consolation que j'ai eue cette année auprès des étudiants de 1re année : après m'avoir entendue leur parler de leur aliénation aux écrans, ils m'ont applaudie à tout rompre. Signe qu'ils ont besoin de se l'entendre dire, mais ils n'ont pas la capacité de résister : ils sont doublement victimes, de la société de consommation et de la démagogie éducative qui s'asservit à cette société.

Si le diagnostic est posé depuis longtemps, le remède l'est aussi et il est mis en œuvre dans des structures privées hors contrat, comme les écoles du réseau Espérance banlieues et Espérance ruralité. Il faut réhabiliter l'élitisme républicain, l'excellence pour tous, et transmettre l'amour de la France et l'envie d'un destin commun.

Le problème n'est donc pas de trouver le diagnostic ni les remèdes (nous sommes tous d'accord sur ce point), mais de réfléchir aux conditions de possibilité d'un redressement, d'une renaissance. Dans l'état actuel de la France, la pente vers le pire, la course à l'abîme (comme nous l'a encore montré notre président de la République) est difficilement réversible, ou plutôt on voit mal par quel miracle elle s'inverserait. De la Révolution française à la fin du XXe siècle, la logique de la modernité a cohabité avec les structures chrétiennes, donnant l'illusion que le progrès technique était compatible avec le progrès social, mais l'effacement complet de ces dernières laisse la place à un nouveau paganisme, un monde non seulement postchrétien mais aussi post-humaniste, où la différence entre une personne, une machine et un animal est de plus en plus contestée.

Olivier Rey en est convaincu : la matrice de la modernité est la démesure, et cette démesure croissante ne peut que dévorer et détruire ses enfants. Il disait, en conclusion d'une conférence intitulée *Vivre dans une société boursouflée* : « Je crains que nous ne soyons plus capables d'éviter l'effondrement. Ce qui importera alors, c'est de ne pas s'affoler, de ne pas céder à la panique. Le plus important aujourd'hui, me semble-t-il, ce n'est pas de consacrer nos énergies à prolonger les jours d'un monde subclaquant, mais de préserver et cultiver avec d'autres les ressources qui nous rendront capables, sur les ruines du Léviathan, de rebâtir un monde peuplé d'entités diverses, libres et bien proportionnées ». Rod Dreher ne dit pas autre chose dans *Le Pari bénédictin* : « Allons-nous couler avec le navire parce que la seule idée de grimper dans des chaloupes nous effraie ? Personne n'est capable de résister seul, tant sont puissantes les forces à l'œuvre contre le christianisme authentique. »

Comme Alasdair MacIntyre, Rod Dreher compare notre situation à celle de la fin de l'Empire romain. Sur les ruines du paganisme, de solides communautés permirent alors de recréer un ordre et une nouvelle civilisation, notamment les communautés monastiques fondées par saint Benoît de Nursie. Il préconise donc de transmettre à nos enfants l'anthropologie chrétienne et de les tenir le plus à l'écart possible des influences contraires, notamment des écrans. Il faut travailler à sauver l'essentiel, sans se décourager, à semer des graines dont nous ne récolterons pas les fruits. « Les barbares, parmi lesquels je range les élites, les médias et les autres grandes institutions des cultures occidentales, finiront par s'épuiser, et la culture par renaître, mais ce n'est pas pour demain. En attendant, les chrétiens vont devoir se renforcer pour résister à la colonisation des esprits et des cœurs. » (Dreher)

Concrètement, des expérimentations ont lieu : des laïcs se regroupent avec leur famille pour mener une vie centrée sur l'essentiel, autour d'un sanctuaire ou d'un monastère en activité ou désaffecté. Éco-hameau chrétien à la Bénisson-Dieu ; ou habitat partagé autour de monastères, comme Notre-Dame de la Chaux en Saône et Loire. Le projet Monasphère a été imaginé pendant le Covid, et salué par Rod Dreher : « Si le projet Monasphère fonctionne, alors les familles catholiques trouveront des moyens de vivre leur foi en communauté, tout en étant ancrées dans le monde. […] Dans notre monde postchrétien, les croyants ont besoin de communautés fortes de fidèles. » Autre exemple, le projet « Jericholoc Paris », qui compte 4 300 membres ; c'est un projet de colocations entre chrétiens rencontrés sur les réseaux sociaux. Leur fondateur, Raphaël Garnier, le définit comme « une structure bien plus ressourçante [que métro boulot dodo] : prière, service et partage ! Une Jericholoc, c'est juste des colocs qui décident de mettre un peu de fraternité et un peu de prière dans leur vie quotidienne ». C'est aussi le succès des propositions d'habitat partagé chrétien à vocation solidaire, comme l'Association pour l'Amitié ou l'Association Lazare.

Il reste un motif d'espoir : la France est le pays où la jeunesse catholique est la plus dynamique d'Europe, et la seule en Europe à faire ce genre d'expérience, qui donne à penser que le « petit reste » sera capable, après l'effondrement des utopies post-humanistes, de rebâtir une société chrétienne, et pleinement humaine.

Marie-Joëlle Guillaume

Merci, Emmanuelle, pour cette perspective d'espérance. Nous enchaînons avec le propos de notre secrétaire général, Rémi Sentis.

Rémi Sentis

La grandeur de la paternité

Les pères de famille sont les derniers grands aventuriers du monde moderne, nous rappelait Charles Péguy. Or, les jeunes gens de maintenant refusent de s'engager : l'âge moyen des hommes au moment du mariage est désormais de 40 ans, et dès qu'une grossesse s'annonce, trop souvent leur premier réflexe est le recours à l'IVG. Dès 1998 le journaliste Philippe Oswald, dans son livre *Debout les pères*, nous alertait sur une éclipse sans précédent de la figure du père. Le père, c'est celui qui part au travail tôt le matin, qui se lève la nuit lorsque le petit fait un cauchemar, qui sait mettre des limites et punir en cas de comportement violent. Les sociologues, les psychologues, les éducateurs, le rappellent de façon de plus en plus prégnante : une société sans père est une société sans repères, elle dégénère dans un cortège de violence (dont nous avons, hélas !, la confirmation ces temps-ci).

– Sur la place du père, les puissants qui nous gouvernent sont schizophrènes : ils acquiescent au constat précédent concernant la violence, mais ils font tout pour saper l'autorité du père, comme si sa présence dans la famille était anecdotique. Ils entendent même réduire le rôle du père à un acte purement mécanique, celui du géniteur. Ce travail de sape se concrétise dans la dérive du droit de la famille, lequel a commencé timidement en 1985 avec la loi qui autorise de remplacer le nom patronymique de l'enfant par un autre se référant à la mère. Mais le tournant majeur – la rupture civilisationnelle – fut la loi de mai 2013 instituant la double filiation maternelle, qui eut comme corollaire la loi autorisant la PMA unisexe en août 2021. Avec cette dernière, la suppression définitive de la paternité est devenue terriblement banale.

– Il convient de faire une petite parenthèse concernant cette PMA unisexe : il y a eu au moins 6 000 premières tentatives de PMA sans père l'année dernière, environ la moitié avec des mères célibataires et la moitié avec des couples de femmes lesbiennes. Ce nombre, c'est quatre fois plus que celui des demandes de PMA avec dons de sperme pour les couples hétérosexuels. Par ailleurs, la fabrication de ces milliers d'enfants que l'on aura délibérément privés de père a un coût pour les finances publiques. Par divers recoupements, on peut l'estimer à au moins 180 millions d'euros par an : les coûts des actes de PMA, le fonctionnement de l'Agence de biomédecine, l'amortissement des nouvelles installations, sans compter les arrêts de travail, les consultations psychiatriques, etc., cette prise en charge par l'argent public n'est pas anodine, cela rend la société entière complice de l'effacement de la paternité. Nous avons bien fait de manifester pour nous opposer à cette dérive diabolique en 2012 et 2013 !

– La crise de confiance dans l'avenir, qui est à la source de l'effondrement démographique actuel, s'enracine dans la déconstruction de la paternité, elle s'enracine aussi dans le discours sur la famille qui entend promouvoir « la dislocation et le réaménagement de la matrice culturelle chrétienne », pour parler comme les sociologues en vue.

– Il est donc urgent de transmettre aux jeunes la grandeur de la paternité. Quand bien même des pères ont failli et que certains ont commis des actes abominables, il convient d'insister sur la nécessité et la beauté de la paternité. Le père est celui qui donne et qui se donne : l'incarnation du Fils nous a révélé l'amour du Père, *de qui toute paternité au ciel et sur la terre tient son nom* (Éphésiens, 3). La paternité suscite l'émerveillement, elle peut donc nous conduire à la transcendance ; et si nos nouveaux clercs adoptent une position méfiante vis-à-vis de la paternité, c'est sans doute parce qu'ils refusent cette transcendance.

Marie-Joëlle Guillaume

Merci Rémi, pour cette réflexion essentielle et si peu exprimée dans le débat public. Je pense qu'il faut en venir directement maintenant à l'aspect spirituel, je donne la parole au Père Chauvin.

Père Jean-Christophe Chauvin

C'est en cherchant Dieu que la France pourra renaître

Que faut-il transmettre à nos enfants pour que la France renaisse? La réponse qui me vient simplement, c'est « la foi », car la foi donne la vie éternelle, et il n'y a rien de mieux pour renaître! De quoi meurt en effet notre pays, de quoi meurent nos jeunes? D'individualisme d'abord, c'est-à-dire en fait d'orgueil, de manque d'espérance, de projet, de sens pour leur vie, de manque de culture, de racines historiques, de manque de repères, de modèles de saints à suivre, à imiter, d'une éducation au courage, aux vertus, à la maîtrise de soi, pour pouvoir avancer sur le chemin de la sainteté. Or la foi n'est-elle pas l'élément principal pour renaître de tous ces manques? Je ne dis pas que la foi soit la seule réponse, et qu'il n'y a pas de réponse au plan naturel, mais je dis que la foi est la réponse principale et qu'il ne faut pas l'oublier.

Dans son discours aux Bernardins, le pape Benoît XVI nous a rappelé que ce sont les moines qui ont fondé la civilisation occidentale : éducation, littérature, musique, etc., mais que ce n'était pas ce qu'ils cherchaient. Ce qu'ils cherchaient, c'était Dieu! *Quaerere Deum* était leur devise. Donc il y a beaucoup de réponses naturelles à la question posée, mais n'oublions pas la réponse surnaturelle : c'est en cherchant Dieu que la France pourra renaître. La foi qu'il nous faut donc transmettre doit être une foi vivante, pas seulement une liste de dogmes, mais une relation vivante avec Jésus notre Sauveur, une foi en particulier qui se transmette à travers des communautés vivantes, qu'Emmanuelle évoquait tout à l'heure. Non seulement à travers des grands événements, comme les JMJ, le pélé de Chartres, le Frat, mais aussi dans des communautés de proximité et du quotidien. J'avais pensé aux patronages, aux scouts, aux aumôneries, aux fraternités de l'Emmanuel, mais il y a encore beaucoup d'autres choses qui existent dans ce sens-là.

Concrètement, je voudrais vous partager une expérience que j'ai pu voir sur le site d'Aleteia, qui rapporte que l'aumônerie de Bondy, en pleine Seine–Saint-Denis, est passée de 8 à 100 jeunes en une année. Pourquoi? D'abord l'aumônier, en apprenant qu'il avait un cancer, a offert sa maladie pour les jeunes, et c'est sans doute une piste; mais quand on demande à la jeune responsable ce qui s'est passé, elle répond que c'est Jésus, que c'est une vraie grâce. L'aumônier, grand admirateur de Don Bosco, veut leur offrir le meilleur : « Il y a parfois de la demi-mesure dans les aumôneries », observe-t-il. « Ici je leur demande un engagement de prière, de fréquentation des sacrements, en particulier de la confession. Autant de choses pleines d'espérance ». J'ai vu aussi sur Internet que l'aumônerie de Trappes a vécu un phénomène semblable ; parmi ces jeunes, il y a une vraie soif de repères solides, de doctrine. J'évoquerai enfin les 7000 adultes, dont la moitié ont moins de 40 ans, qui ont été baptisés en France la nuit de Pâques, les 5000 catéchumènes adolescents de notre pays, qui sont aussi des signes. Les évêques eux-mêmes en sont surpris, car ce n'est pas le fruit d'une pastorale particulière ; là encore, me semble-t-il, c'est Jésus qui travaille.

Alors que faire concrètement ? D'abord prier car tout cela nous dépasse, et l'on ne prie pas suffisamment pour tout cela. Le père Le Prevost, fondateur des religieux de Saint-Vincent de Paul, disait que « nous serons forts, si un jour nous sommes bien convaincus que la prière est la seule grande puissance du monde, que c'est la plus noble et la plus haute des œuvres. » Ensuite, je pense qu'il nous faut accompagner et faire confiance aux jeunes qui rayonnent. Dans les patronages de ma paroisse, il y a deux jeunes, un garçon et une fille de 20-25 ans, qui ont été baptisés il y a 5 ans et qui rayonnent, au point qu'on peut, je pense, leur attribuer le doublement des jeunes à la messe dominicale au cours des trois dernières années. En écoutant ce qui se passe dans les aumôneries de Bondy ou de Trappes, j'ai ressenti la même chose : il y a toujours un jeune ou une jeune qui est là et qui rayonne. Donc ma conclusion, c'est l'encouragement à la vie de prière, et à l'accompagnement solide des jeunes qui rayonnent.

Marie-Joëlle Guillaume

Merci de nous donner ce témoignage qui ne voit pas seulement les « transmetteurs » dans les adultes, mais aussi dans les jeunes eux-mêmes, ce qui est plein de promesses pour un renouveau ! Nous enchaînons avec vous, Jean-Didier.

Jean-Didier Lecaillon

Aimer la vie et éduquer pour que la France renaisse

La question qui nous est posée est une question délicate et complexe, mais essentielle, et pour y répondre dans le cadre imparti, je me risque à l'élargir quand même un peu au départ, sous forme d'une interrogation complémentaire, en quelque sorte, ou préalable. En effet, la question est « Que transmettre à nos enfants ? » et celle que je me pose est : « À quels enfants ? » Dite autrement, la question de la transmission se pose seulement s'il existe une génération suivante, et donc le premier élément de réponse à la question posée, me semble-t-il, est de renforcer dans notre société le désir d'enfant. Je citerai ici au passage le pape Benoît XVI : « L'homme, la personne dans son intégrité, est le premier capital à sauvegarder et à valoriser. » Si je cite Benoît XVI, c'est pour ne pas vous choquer en utilisant cette notion de *capital humain* qui est souvent décriée, j'en ai bien conscience ; mais je pense qu'elle est décriée parce qu'elle est mal comprise, et elle est mal comprise parce qu'elle est insuffisamment étudiée, alors qu'elle pourrait nous offrir des perspectives d'action intéressantes. Certes, c'est une notion que je mets en avant, comme je vous l'ai expliqué en d'autres temps, parce qu'elle a été remise à l'honneur dans la théorie économique récente ; mais je ne voudrais pas avoir l'air de faire un plaidoyer *pro domo*, je rappellerai simplement que cette notion de « capital humain » n'est pas nouvelle, on la retrouve chez les philosophes grecs, puis chez les économistes classiques, et au XIXe siècle elle apparaît dans les réflexions de grands intellectuels catholiques tels Frédéric Ozanam.

Afin d'illustrer l'importance de cette référence pour répondre à la question posée, je pars d'une réalité anthropologique : la dignité de toute personne humaine suppose le libre arbitre, ou si vous préférez la reconnaissance de la liberté des enfants de Dieu. Et être libre, c'est choisir le bien, c'est donc pouvoir le faire, et – ceux qui sont intervenus avant moi l'ont dit d'une façon ou d'une autre – cela passe par l'éducation, l'éveil de la conscience, la capacité d'analyse et l'intelligence des choses. Alors, puisqu'il nous a été demandé de faire aussi des propositions concrètes, sur ces deux points, renforcer le désir d'enfant et l'éducation, j'ai essayé de mettre quelques propositions en perspective.

En premier lieu, éduquer qui ? La réponse est : les petits d'homme. La première chose à faire pour assurer l'avenir, c'est donc d'aimer la vie, car derrière le désir d'enfant, je pense qu'il y a l'amour de la vie. Plus concrètement il convient d'étudier la réalité, puis les raisons d'une diminution du désir d'enfant, et de prendre les mesures pour la contrarier. Il s'agit d'accompagner, de contribuer à créer un cadre favorable à ce qui reste un investissement, un capital : le capital humain, la production d'hommes. De nombreuses mesures d'une véritable politique familiale doivent être envisagées et mises en œuvre dans cette optique. Ce n'est certes pas suffisant, mais c'est au moins nécessaire, l'argumentation pouvant tourner autour du développement durable, d'une vision positive de la société, de l'ouverture aux autres.

Les pistes d'action doivent d'abord tenir compte de la nécessité d'informer sur la dimension économique de l'importance de ce capital humain ou de ce désir d'enfant ; il s'agit aussi de promouvoir l'image de la maternité, qui ne s'oppose pas à la paternité, et enfin de reconnaître l'investissement dans ce capital. C'est en réalité une notion de justice dont il s'agit de tirer les conséquences.

En second lieu il faut former, c'est-à-dire éclairer, mettre à disposition, soutenir ; le terme éduquer – le corps et l'esprit – est en fait le plus approprié. Je passe sur la question du corps, mais du point de vue de l'esprit, cela concerne la connaissance de l'histoire, la capacité d'analyse par l'acquisition de capacités intellectuelles ; j'en ai entendu quelques échos dans les interventions précédentes, la formation à la prise de recul et à l'esprit critique devrait être prioritaire, or c'est ce qui manque le plus actuellement. J'en témoigne en tant que professeur, mes étudiants n'ont plus l'esprit critique, on ne les incite d'ailleurs pas à l'avoir, pas plus qu'on ne les incite à l'ouverture à la spiritualité.

Concernant les pistes d'action, je pense qu'il serait bon de remettre au goût du jour l'idée d'une École de parents – j'ai évoqué dans un livre à paraître d'ici l'automne cette idée d'une école de parents, qui vous est peut-être venue à l'esprit aussi. Car nous avons tous lu l'ouvrage de Mme Charlotte Chaunu sur les Cent ans de l'AES ; j'y ai découvert que l'école de parents a en fait été fondée en 1931 par Andrée Butillard dans le cadre de l'Union féminine civique et sociale. Il n'y a donc rien de nouveau, mais peut-être pourrions-nous réinvestir cette belle idée.

Deuxième idée : investir dans la formation, la formation civique, la formation culturelle. Je citerai comme exemple qu'il faut reprendre, ou développer, ce qui avait été initié par Jean Ousset sous la forme de cellules de formation, soit, pour ceux qui connaissent, l'action d'ICHTUS aujourd'hui.

Dans cette perspective, c'est une troisième idée que je vous transmets, il faudrait aussi encourager des productions éditoriales à l'image de ce que fait notre Académie, à condition de bien organiser leur diffusion.

Le don de la vie implique en effet un accompagnement multiforme : soins que les parents apportent aux enfants, besoins d'affection et de suivi psychologique de l'enfant, nécessité de répondre aux questions avec le souci d'assurer la meilleure insertion dans la société… Le capital humain qu'il s'agit de transmettre a bien des composantes physiques, morales, psychologiques, comportementales. Notons au passage que cela justifie le dépassement d'une vision productiviste[1] ; la définition retenue pas l'OCDE[2] semble plus réaliste dans la perspective envisagée dans cette courte présentation.

Je résumerai donc mon propos en disant que c'est l'amour de la vie qu'il faut transmettre à nos enfants d'une part; et d'autre part qu'il convient d'assurer leur bonne éducation, le reste nous sera donné par surcroît, et la France pourra renaître.

Marie-Joëlle Guillaume

Merci beaucoup, Jean-Didier. Dans un instant je donnerai lecture à notre assemblée de la petite note que Joseph Thouvenel nous a fait parvenir, puisqu'il est aujourd'hui en voyage à l'étranger. Mais auparavant je donne la parole à Jean-Luc Bour.

Jean-Luc Bour

L'homme ne vit que de relations

Avant d'entrer dans le vif du sujet, je voudrais dire que je n'étais pas très à l'aise avec la deuxième partie de l'interrogation : « pour que la France renaisse ». J'étais mal à l'aise d'abord parce que mon éducation et ma vision ne s'arrêtent pas à la France; en effet j'ai été marqué par Robert Schuman et tous les « pères de l'Europe », et ma vie professionnelle a eu une dimension internationale très forte. J'étais donc ennuyé de restreindre ma réflexion à la France. D'autre part, en ce qui concerne la notion de « renaissance », j'ai bien entendu ce qu'a dit le père Chauvin, exprimant le fait que si l'on doit renaître, c'est parce que l'on est en train de mourir et que la renaissance est à prendre en un sens de résurrection.

1. C'est-à-dire ce qui augmente la capacité productive d'une personne.

2. *« Ensemble des connaissances, qualifications, compétences et caractéristiques individuelles qui facilitent la création du bien-être personnel, social et économique »*, in *L'investissement dans le capital humain*, 1998.

Mais pour moi le monde continue, or renaître voudrait dire revenir sur du passé, alors qu'il n'est pas question à mes yeux de revenir à un état passé, il s'agit uniquement de promouvoir l'avenir, de former le mieux possible les personnes pour qu'elles puissent aller vers un accomplissement spirituel.

Donc mon idée force est de rappeler que l'homme ne vit que de relations. Dans les évangiles cela se traduit bien évidemment par le commandement de l'amour, qui est le premier commandement, à savoir s'aimer les uns les autres comme le Christ nous a aimés. Ainsi la notion de service des autres doit-elle être primordiale, « les autres » désignant ceux du présent et ceux du futur ; et nous ne sommes que des gardiens protecteurs et développeurs du monde qui nous est confié. Selon moi, ces relations entre les êtres doivent se baser sur la vérité des faits et des réalités scientifiques, sans que cela empêche d'avoir de l'empathie à l'égard de ceux qui n'ont pas encore connaissance de cette vérité factuelle, et qui peuvent donc en avoir une perception différente ; il faut les écouter et essayer de les faire évoluer. La France et l'Europe sont des corps vivants qui se transforment, il est important de le comprendre en ayant conscience de notre histoire. Pour renaître, il faut d'abord comprendre d'où nous venons ; quelqu'un parlait de l'histoire tout à l'heure, or c'est tout un processus historique qui a permis le développement de l'homme, et de tout l'homme, parfois à travers des ruptures : j'ai entendu Emmanuelle Hénin parler des monastères qui sont advenus sur les ruines de l'Empire romain, par exemple.

Trois idées concrètes à mettre en œuvre dans nos familles : tout d'abord la mise en valeur par l'exemple, notamment du service à l'autre dès le plus jeune âge des enfants – et un enfant de 1 an et demi peut parfaitement percevoir cela. Sens du service qui doit être exercé aussi en dehors de la famille, de sorte que les plus âgés, dès 8, 9 ou 10 ans, peuvent être éduqués par ce que font les parents et grands-parents en dehors de la seule cellule familiale. Ensuite, dans nos familles et à l'école, favorisons l'enseignement des sciences et surtout de la logique : causes, conséquences, et responsabilité face à la liberté de choix qui nous est donnée en tant que chrétien. Chacun est libre, et par conséquent responsable de ses actes. Il faut avoir compris que tout acte porte à conséquence, et c'est un enseignement tout à fait logique que les mathématiques aident à comprendre, que la physique aide à voir, ou même la chimie parfois plus encore grâce aux expériences de laboratoire. Il me semble donc important d'enseigner le sens des responsabilités et d'apprendre à exercer sa liberté par rapport au bien ou au mal. Troisième point : soyons des artisans de paix dans nos environnements familiaux, professionnels ou amicaux, développons le souci du bien commun qui permet le développement de chacun. On peut apprendre beaucoup de choses, mais s'il n'y a pas de vision du bien commun, gage de paix, qui repose aussi sur l'État de droit, personne ne pourra se développer.

Marie-Joëlle Guillaume

Merci beaucoup. Une petite remarque à la suite de l'entrée en matière de Jean-Luc : oui, évidemment, la France n'est pas la seule concernée; simplement, dans la mesure où nous avons conscience de la dégringolade de notre pays et où la France est notre prochain, on commence par elle. C'est pourquoi nous avons mis l'accent sur la France, sans compter que c'est le thème de réflexion qui avait été défini dans le programme d'année.

Joseph Thouvenel est allé tout à fait dans ce sens.

Contribution de Joseph Thouvenel

« Que leur transmettre? L'amour de la France, la fierté de leur pays, de sa culture, de ses racines chrétiennes, le fait qu'ils sont les héritiers et les dépositaires d'une histoire faite de travail, d'efforts, du labeur et des combats des générations précédentes, combats pouvant aller jusqu'au sacrifice de la vie. Chacun doit prendre conscience de son devoir de transmission, qui commence par donner l'amour de notre pays. Cette transmission débute dès le plus jeune âge par une éducation, une ambiance qui doit imbiber l'enfant, c'est donc le rôle de la famille; encore faut-il que ces familles aient la capacité de le faire. Capacité qui se trouve renforcée ou annihilée par l'ambiance générale de la société, notamment par le traitement de l'information et le choix des divertissements proposés par les différents médias. Un des éléments fondamentaux pour l'appropriation de ces valeurs par le jeune est l'exemple : celui qui voit ses parents travailler incorpore consciemment et inconsciemment le travail comme une normalité; celui qui voit ses parents tricher incorpore consciemment et inconsciemment la triche comme une normalité. L'école, du primaire au supérieur, devrait être le relais de cette transmission familiale; au contraire, bien souvent, le monde enseignant transmet une contre-culture, inculquée sans prise de distance avec les théories fumeuses, propage une culture de la désespérance, quand ce ne sont pas des délires islamo-LGBT compatibles. Autant de chantiers aussi considérables qu'urgents qui nous concernent tous. »

Avant de lancer notre débat, d'abord merci encore à tous ceux qui nous ont présenté leur réflexion. Permettez-moi d'ajouter une petite note personnelle, sur deux points. Le premier concerne la transmission de la culture, et, à cet égard, vous ne serez pas étonnés que j'insiste sur la littérature étant donné ma formation. Je ne donnerai qu'un seul exemple : je pense que l'on n'enfermerait pas la femme dans des idéologies destructrices – en tout cas, cela ne marcherait pas – si l'on avait poursuivi à l'école l'étude littéraire de nos grands poètes, et de nos grands écrivains de manière générale. En effet, il y a dans la littérature française une mise en valeur de la femme, un respect, une analyse fine des sentiments humains, que l'on est capable de percevoir ensuite dans la vie quand on les a découverts en classe. Si cette étude littéraire n'a pas été faite, si l'on n'a pas expliqué ces textes comme on le faisait du temps où j'étais élève ou jeune professeur (on s'est mis ensuite à les décortiquer selon des méthodes pseudo-scientifiques, en leur enlevant leur âme), il manque aux jeunes une qualité de regard sur la femme qui a pourtant marqué toute notre histoire et permis aux femmes d'y jouer un rôle éminent d'éducatrices et de civilisatrices. Quand on cherche à pénétrer le sens de notre littérature, on s'aperçoit qu'elle est intensément humaine, et profondément nourrie de christianisme… L'anthropologie chrétienne dans son ensemble peut se transmettre en douceur à travers elle.

Ensuite, il y a tous les aspects d'éducation morale : la « morale de nos pères » n'était pas enseignée sans raison. Cela touche évidemment à ce qui a été dit par plusieurs d'entre vous, et à ce que nous disons sans cesse sur la nécessité de promouvoir la famille, ainsi qu'à votre idée d'école des parents, Jean-Didier – je sais que cela fait grand plaisir à Charlotte Chaunu d'entendre évoquer Andrée Butillard, qui fut une grande personnalité.

C'est maintenant le temps du débat.

Échange de vues

Jean Chaunu

J'avais juste deux remarques à faire sur le rapport à l'histoire, notamment dans ce que vient de dire Jean-Luc Bour au sujet de la notion de « renaissance ». Je suis très marqué par le livre de Rémi Brague *Europe, la voie romaine* qui explique que le propre de la romanité, c'est justement de percevoir l'ancien comme nouveau, et que l'Occident est marqué par une succession de renaissances qui sont à chaque fois des nouveautés, au sens où elles partent effectivement de l'ancien comme élément nouveau.

La deuxième remarque que je voudrais faire puisqu'il a été beaucoup question d'histoire, concerne la nécessité, à mon sens, de regarder l'histoire en face ; en effet l'un des grands problèmes aujourd'hui est d'arriver à briser le sortilège de ce que François Hartog avait appelé le « présentisme », qu'on pourrait appeler aussi le « présentisme isochrone », nous conduisant à l'impression de vivre depuis 50 ans dans une sorte de surplace. Or en réalité il y a trois générations à qui, me semble-t-il, n'ont pas été données les clés de l'histoire. Il me semble qu'il y a une libération qui passe aussi par la compréhension de l'histoire : si l'on rend aux trois générations la clé de leur histoire, qui est aussi l'histoire d'une révolution, peut-être aurons-nous aussi transmis quelque chose, un éclairage pour nos contemporains.

Général Ract Madoux

Merci beaucoup, évidemment on ne peut qu'adhérer à l'ensemble des interventions. J'ai la chance d'avoir des enfants, des petits-enfants, beaucoup de frères et sœurs, j'ai donc un observatoire très intéressant, génération par génération, de ce qui a été fait en matière de transmission. On voit ce qui fonctionne, c'est-à-dire ce qui permet d'arriver à préserver les conditions essentielles qu'on a pu connaître, aussi bien dans la famille que sur le plan religieux, avec la présence de prêtres jeunes et dynamiques, avec des mouvements de jeunesse comme le scoutisme, avec des écoles dans lesquelles il y a des repères, etc. Et en règle générale quand la famille tient bon, et que le comportement du noyau familial est bon, je dirais que les choses se passent bien. En revanche, dès qu'on enlève un des éléments que vous avez tous plus ou moins évoqués, c'est à une vitesse stupéfiante que la foi se perd : une génération suffit largement. Il suffit d'un mariage entre quelqu'un qui est d'une famille catholique pratiquante avec quelqu'un qui ne l'est pas et c'est fini au niveau des enfants, si enfants il y a.

Il est donc très intéressant d'analyser tous les facteurs, et de constater aussi qu'il y a des îlots d'espoir un peu partout, dont vous avez cité des exemples. Je ne suis d'ailleurs pas tout à fait d'accord avec vous, cher Père, tous ces catéchumènes qu'on a vus arriver dans l'Église sont le fruit du travail des prêtres, des diacres, et des laïcs qui se dévouent dans les paroisses, etc. ; les évêques évidemment trouvent cela merveilleux, mais en réalité c'est le fruit de tout un travail accompli, qui va évidemment dans le bon sens. En revanche, soyons réalistes, la proportion des catéchumènes dans l'ensemble de notre société française et *a fortiori* européenne – on pourrait s'intéresser à l'échelle mondiale mais cela nous concerne un tout petit peu moins – est dérisoire. Et, à moins qu'ils ne viennent à nous de l'extérieur, nous sommes face à un travail colossal. C'est un modèle très fragile, et il y a des adversaires de ce modèle, pour des raisons qui personnellement me dépassent, mais il faut lutter pied à pied contre ces adversaires en formant, en donnant le choix, le sens critique, tout ce que vous avez dit de façon fort pertinente.

Marie-Joëlle Guillaume

Merci beaucoup, effectivement tout ce qui a été dit sur le sens critique, le discernement, l'apprentissage du discernement, est essentiel dans la période de crise que nous vivons.

Nicolas Aumonier

Je souhaiterais partir de là.

Il me semble d'abord qu'il y a une distinction à construire entre le transmissible et l'intransmissible. Du côté du transmissible, sans doute un équilibre entre l'amour de soi et l'amour des autres, mais non au sens où l'entendait Rousseau qui pensait qu'il y avait en nous deux principes, l'amour de soi et la pitié, mais qui cantonnait la pitié à n'être qu'un principe relatif, pouvant très bien ne pas se développer si nous vivions loin des autres, de sorte que tout se ramène chez lui d'une certaine manière à l'amour de soi ; or le Seigneur nous rappelle qu'il faut s'aimer soi-même pour aimer les autres. Et puis il y a toute cette culture à transmettre, qui repose finalement sur un amour de la vie. Du côté de l'intransmissible, la haine de soi et des autres, mais aussi la volonté de ne rien transmettre et bien sûr la culture et l'amour de la mort, non pas l'*ars moriendi*, cet art de mourir qui peut évidemment être considéré comme du transmissible, mais tout ce qu'il y a de glauque et de morbide dans nos sociétés. Il existe une vraie culture de vie, et une culture de mort, bien théorisées par feu notre Pape et saint Jean-Paul II. Il faut donc s'attacher à transmettre la culture de vie, et s'efforcer d'éteindre toute possibilité de transmettre la moindre culture de mort. C'est la raison pour laquelle il faut distinguer le transmissible et l'intransmissible.

Deuxièmement, pour transmettre quelque chose, je crois qu'il faut avoir le sens du temps long, c'est-à-dire à la fois le sens de la langue, le sens de l'histoire, de l'histoire des sciences, des humanités, c'est-à-dire de ce que l'on aime et de ce que l'on transmet, et bien sûr spécialement l'amour des grands textes. Et tout cela est une mémoire, mais une mémoire pour l'avenir. Or seule la mémoire des personnes leur permet de faire mémoire.

Troisièmement, l'éducation aux vertus paraît nécessaire pour vivre et pour transmettre la vie. Les vertus morales sont passées aux oubliettes au motif qu'elles seraient démodées. Pourtant, aujourd'hui, tout élève suit un enseignement moral et civique, – l'EMC – dont le vide est absolument invraisemblable, à moins de parler non des valeurs de la République – toute valeur suppose une évaluation qui la fragilise – mais plutôt des vertus millénaires de la République romaine. Les vertus civiques sont nécessaires pour construire sa vie et la transmettre. Bien plus, l'humilité, le respect et le service des autres ne doivent pas simplement être transmis, mais doivent être transmis pour être eux-mêmes transmis.

Amiral Emmanuel Carlier

En vous écoutant, je voyais deux mots ressortir, qui ne sont pas liés à la question du *contenu* de la transmission, parce que je pense que nous sommes globalement d'accord ici sur ce que nous voulons transmettre, mais plutôt liés à *la façon* de transmettre. Dans la transmission, le transmetteur ne peut pas s'exonérer de fournir un effort pour que le récepteur, c'est-à-dire l'enfant, le jeune, l'adolescent, et même peut-être l'adulte – on a toujours quelque chose à apprendre de ses anciens ! – soit placé, en tant que récepteur, dans de bonnes conditions pour recevoir ce qui lui est transmis.

Ces deux mots – ou vocables – qui me viennent donc à l'esprit, c'est d'abord *l'entretien d'une culture générale* développée – cela rejoint ce qui a été déjà dit, en particulier sur l'importance de la littérature, de l'histoire, etc. Cela signifie qu'il nous faut tout au long de notre vie développer notre culture générale. C'est ensuite la *volonté de servir.* Ce point me semble très important : on le mesure avec nos enfants, on le constate également avec les jeunes qu'on a pu encadrer – en tant que marin j'ai encadré des équipages de bâtiments de combat dont la moyenne d'âge était de 25 ans –, le bon transmetteur est celui qui sert. Cette notion de service a été abordée par l'un des intervenants de ce soir : celui qui sert, qui montre qu'il sert, doit nécessairement être exemplaire. Si l'on ne sait pas servir, si le récepteur ne voit pas que le transmetteur est quelqu'un qui sert, ce dernier aura beaucoup de mal à faire passer les éléments qu'il souhaite transmettre.

Hervé de Kerdrel

Serions-nous tous ensemble à Berlin ou à Rome, aurions-nous sur le même sujet, en remplaçant la France par l'Allemagne, l'Italie, un échange d'une autre nature ? La question que nous nous posons vaut-elle pour la France, ou est-elle simplement un peu plus large, à l'aune de frontières de vieilles cultures européennes ? C'est la question que je voulais poser, ne voyez aucune tendance politique de ma part, ni fédéraliste, ni antifédéraliste, ni quoi que ce soit !

Marie-Joëlle Guillaume

Bien sûr, c'est une question de civilisation. Elle dépasse même l'Europe, car nous avons entendu deux fois au cours des exposés de ce soir nommer Rod Dreher, qui est Américain et qui pose le même problème de fond. Je vais laisser la parole là-dessus à Pierre de Lauzun.

Pierre de Lauzun

Oui, je connais un petit peu les États-Unis, j'y suis allé régulièrement et j'y ai vécu. Or le problème se pose tout à fait dans les mêmes termes aux États-Unis, dont la culture est internationalement hégémonique. Il faut toujours regarder ce qui se passe aux États-Unis, parce que cela va influencer assez fortement ce qui se passe ici. Ce qu'on constate aux États-Unis, c'est qu'effectivement il y a ce qu'ils appellent des « guerres de culture » extrêmement intenses. La différence avec nous, c'est qu'il y a beaucoup plus de résistance à l'idéologie dominante qu'il n'y en a chez nous. Mais le problème se pose de façon analogue et il y a plutôt tendance à des évolutions qui ne vont pas dans le bon sens. Par exemple, sur le plan religieux, la foi recule très nettement aux États-Unis; ce qu'on avait connu chez nous il y a quarante ou cinquante ans, tend à s'y produire maintenant et de façon rapide. Dès lors je pense que la question se pose dans des termes très proches. Mais la différence, c'est justement ce que j'ai évoqué tout à l'heure, c'est-à-dire qu'il y a une plus grande pluralité de forces aux États-Unis, et il n'y a pas cette espèce d'emprise que donne en France la structure jacobine de l'État, l'organisation publique qui fait que tout cela est diffusé par l'école, ou par tout un milieu à prétention culturelle ou associative, très directement et massivement lié à l'appareil d'État. C'est la différence, et c'est probablement là où le système français est particulièrement marqué, spécificité issue évidemment de notre histoire.

Jean-Paul Guitton

Sur la question posée aujourd'hui, j'aurais buté moi aussi sur l'expression « pour que la France renaisse », mais nous venons d'en parler. Bien sûr, nous sommes attachés à la France, mais la question est plus large et dépasse notre seul pays. Ainsi du souci de l'éducation morale. Personnellement je suis un fruit de l'enseignement public : à la « laïque », dans les écoles primaires, il y avait au tableau une maxime morale tous les matins et ceci me paraît très bon! Je ne sais pas depuis quand cela ne se fait plus, est-ce dès 1968 ou après? Mais tout commence par-là : l'éducation morale, à l'école ou en famille, l'apprentissage du respect de soi, de la maîtrise de soi, autant de choses permettant ensuite de vivre en société en ayant le souci des autres. Cela rejoint d'ailleurs les thèses que Pierre de Lauzun et beaucoup d'autres ont évoquées, la question du bien et du mal, etc. Si on ne l'apprend pas dès le plus jeune âge, je pense qu'on manque quelque chose d'essentiel.

Enfin, ce que j'aurais volontiers cité, c'est un souci de culture générale ; il vient d'en être abondamment question. Mais qu'est-ce que la culture générale ? Il faudrait la définir. Par exemple, dans le « Jeu des 1000 francs » il y a 40 ans, les questions étaient vraiment des questions de culture générale ; aujourd'hui, au « Jeu des 1000 euros » qui lui a succédé, les questions touchent le plus souvent aux variétés, au sport et au cinéma. La culture générale n'est-elle pas plus vaste ? Il se trouve que j'ai fait partie d'un jury d'une École supérieure, il y a déjà plus de 30 ans où il y avait une seule épreuve à l'oral, dite de *culture générale*. Il s'agissait de faire un exposé de 5 minutes sur une question tirée au sort, préparée pendant une heure, et il y avait ensuite une discussion fort longue, puisque l'épreuve devait durer 3/4 d'heure en tout. Les étudiants étaient à bac + 2, bac + 3, bac + 4. Or j'ai constaté à l'époque que les étudiants de bac + 2 ne savaient pas grand-chose de ce qu'on appelle la culture générale, qui correspond à ce que vous avez cité : l'histoire, la géographie, la littérature et dans une certaine mesure le cinéma, et les sciences – mais on ne peut pas aller très loin dans les sciences pour une épreuve de ce genre. C'était ce que l'on appelait autrefois les *humanités*.

Cela dit, les questions d'actualité font tout de même partie de la culture. Et je reviens à mon jeu des 1000 €, parce qu'aujourd'hui vous avez des jeunes qui ne connaissent plus rien à la géographie ! Je termine avec une belle citation que tout le monde devait connaître et qui est gravée au fronton du lycée de Saint-Cyr où se tenait le jury auquel je participais : « *La véritable école du commandement, c'est donc la culture générale* ». C'est une phrase de Charles de Gaulle qui conclut un développement, puisqu'il y a le « donc ». On peut étendre le sens du mot commandement à toutes les responsabilités, que ce soit dans l'entreprise ou ailleurs dans la société.

Joël Templier

De mon côté j'ai un exemple de transmission que je trouve exemplaire, avec ce qu'a créé Philippe Hayat, soit avec www.100000entrepreneurs.com dans le secteur de l'Éducation nationale. Philippe Hayat est plus jeune que moi et j'ai travaillé longtemps avec lui ; il est le petit-fils d'un fonctionnaire français en Tunisie qui travaillait visiblement bien et dont on a pris en charge le voyage en France pour pouvoir payer des études à ses enfants. Philippe Hayat est un polytechnicien brillant, qui a estimé qu'il fallait réinjecter dans l'Éducation nationale le sens de l'effort et la possibilité de réussir par le mérite en France selon un projet, etc. Or ce n'est pas vraiment ce qui est dit et communiqué, et d'ailleurs réformer l'Éducation nationale par le haut est impossible : il y a les syndicats, notamment, qui ne laissent pas beaucoup de liberté pour réformer tout cela, sans compter qu'il faudrait des siècles.

Philippe Hayat a donc imaginé réformer par le bas, et il a estimé qu'il y avait environ six millions d'élèves en Seconde, Première, Terminale, BTS, c'est-à-dire six millions de jeunes entre la Seconde et l'enseignement supérieur, auprès de qui il fallait témoigner. Il a calculé qu'il faudrait 100 000 entrepreneurs qui consacrent chacun deux demi-journées à 30 élèves pour toucher les six millions d'élèves. Donc il a cherché 100 000 personnes pour aller témoigner de ce qu'elles font, de leurs projets professionnels, leur création d'entreprise, leur évolution, etc. Et j'ai participé à cela, muni d'un kit, car quand on se retrouve devant une classe de Seconde, ce n'est pas forcément évident ; donc nos témoignages sont préparés avec l'aide de ces kits, adaptés aux différentes classes d'âge ; tout cela est très bien fait pour pouvoir échanger. Philippe Hayat a aussi écrit un petit livre intitulé *Entreprenez*, par réaction et sous le même format que *Indignez-vous !* de Stéphane Hessel ; et d'ailleurs à l'époque je l'avais communiqué à l'aumônerie, car il montre la possibilité en France de réussir « en se prenant en main ».

Ainsi, je suis allé à Noisy-le-Grand pendant quelques années, trois années de suite, où j'ai été très bien accueilli par les professeurs. L'idée n'est pas de donner un cours mais de rendre possible la réussite professionnelle dans l'imaginaire des jeunes. En France, on peut réussir si l'on veut, et Philippe Hayat lui-même en est un excellent exemple. Il a d'ailleurs créé ensuite un fonds *[Serena Capital]*, qui pour moi est un exemple concret de transmission. Cet homme a fait aussi un peu de politique au moment des centres de compétitivité mis en orbite par Nicolas Sarkozy, dont il faisait partie. Parmi les mesures concrètes à prendre, je pense donc qu'il y a le fait d'aller sur le terrain : www.100000entrepreneurs.com fonctionne toujours, vous pouvez aller voir. Peut-être ensuite certains d'entre vous iront témoigner de ce que vous avez entrepris dans la vie professionnelle !

Général Ract Madoux

Juste un mot pour dire que cela existe aussi au niveau des artisans ; il y a une initiative en cours actuellement mais qui est étendue à toute la France, où des artisans retraités invitent des élèves, de classes de Troisième, Seconde, à venir passer une journée ou deux de stage, et tout cela uniquement dans le cadre d'initiatives bénévoles, un peu hors système. Cela fonctionne très bien, cela s'appelle l'*Outil en Main*.

Marie-Joëlle Guillaume

Ainsi s'achève notre travail de ce soir. Je repense à ce que nous disait tout à l'heure Jean-Didier Lecaillon sur le *capital humain*, sur le désir d'enfant, et la nécessité de transmettre cela, ce qui est un premier élément. À travers tout ce qui a été dit ce soir, il ressort aussi que la qualité des transmetteurs et le fait que nous puissions observer de beaux exemples, tel celui de Bondy, montrent que ceux qui sont actuellement en responsabilité, ou qui ne le sont plus mais ont encore des forces vives pour transmettre, sont appelés à ne pas renoncer.

Car pour qu'une transmission soit faite à nos enfants et petits-enfants, il faut d'abord qu'il y ait des gens qui décident de transmettre, et qui se disent, même s'ils ne sont plus tout jeunes : « Je ne suis pas désormais rangé sur le côté, je peux intéresser encore, du moment que j'ai la conviction d'un certain nombre de choses nécessaires, une expérience… ». Vous parliez des artisans, c'est un très bon exemple. Je crois qu'il y a là un vrai message d'espérance : si l'on ne reste pas dans son petit îlot personnel, il y a moyen de transformer la société.

En tout cas merci à tous, ce fut une belle séance de conclusion de notre année. J'ajoute que notre thème de l'année prochaine étant : « *La responsabilité éducative : former des personnes libres* », la séance qui vient de se dérouler apparaît comme un avant-goût de ce que nous étudierons bientôt. Je souhaite que ce soit aussi passionnant.

Séance du 13 juin 2024

Présentation de l'Académie d'éducation et d'études sociales (AES)

BUTS ET STRUCTURES

Association déclarée (loi 1901), l'Académie d'éducation et d'études sociales (AES), créée en 1922, s'est donné pour objet d'étudier les questions sociales dans un esprit conforme à la tradition humaniste chrétienne; de rechercher les applications possibles des perspectives ouvertes par les principes posés; de communiquer ses travaux à un large public de responsables dans la cité.

Dans ce but, elle fait appel chaque année à des personnalités du monde économique, social, universitaire, politique et religieux, en vue d'ouvrir un débat et de présenter ses travaux dans un esprit de large ouverture.

Elle comprend statutairement quarante membres, ainsi que des membres associés et d'honneur.

Elle entretient des relations avec d'autres associations et des institutions par l'intermédiaire de membres correspondants.

Elle est administrée par un conseil qui arrête le programme de ses divers travaux.

Elle tient des séances mensuelles ouvertes à ses membres et à ses invités sur un thème annuel.

Elle décerne, chaque année, le « Prix de l'AES ». Elle a attribué avec l'AEES de 2004 à 2021 le « Prix de l'Humanisme chrétien ».

HISTORIQUE

Depuis sa création en 1922, l'Académie regroupe des personnalités qui contribuent dans leur domaine à approfondir le catholicisme social et plus largement le christianisme social.

Elle est de ce fait l'un des lieux où l'enseignement social de l'Église a été reçu comme fécondateur de l'action des chrétiens et comme l'un des creusets où l'expertise sociale des confessions chrétiennes s'est forgée.

Fondateur de l'AES : Edmond Bruwaert, *ministre plénipotentiaire.*

Anciens présidents :

Cardinal Baudrillart *de l'Académie française.*
Georges Goyau *de l'Académie française.*
Jean Lerolle, *député de Paris.*
Joseph Zamanski, *président du Patronat chrétien.*
Robert Garric *de l'Institut.*
Henri Guitton *de l'Institut.*
André Aumonier, *président du Secours catholique et du Patronat chrétien.*
Jean-Didier Lecaillon, *professeur des Universités (sciences économiques) université Panthéon Assas (Paris II).*
Ghislain Lafont, *ancien président du conseil de surveillance de Bayard presse, créateur et ancien président des Entretiens de Valpré, président de La Table de Cana.*

Conseil de l'AES

• **Présidente :** Marie-Joëlle Guillaume, *écrivain.*

• **Secrétaire général :** Rémi Sentis, *directeur de recherche au CEA (émérite), président de l'Association des scientifiques chrétiens.*

• **Trésorier :** Jean-Luc Bour, *membre du bureau national des EDC, dirigeant d'entreprise retraité.*

Membres :

• Nicolas Aumonier, *maître de conférences en Histoire et Philosophie des Sciences à l'université Grenoble Alpes.*

- Père Jean-Christophe Chauvin, *religieux de Saint Vincent-de-Paul.*
- Hervé de Kerdrel, *ancien président de la FNOGEC (fédération nationale des organismes de gestion de l'enseignement catholique), ancien membre du Comité de direction de la Société Générale.*
- Antoine Renard, *président de la Fédération des Associations Familiales Catholiques en Europe.*
- Joseph Thouvenel, *secrétaire confédéral de la CFTC, directeur de la rédaction de* Capital Social.
- Pierre Deschamps, *président des Entrepreneurs et dirigeants chrétiens de 2006 à 2010.*

Les travaux de l'AES

Ils sont diffusés, après chaque séance, sur le site Internet de l'association. Chaque année sont éditées des Annales, recueil des communications et des débats qu'elles ont suscités (liste sur le site de l'AES).

Les prix de l'AES

L'Académie décerne chaque année le « Prix de l'AES » destiné à encourager un livre – ou une œuvre – fondé sur l'anthropologie chrétienne et ouvrant des pistes novatrices en matière éducative et/ou dans les divers domaines de la vie économique et sociale. Ce prix prend la suite du « Prix Humanisme chrétien » (délivré conjointement avec l'ancienne association AEES, voir le site de l'AES).

Prix 1992 : *Le passage de la mer Rouge* de Denis Lensel

Prix 1993 : Maison Maurice Maignen

Prix 1994 : *Bioéthique et population : le choix de la vie* de Michel Schooyans

Prix 1995 : UCJG (Union Chrétienne des Jeunes Gens Foyer de la rue de Trévise)

Prix 1996 : *L'histoire chrétienne de la littérature. L'esprit des lettres de l'Antiquité à nos jours* de Jean Duchesne

Prix 1997 : Association des écrivains catholiques

Prix 1998 : *La croix et le croissant. Le christianisme face à l'islam* du Père Antoine Moussali

Prix 1999 : Centre catholique international pour l'UNESCO
Prix 2001 : *Un siècle de témoins* de Didier Rance
Prix 2003 : Office chrétien des personnes handicapées – OCH

Prix Humanisme chrétien 2004 : *Morale en désordre* du Père Paul Valadier – Éditions du Seuil

Prix Humanisme chrétien 2005 : *Étincelles* du Père François Cassigéna-Trévedy – Éditions Ad Solem

Prix Humanisme chrétien 2006 : *Le moine et la psychanalyste* de Marie Balmary – Éditions Albin Michel

Prix Humanisme chrétien 2007 : *Les mirages de l'Art contemporain* de Christine Sourgins – Éditions de La Table Ronde

Prix Humanisme chrétien 2008 : *Philippine. La force d'une vie fragile* de Sophie Lutz – Éditions de l'Emmanuel

Prix Humanisme chrétien 2010 : *Édith Stein, Devant Dieu pour tous* du père Didier-Marie Golay – Éditions du Cerf

Prix Humanisme chrétien 2011 : *Tout sera pardonné* de Marie Viloin – DVD – Le Jour du Seigneur

Prix Humanisme chrétien 2012 : *Chemins de traverse* d'Emmanuel Faber – Éditions Albin Michel

Prix Humanisme chrétien 2013 : *Petit traité de la joie. Consentir à la vie* de Martin Steffens – Éditions Salvator

Prix Humanisme chrétien 2015 : *À quoi sert un chrétien ?* de Jean-Guilhem Xerry – Éditions du Cerf

Prix Humanisme chrétien 2016 : *La famille, les droits de l'homme et la vie éternelle* de Grégor Puppinck – Éditions de L'Homme Nouveau.

Prix Humanisme chrétien 2017 : *En pleine lumière, carnets spirituels* de Christiane Rancé – Éditions Albin Michel

Prix Humanisme chrétien 2018 : *Penser l'humain au temps de l'homme augmenté* de Thierry Magnin – Éditions Albin Michel

Prix Humanisme chrétien 2019 : *Dieu, l'entreprise, Google et moi de* Thomas Jauffret – Éditions Salvator

Prix Humanisme chrétien 2021 : *Vivre en chrétien, quésaco ? La doctrine sociale de l'Église en action* de Thomas Ailleret – Éditions du Cerf

Prix de l'AES 2023 : *Le Christ vert. Itinéraires pour une conversion écologique intégrale* de Étienne Grenet, Éditions Artège.

Prix de l'AES 2024 : *Le droit naturel* de Philippe Pichot-Bravard, Éditions Via Romana, 2023.

AES

5, rue Las Cases – 75007 PARIS
www.aes-france.org
contact@aes-france.org

Table des matières

Achevé d'imprimer en décembre 2024
sur les presses de La Manufacture
52200 Langres
Imprimé en France
Dépôt légal : janvier 2025